Anonymous

Ergebnisse der über die Frauen und Kinderarbeit in den Fabriken

auf Beschluss des Bundesraths angestellten Erhebungen

Anonymous

Ergebnisse der über die Frauen und Kinderarbeit in den Fabriken
auf Beschluss des Bundesraths angestellten Erhebungen

ISBN/EAN: 9783743437159

Hergestellt in Europa, USA, Kanada, Australien, Japan

Cover: Foto ©Suzi / pixelio.de

Weitere Bücher finden Sie auf **www.hansebooks.com**

Ergebnisse

der über die

Frauen- und Kinder-Arbeit in den Fabriken

auf

Beschluß des Bundesraths angestellten Erhebungen,

zusammengestellt

im

Reichskanzler-Amt.

Berlin.

Carl Heymann's Verlag.

1877.

Inhalt.

Auf Grund mehrfacher, während der Sessionen von 1872 und 1873 eingegangener Petitionen hatte der Reichstag in der Sitzung vom 30. April 1873 beschlossen, den Reichskanzler zu ersuchen,

> diejenigen Erhebungen, welche für die Beurtheilung der Angemessenheit und Nothwendigkeit eines gesetzlichen Schutzes der in Fabriken beschäftigten Frauen und Minderjährigen gegen sonntägliche Arbeit, sowie gegen übermäßige Beschäftigung an den Werktagen erforderlich sind, zu veranlassen und deren Ergebnisse dem Reichstag mitzutheilen.

Durch Beschluß vom 31. Januar 1874 erklärte sich der Bundesrath mit der Veranstaltung der Erhebungen einverstanden. Der Beschluß bestimmte, daß die Erhebungen nach einem übereinstimmenden Programme von den einzelnen Landesregierungen bewirkt und ihre Ergebnisse in übersichtlicher Zusammenstellung dem Reichskanzleramt mitgetheilt werden sollten. Das Programm wurde auf Grund eines in dem Reichskanzleramt nach Vernehmung verschiedener Sachverständigen aufgestellten Entwurfes von dem Ausschusse des Bundesraths für Handel und Verkehr festgestellt. An der Hand dieses Seite 4 ff. abgedruckten Programms haben die Erhebungen zum Theil bereits im Laufe des Jahres 1874, zum Theil während des Jahres 1875 stattgefunden, und in einzelnen Staaten erst gegen das Ende dieses Jahres ihren Abschluß erlangt. Sie haben sich auf das ganze Bundesgebiet erstreckt, mit Ausnahme von Elsaß-Lothringen, wo die Gewerbeordnung nicht eingeführt ist. Die nachfolgende Darstellung faßt ihre Ergebnisse übersichtlich zusammen.

Es liegt in der Natur der Verhältnisse, daß die Erhebungen nicht in allen Staaten und, was die größeren Staaten betrifft, nicht einmal in allen Theilen des einzelnen Staates nach ganz gleichen Gesichtspunkten, in gleicher Ausführlichkeit und mit gleichem Erfolge zur Ausführung gelangt sind. Hiervon abgesehen, führte auch, namentlich in den größeren Staaten, der Unterschied zwischen den durch das Programm verlangten Zahlenaufnahmen und den übrigen Erhebungen mit Nothwendigkeit dahin, für beide Arten von Ermittelungen verschiedene Wege einzuschlagen. Die Kenntniß der in den einzelnen Staaten beobachteten Erhebungsmethode ist daher für die Beurtheilung des Werthes der Erhebungen nicht ohne Bedeutung.

In Preußen sind die statistischen Aufnahmen innerhalb der einzelnen Regierungsbezirke durch die Gemeinde- und Kreisbehörden bewirkt worden. Sie theilten Exemplare des Programmes, zum Theil auch besonders ausgearbeitete Fragebogen, an die Fabrikbesitzer aus und stellten auf Grund der so erhaltenen Angaben die einzelnen Zahlengruppen bald allein, bald auch unter Mitwirkung der in Sitzungen vereinigten Fabrikbesitzer zusammen. Auf die übrigen Fragen des Programmes ist in den einzelnen Kreisen entweder auf Grund der schriftlichen Angaben, welche von den um Mittheilung ihrer Erfahrungen ersuchten

Arbeitgebern, Arbeitnehmern, Pfarrern, Kreisschulinspektoren, Lehrern, Handelskammermitgliedern und anderen mit den einschlagenden Verhältnissen vertrauten Personen gemacht waren, eine zusammenfassende Antwort gegeben, oder aber man hat diese Antwort unter persönlicher Mitwirkung der zu gemeinschaftlichen Sitzungen berufenen Vertrauensmänner festgestellt. Von den Regierungsbehörden sind sodann die aus den einzelnen Kreisen gesammelten Antworten auf Grund ihrer eigenen Kenntniß der Zustände, sowie der von ihnen unmittelbar eingeforderten Berichte der Handelskammern und Fabrikinspektoren gesichtet, ergänzt, und in mehr oder weniger ausführlichen Zusammenstellungen an die Centralinstanz eingereicht worden.

In den einzelnen Regierungsbezirken ist auf die Anschauungen in außeramtlichen Kreisen, namentlich auch auf die Urtheile und Wünsche der Arbeitgeber und Arbeitnehmer in sehr verschiedener Weise und Ausdehnung zurückgegangen. Während im Bezirke Merseburg zur Beantwortung der einzelnen Fragen selbst Arbeiterinnen zugezogen worden sind, hat man in den Bezirken Stralsund, Lüneburg, Aurich und Aachen, ebenso in einem Theile der Bezirke Arnsberg und Cassel von der Vernehmung einzelner Arbeiter gänzlich absehen zu sollen geglaubt und dies meist mit dem Mangel an geeigneten Personen gerechtfertigt. Auch im Bezirke Oppeln ist die Vernehmung von Arbeitern nicht erfolgt, während neben den Besitzern und Direktoren wenigstens die Werkmeister einzelner Etablissements mehrfach zu einer mündlichen Erörterung der einschlagenden Verhältnisse herangezogen wurden. In der Stadt Berlin sind sowohl Arbeitgeber als Arbeitnehmer durch die persönliche Vermittelung des Fabrikinspektors mit ihren Ansichten und Erfahrungen gehört worden.

Die Verhältnisse des Bergbaues sind auf besonderem Wege zur Erörterung gebracht. Die statistischen Aufnahmen wurden auf den Privatbergwerken durch die Revierbeamten, auf den Staatsbergwerken durch die Werkbeamten bewirkt; die übrigen Erhebungen beruhen auf den Mittheilungen der Oberbergämter, den Gutachten der Bergbeamten und der Vorstände der Knappschaftsvereine, deren Mitglieder zur Hälfte aus der Wahl der Arbeiter hervorgehen. Im Oberbergamtsbezirk Bonn sind außerdem von den dortigen Vereinen für die bergbaulichen Interessen Gutachten abgegeben worden.

In Bayern sind die statistischen Aufnahmen durch die Distrikts-Verwaltungsbehörden bewirkt, welche die von den Fabrikanten ausgefüllten Tabellen geprüft und gegebenen Falles berichtigt haben. Die übrigen Erhebungen sind der Regel nach in Sitzungen, denen außer den betreffenden Bezirksbeamten und Bürgermeistern einzelne Arbeitgeber, Aerzte, Geistliche und Lehrer beiwohnten, zum Abschlusse gebracht. Arbeitnehmer scheinen nur in seltenen Fällen zu diesen Sitzungen zugezogen zu sein.

In Sachsen sind die erforderlichen Zahlenangaben unmittelbar von den Fabrikbesitzern eingeholt, demnächst von den Fabrikinspektoren und Berginspektoren geprüft und von dem statistischen Büreau zusammengestellt worden. Im Uebrigen wurde über die Fragen des Programmes nicht nur das schriftliche Gutachten zahlreicher Beamten, Geistlichen, Lehrer und Aerzte erfordert, sondern auch der Gegenstand überhaupt in den einzelnen Regierungsbezirken durch besonders dazu berufene Beamte einer mündlichen Erörterung mit den betheiligten Gewerbtreibenden, nicht selten in Sitzungen, an welchen Arbeitgeber wie Arbeitnehmer Theil nahmen, unterzogen.

In Württemberg haben die Oberämter die Erhebungen über die Zahl, den Lohn und die Arbeitszeit der in Betracht kommenden Arbeiterklassen geleitet; die Angaben wurden von den Ortsbehörden mittelst Vernehmung der

Fabrikbesitzer beschafft. Für die übrigen Erhebungen haben diejenigen Oberämter, in deren Bezirken die Frauen- und Kinderarbeit von Bedeutung ist, von Fabrikbesitzern und von Arbeitervereinen, von weltlichen und geistlichen Ortsbehörden, Lehrern, Aerzten, Handels- und Gewerbekammern im schriftlichen Wege gutachtliche Aeußerungen eingezogen und als Material für die Beantwortung der Fragen des Programmes verwerthet. Die so erhaltenen Mittheilungen sind für jeden der vier Kreise des Landes wieder zusammengefaßt; ihr Inhalt in Verbindung mit dem Inhalte der nebenher noch eingeforderten Gutachten der Oberschulbehörden ist endlich von der Centralstelle für Handel und Gewerbe mit Hervorhebung der eigenen Erfahrungen und Anschauungen einer eingehenden Prüfung unterzogen worden.

In Baden und Hessen, wie in den meisten übrigen Staaten, wurde im Ganzen übereinstimmend verfahren. Die Sachverständigen, welche über ihre Anschauungen und Wahrnehmungen je nach den Verhältnissen schriftlich oder mündlich, und im letzteren Falle wieder einzeln oder für kleinere Bezirke zu Sitzungen vereinigt vernommen wurden, sind, abgesehen von den Arbeitgebern und Arbeitnehmern, hauptsächlich aus den Kreisen der Aerzte, Geistlichen und Lehrer, in Baden außerdem aus den Fabrikinspektoren, Mitgliedern der Bezirksräthe und Bürgermeistern entnommen worden. In mehreren Staaten — Oldenburg, Sachsen-Meiningen und Schwarzburg-Sondershausen — hat man von der Beiziehung von Auskunftspersonen aus den Kreisen der Arbeitnehmer abgesehen. In Hamburg ist eine besondere aus Mitgliedern verschiedener Verwaltungszweige zusammengesetzte Kommission mit den Erhebungen betraut gewesen: sie hat zunächst von den Fabrikbesitzern zu bestimmten Theilen des Programmes schriftliche Aeußerungen eingeholt, dann Arbeitgeber, Arbeitnehmer, sowie andere mit den Verhältnissen vertraute Personen mündlich vernommen und die Ergebnisse der Erhebungen schließlich in einem Berichte niedergelegt. In einzelnen kleineren Staaten hat man theils mit Rücksicht auf die geringe Ausdehnung des Landesgebietes, theils wegen der Geringfügigkeit des gewerblichen Lebens, von einer vollständigen Durchführung des Programmes absehen zu dürfen geglaubt; so namentlich in Mecklenburg-Strelitz, Reuß j. L., Lübeck und Bremen.

Der Aufgabe der nachfolgenden Darstellung waren in der mehr oder minder genauen Durchführung des Programmes manche durch das letztere an sich nicht gegebene Schranken gezogen. Zunächst ist es, was die Erhebungen über die Arbeitszeiten und über die Lohnsätze betrifft, vielfach unterblieben, im Sinne des Programmes auf die einzelnen Industriezweige einzugehen; es sind Ausnahmeverhältnisse nicht immer genügend ausgeschieden und selbst in den Industrien, in denen der Stand der Geschäfte und damit der Bedarf an Arbeitskräften regelmäßigen Schwankungen unterliegt, vielfach nicht die gleichen Geschäftszeiten für die Ermittelungen ausgewählt. Dadurch ist nicht nur das Gesammtbild der bestehenden Verhältnisse in seiner Richtigkeit beeinträchtigt, sondern auch die Nothwendigkeit gegeben worden, dieses Bild in allgemeineren Zügen zu halten, als der Zweck der Erhebungen wünschen läßt. In dem statistischen Theile der nachfolgenden Darstellung finden sich daher nur die höchsten, die niedrigsten und die Mittelsätze aus den sämmtlichen ermittelten Zahlenangaben, und sie finden sich überdies nur zum Theil als Zahlenwerthe bestimmter Industriezweige; im Uebrigen haben sie als Durchschnittswerthe für die gesammte Fabrikindustrie der einzelnen Staaten oder Landestheile zu gelten.

Andere Fehlerquellen waren bei den Angaben über die besonderen

Arbeitsverhältnisse in der Frauenbeschäftigung zu berücksichtigen. Wenn es gilt zu erfahren, inwieweit die Beschäftigung und Beaufsichtigung der weiblichen und der männlichen Arbeiter eine gesonderte ist, so fällt es der Natur der Sache nach in das Gewicht, bei welchen Arbeiten und Arbeitsmaschinen — auch in einer und derselben Fabrik oder Fabrikation — ferner für welchen Theil des gesammten in eben dieser Fabrik oder Fabrikation beschäftigten Arbeiterpersonals, die Frage zu bejahen oder zu verneinen ist. Nicht minder ist die Beantwortung dieser Frage für die Beurtheilung der wirthschaftlichen und gesellschaftlichen Zustände von verschiedenem Werthe, je nach der Bedeutung, welche die einzelne, in der Antwort berührte Unternehmung gegenüber anderen ihrer Art oder der ganze in Frage stehende Industriezweig in seiner Gegend behauptet. Auch die Antworten auf die Frage nach dem Umfange der Nacht- und Sonntagarbeit werden durch derartige Momente beeinflußt. Wohl in der großen Mehrzahl der Fälle sind dieselben bei den Ermittelungen nicht genügend berücksichtigt worden. In der nachfolgenden Darstellung mußte daher die Mittheilung aller Zahlen und aller positiven Angaben, welche aus den angedeuteten Gründen zu irrigen Schlüssen führen würden, ganz unterbleiben; nur ausnahmsweise sind einzelne charakteristische Ziffern aufgenommen, im Uebrigen dagegen für diese Fragen lediglich die allgemeinen Ergebnisse der Ermittelungen hervorgehoben worden.

Die Ermittelungen, welche nicht die Feststellung thatsächlicher Verhältnisse, sondern die Sammlung von Meinungen und Wünschen bezweckten, haben nicht nur wegen der Differenzen in der Sache, sondern auch, wo diese zurücktraten, wegen der mehr oder weniger schroffen, bald bestimmteren bald mehr zurückhaltenden, bedingten oder absoluten Form, in welcher die Aeußerungen erfolgt sind, ein außerordentlich mannigfaltiges Material geliefert. Wenn in der nachfolgenden Darstellung zunächst davon ausgegangen ist, alle Kundgebungen, soweit sie sachlich übereinstimmten, auf einen einheitlichen Ausdruck zurückzuführen, so durfte auf der anderen Seite doch nicht immer die Art und Form außer Betracht gelassen werden, in welcher die Aeußerungen hervorgetreten sind; nicht selten erweist sich diese Form für die Erläuterung und Beurtheilung der Anschauungen von Bedeutung. Aus diesem Grunde ist vielfach und namentlich auch dann, wenn Fragen von vornherein eine verschiedenartige Auffassung gefunden haben oder wenn Aeußerungen offenbar durch Mißverständnisse hervorgerufen erscheinen, der Wortlaut der Bemerkungen wiedergegeben worden.

Die Ergebnisse der Erhebungen sind zunächst in den größeren Staaten nach Verwaltungsbezirken, welche im Allgemeinen verwandte wirthschaftliche Zustände umschließen, zusammengefaßt. Sodann sind sie in sieben territoriale Gruppen geordnet, welche in Ansehung des Gegenstandes der Erhebungen ein gewisses Gesammtgepräge zeigen. Preußen, Bayern, Sachsen, Württemberg bilden die ersten vier Gruppen, Baden und Hessen, deren industrielle Verhältnisse durch Lage und Verkehr ziemlich gleichartig beeinflußt erscheinen, sind zu einer fünften Gruppe zusammengestellt. Zu einer mitteldeutschen Staatengruppe sind sodann vereinigt das Großherzogthum Sachsen, die drei sächsischen Herzogthümer, beide Schwarzburg und beide Reuß — unter Anschluß außerdem von Anhalt, dessen Lage zwar abgesondert ist, dessen Verhältnisse im Allgemeinen sich aber als gleichartig erweisen. Die kleineren Staatengebiete im Norden des Reiches — beide Mecklenburg, Oldenburg, Braunschweig, Waldeck, beide Lippe, sowie die drei Hansestädte, — sämmtlich, mit Ausnahme von Hamburg, für die Industrie überhaupt und für die in Frage stehenden Verhältnisse insbesondere, ohne größere Bedeutung —, bilden die letzte Gruppe.

Programm

der durch Beschluß des Bundesraths vom 31. Januar 1874 angeordneten Erhebungen zur Erörterung der Frage über die Erweiterung des gesetzlichen Schutzes der in Fabriken beschäftigten Frauen und Minderjährigen.

Vorbemerkung.

Die Erhebungen umfassen außer der eigentlichen Fabrikarbeit und der Arbeit in Berg- und Hüttenwerken auch die Arbeit in solchen Werkstätten, welche während der eigentlichen Betriebszeit und bei dem in dieser Zeit gewöhnlichen Umfange des Geschäfts, mindestens zehn Personen (Arbeiter und Arbeiterinnen) beschäftigen; dagegen nicht die Arbeit in der Hausindustrie und im eigentlichen Handwerk. Soweit es sich um die allgemeinen Ermittelungen über die Verhältnisse der Arbeiterinnen (unter I. A.) und um die statistischen Aufnahmen über die Verhältnisse der jugendlichen Arbeiter (unter II.) handelt, sollen die Erhebungen sich auf den ganzen Umfang des Reichs erstrecken; im Uebrigen können sie auf diejenigen Industriebezirke sich beschränken, deren Verhältnisse für die Frauen- und Kinderarbeit wichtig erscheinen.

Die Ermittelungen unter I. A. und die statistischen Aufnahmen über die Verhältnisse der jugendlichen Arbeiter werden wesentlich auf amtlichem Wege erfolgen müssen; um das Ergebniß vor dem Vorwurfe der Einseitigkeit zu schützen, wird es sich unter Umständen empfehlen, die Aufnahme unter Zuziehung von zuverlässigen Fabrikanten und unbefangenen Vertretern des Arbeiterstandes festzustellen. Für die übrigen Erhebungen werden nicht nur die Ansichten der Behörden, sondern auch die Anschauungen sachkundiger Privatpersonen in Betracht kommen; zu letzteren sind außer geeigneten Persönlichkeiten des Gewerbestandes — Arbeitgeber wie Arbeitnehmer — auch solche Männer aus anderen Berufszweigen zu rechnen, welche mit dem industriellen Leben in näherer Berührung stehen (Aerzte, Geistliche, Lehrer u. s. w.). Je nach den Verhältnissen werden diese mündlich oder schriftlich, einzeln oder für kleinere Bezirke zu Sitzungen vereinigt, gehört werden können.

Die Erhebungen sind in Preußen, Bayern, Königreich Sachsen, Württemberg, Baden, Hessen und Elsaß-Lothringen für die größeren Verwaltungsbezirke (Regierungsbezirke, Kreise u. s. w.), in den übrigen Staaten ohne weitere Sonderung zusammenzustellen. Eine Mittheilung über den bei den Erhebungen eingeschlagenen Weg ist vorauszuschicken.

Bestimmte und kurze Fassung sowohl der thatsächlichen Mittheilungen als auch der Ansichten und Vorschläge ist geboten.

Geldwerthe sind thunlichst in Markrechnung auszudrücken.

I.

Verhältnisse der Arbeiterinnen.

A. Allgemeine Ermittelungen.

Soweit die Ergebnisse dieser Ermittelungen für sämmtliche Arbeiterinnen eines Industriezweiges nicht gleichmäßig sind, ist annähernd die Zahl der Arbeiterinnen anzugeben, für welche jedes der verschiedenen Ergebnisse zutrifft.

Die statistischen Erhebungen sind auf die in der Beilage I. aufgeführten Industriezweige zu beschränken. Für jeden unter einer besonderen Nummer aufgeführten Industriezweig bedarf es einer gesonderten Zusammenstellung. Verschiedenheiten, welche innerhalb der unter einer Nummer befindlichen Arbeitszweige bestehen, sind am Schlusse der einzelnen Zusammenstellungen hervorzuheben. Liegen die Verhältnisse in den durch Buchstaben bezeichneten Industriegruppen gleich, so können die Zusammenstellungen für jede dieser Gruppen zusammengefaßt werden.

Die Erhebungen beziehen sich zunächst auf die Zahl der Arbeiterinnen über 16 Jahre, deren Arbeitszeit und Arbeitslohn. Diese sind nach den in der Beilage II. angegebenen drei ersten Tabellen zusammenzustellen.

Im Uebrigen sind sie zusammenzufassen in Antworten auf folgende Fragen.

1. Sonntag- und Nachtarbeit.

1. Fällt ein Theil der regelmäßigen Arbeitszeit
auf die Nacht, und auf welche Stunden?
auf den Sonntag, und auf welche Stunden?

2. Ist den regelmäßig beschäftigten Arbeiterinnen freigestellt oder zur Pflicht gemacht, Theil zu nehmen
an der Nachtarbeit?
an der Sonntagarbeit?

Wenn in den gedachten Beziehungen regelmäßig während bestimmter (besonders lebhafter oder stiller) Geschäftszeiten Besonderheiten vorkommen, so sind diese und die Dauer, für welche sie eintreten, ebenfalls anzugeben.

Als Nachtzeit sind die Stunden von $8\frac{1}{2}$ Uhr Abends bis $5\frac{1}{2}$ Uhr Morgens anzusehen.

2. Arbeitsräume.

3. Sind die Räume der Arbeiterinnen gesondert von denjenigen der Arbeiter?

4. Sind für die Räume der Arbeiterinnen weibliche Aufseher bestellt?

5. Sind die Arbeiterinnen, soweit sie mit den Arbeitern gemeinsame Räume haben, thätig in regelmäßiger Vereinigung mit Arbeitern, sei es an bestimmten Maschinen oder an bestimmten Arbeitsstücken?

3. Arbeitserleichterungen.

6. Bestehen zu Gunsten der Arbeiterinnen besondere Veranstaltungen, namentlich:
An- und Auskleideräume, Wasch- und Baderäume?
Schlafanstalten, Logirhäuser?
Koch- und Speiseanstalten?
Anstalten zum Unterricht in Handarbeiten, zur Uebung in häuslichen Arbeiten?

7. Bestehen zu Gunsten der verheiratheten Arbeiterinnen — unbedingt oder unter besonderen Verhältnissen (vor und nach der Niederkunft, bei Krankheitsfällen in der Familie) — besondere Erleichterungen, namentlich rücksichtlich:

des Beginnes oder Schlusses der Arbeitszeit?
der Arbeitspausen?
der Fürsorge für die Kinder (Bewahr- und Spielanstalten)?

B. Erörterung besonderer Mißstände.

Bei Erörterung der in einzelnen Industriezweigen wahrgenommenen Mißstände sind jedesmal auch folgende Fragen zu berücksichtigen:

a) sind die Mißstände überall, wo der Industriezweig besteht, oder nur an gewissen Orten bemerkt? werden sie in anderen Industriezweigen oder außerhalb der Fabrikindustrie überhaupt nicht oder nicht in dem Grade wahrgenommen?
b) seit wann sind in dem Industriezweige weibliche Arbeitskräfte in einigem Umfange beschäftigt und ist ihre Verwendung im Zu- oder Abnehmen begriffen?
c) seit wann sind bezüglich ihrer Mißstände wahrgenommen, ist eine Steigerung zu bemerken oder zu besorgen?

Bei der Erörterung sind die Industriezweige, um deren Verhältnisse es sich handelt, immer bestimmt zu bezeichnen.

1. Gesundheitsverhältnisse.

8. Sind unter den Arbeiterinnen bestimmte gesundheitsschädliche Einwirkungen der Arbeit bemerkbar geworden?

Worin haben dieselben ihren Grund?

9. Bringt die Arbeit für die Arbeiterinnen eigenthümliche Gefahren mit sich, und zwar in Folge

der maschinellen Einrichtungen (Räder, Treibriemen)?
des in den Arbeitsräumen stattfindenden Niederschlags von Staub und Fabrikationsabfällen?

10. Erweist sich der Gesundheitszustand der Arbeiterfamilien als besonders ungünstig namentlich durch

kürzere Lebensdauer der Frauen, größere Sterblichkeit der Säuglinge?
Verkümmerung der Kinder in der späteren Jugend, ungünstige Ergebnisse der Aushebung?

2. Soziale Verhältnisse.

11. Erscheinen die Sittlichkeitsverhältnisse unter der Arbeiterbevölkerung besonders ungünstig, namentlich

durch Neigung zur Trunksucht unter den Frauen?
durch unbesonnenes frühzeitiges Heirathen?
durch Häufigkeit unehelicher Geburten?

12. Ist auf Seiten der Frauen eine Vernachlässigung des Familienlebens hervorgetreten, insbesondere durch

Vernachlässigung der Pflege der Erziehung der Kinder (mangelhafter Schulbesuch)?
Unfähigkeit oder Unlust, der Wirthschaft vorzustehen, Schuldenmachen?

3. Abhülfe vorhandener Mißstände.

13. Ist eine Abhülfe möglich ohne Beschränkung der Fabrikarbeit selbst, insbesondere:

Ist sie zu erreichen durch Verbesserungen der Fabrikeinrichtungen, vor Allem durch

a) Trennung der Geschlechter bei der Arbeit?
b) Einführung zweckmäßiger Arbeitskleidung?

c) vollkommenere Abschließung der Maschinen (Räder, Treibriemen u. s. w.), wirksamere Ventilationseinrichtungen?

d) Errichtung von Anstalten zu Gunsten der Arbeiterinnen?

(An- und Auskleideräume u. s. w, vergl. oben unter A. 3.)

e) Wird eine Abhülfe befördert durch Einwirkung auf die Lebensverhältnisse der Arbeiterfamilien außerhalb der Fabriken, namentlich durch

Unterrichtsanstalten für weibliche Arbeiten?

Einrichtungen zur Beaufsichtigung und Beschäftigung noch nicht schulpflichtiger Kinder?

14. Erscheinen zur Abhülfe Einschränkungen der Fabrikarbeit nöthig und zwar:

a) Bedarf es nur temporärer Beschränkungen

bezüglich gewisser Tagesstunden oder bezüglich der Nacht- oder Sonntagsarbeit?

bezüglich aller Arbeiterinnen oder nur bezüglich gewisser Klassen (jugendliche — bis zu welchem Alter — verheirathete Arbeiterinnen)?

b) Bedarf es eines gänzlichen Verbotes

einer gewissen oder jedweden Art von Beschäftigung in dem Industriezweige?

für alle Arbeiterinnen oder nur für gewisse Klassen?

15. Würde die Durchführung der vorgeschlagenen Maßregeln die wirthschaftliche Lage der Arbeiterfamilien erheblich benachtheiligen, ist insbesondere anzunehmen,

a) daß das den Familien nach Wegfall der Frauenarbeit verbleibende Einkommen noch eine genügende Subsistenz für sie gewähren würde?

b) daß den Arbeiterinnen anderweit Gelegenheit zu einem den Lohnverlust ausgleichenden Verdienst geboten sein würde?

c) daß die Nothwendigkeit eines Ersatzes für den Ausfall des Frauenlohns eine Erhöhung des Lohnes der Arbeiter nach sich ziehen würde?

16. Würde die Durchführung der vorgeschlagenen Maßregeln den Industriezweig erheblich schädigen, ist insbesondere anzunehmen,

a) daß die den Frauen entzogenen Arbeiten für Männer geeignet und ausführbar sein würden?

b) daß der Mehrbedarf an Arbeitern, im Falle einer Einschränkung der Frauenarbeit unschwer und ohne Nachtheil für andere Erwerbszweige sich decken ließe?

c) daß eine Einschränkung in der täglichen Arbeitszeit der Frauen den Betrieb empfindlich stören würde?

d) daß die für den Betrieb erforderliche Arbeitskraft eine Vertheuerung erfahren würde, welche entweder überhaupt die Preise der Fabrikate in einer den Absatz hemmenden Weise erhöhen würde?

e) oder wenigstens die Konkurrenz mit anderen Orten, insbesondere des Auslandes gefährden würde?

Die thatsächlichen Verhältnisse, auf welche sich in diesen Punkten die Urtheile gründen, sind darzulegen.

II.

Verhältnisse der jugendlichen Arbeiter.

Ueber die Zahl und den Lohn der jugendlichen Arbeiter ist für die in Beilage I. angegebenen Industriezweige die in Beilage II. angeschlossene Tabelle 4 aufzustellen.

1. Arbeitszeit.

17. Arbeiter zwischen 12 und 14 Jahren sollen höchstens 6 Stunden, Arbeiter zwischen 14 und 16 Jahren höchstens 10 Stunden täglich beschäftigt sein.

18. Ist anzunehmen, daß diese Bestimmungen vielfach noch nicht zur Ausführung gelangt sind oder zeitweise nicht beachtet werden?

19. Würden sich gesetzliche Bestimmungen empfehlen, welche eine schärfere Kontrole ermöglichen, namentlich

für Arbeiter unter 14 Jahren: Bestimmungen, wonach die nämlichen Kinder nur vor oder nur nach der Mittagpause (oder einer gewissen Tagesstunde) beschäftigt werden dürften?

für Arbeiter unter 16 Jahren: Bestimmungen, wonach die Arbeitgeber gehalten wären, Anfang und Ende der Arbeitszeit und der Pausen in der Fabrik anzuschlagen oder der Behörde anzuzeigen?

20. Würden derartige Bestimmungen erlassen werden können, ohne die Dispositionen für den Fabrikbetrieb in empfindlicher Weise zu hemmen?

2. Arbeitspausen.

Jugendlichen Arbeitern ist nach der Absicht des Gesetzes nicht gestattet, in den Arbeitspausen aus freien Stücken fortzuarbeiten.

21. Ist anzunehmen, daß dieser Absicht — aus freiem Willen des Arbeiters, auf Drängen der Eltern, im Einverständniß mit dem Arbeitgeber — häufig entgegengehandelt wird?

22. Welche Einrichtungen sind zu empfehlen, um derartige Umgehungen des Gesetzes zu verhüten?

23. Würde es sich rechtfertigen, den Arbeitgeber unbedingt, auch wenn sein Einverständniß nicht nachweisbar, für Umgehungen der bezeichneten Art verantwortlich zu machen?

3. Verschärfung des Gesetzes.

24. Ist eine Verschärfung der Bestimmungen über die Beschäftigung jugendlicher Arbeiter im Interesse der letzteren anzurathen, und zwar

a) für Arbeiter unter 16 Jahren

durch eine Verkürzung der gesetzlichen Arbeitszeit?

durch ein Verbot der Beschäftigung in gewissen Industriezweigen oder mit gewissen Arbeiten darin?

b) für einige weitere Altersklassen

durch Einführung einer gesetzlichen Arbeitszeit?

durch Einschränkung oder Verbot der Nacht- oder Sonntagarbeit?

25. Würden die in Vorschlag zu bringenden Maßregeln den Nahrungsstand der Arbeiterfamilien beeinträchtigen, indem namentlich, ohne Ersatz für den ausfallenden Verdienst, das Einkommen unter das Bedürfniß hinabgedrückt würde? den jugendlichen Arbeitern Gelegenheit zu Arbeit und Verdienst anderweit mangeln würde?

26. Würden die in Vorschlag zu bringenden Maßregeln die Betriebsverhältnisse des Industriezweiges erschüttern, indem namentlich

a) die von jüngeren Arbeitern versehenen Arbeiten zur Wahrnehmung durch ältere Leute sich nicht eignen würden?

b) die Ausbildung der Arbeiter und dadurch die Erhaltung eines Stammes tüchtiger Arbeiter erschwert würde?

c) die Heranziehung älterer Arbeiter eine Vertheuerung der Arbeiten und eine durch die Konkurrenzverhältnisse ausgeschlossene Preissteigerung der Fabrikate nach sich ziehen würde?

4. Kontrole des Gesetzes.

27. Ist anzunehmen, daß die Bestimmungen über die Beschäftigung der jugendlichen Arbeiter überhaupt noch vielfach nicht zur Durchführung gelangt sind oder doch zeitweise unbeachtet bleiben?

28. Sind die ordentlichen Aufsichtsbehörden geeignet und in der Lage, eine schärfere Kontrole darüber mit Erfolg zu führen?

29. Wenn die Anstellung besonderer Aufsichtsbeamten an ihrer Statt (Fabrik-Inspektoren) als Bedürfniß erscheint,

unter welchen Voraussetzungen (Art oder Umfang des Industriebetriebes einer Gegend) würde sie gesetzlich vorzuschreiben sein?

mit welcher Kompetenz wären die Beamten zu versehen, insbesondere

nur für die Kontrole der Bestimmungen über die jugendlichen Arbeiter?

oder für die Kontrole der gesammten Bestimmungen der Fabrikgesetzgebung?

Soweit besondere Aufsichtsbeamte bereits angestellt sind, sind die in Betreff derselben erlassenen Vorschriften und Anweisungen beizufügen.

Beilage I.

A.

I. Eisenstein- und andere Erzbergwerke, Steinkohlengruben, Braunkohlengruben.
II. Eisen-, Zink-, Blei-, Kupfer-, Arsenikhütten.

B.

III. Ziegeleien.
IV. Fabriken für Thon- und Irdenwaaren, für Porzellan und Glas.

C.

V. Fabriken für Zündwaaren.

D.

VI. Fabriken für Kurz-, Knopf- und Spielwaaren, für Stahlfedern, für Nähnadeln, für Stecknadeln.

E.

VII. Fabriken für Seidengarn, Streich- und Kammgarn, Flachsgarn, Baumwollengarn, Zwirn und Nähgarn.
VIII. Fabriken für Seiden- und Sammetzeuge, für Stoffe aus Streichgarn (einschließlich Tuch) und Kammgarn (einschließlich Teppiche, Shawls, Plüsche) aus Flachs- und Baumwollengarn.
IX. Bleichereien, Garn- und Stückfärbereien, Appreturanstalten, Druckereien für Gewebe jeder Art.
X. Watten- und Kunstwollfabriken.
XI. Fabriken für Tüll, Bobbinets, Spitzen, Stickereien, Strick- und Posamentierwaaren.

F.

XII. Fabriken für Papierstoff, Papier, Pappe, Buntpapier, Tapeten, Kartonagen, Papierwäsche.
XIII. Strohhut- und andere Strohwaarenfabriken.

G.

XIV. Fabriken für Rauch-, Kau-, und Schnupftaback, Cigarren und Cigarretten.
XV. Chokoladen- und Cichorienfabriken.
XVI. Rübenzuckerfabriken.

Beilage II.

1. Zahl der Arbeiterinnen.

Industriezweig.	Von 16—18 Jahren		Von 18—25 Jahr		über 25 Jahre		Bemerkungen.
	ledig.	verheirathet.	ledig.	verheirathet.	ledig.	verheirathet.	
I.							
II.							
III.							
IV.							
u. s. w.							

2. Tägliche Arbeitszeit der Arbeiterinnen.

Industriezweig.	Beginn.		Ende.		Dauer der Pausen.		Wirkliche Arbeitsdauer.		Bemerkungen.
	Winter.	Sommer.	Winter.	Sommer.	Winter.	Sommer.	Winter.	Sommer.	
I.									
II.									
III.									
u. s. w.									

3. Wochenlohn der Arbeiterinnen.

Industriezweig.	Im niedrigsten Satz.		Im Mittelsatz.		Im höchsten Satz.		Bemerkungen.
	Winter.	Sommer.	Winter.	Sommer.	Winter.	Sommer.	
I.							
II.							
III.							
u. s. w.							

4. Jugendliche Arbeiter.

Industriezweig.	Zahl derer von				Wochenlohn derer von				Bemerkungen.
	12—14 Jahren		14—16 Jahren		12—14 Jahren		14—16 Jahren		
	männliche.	weibliche.	männliche.	weibliche.	männliche.	weibliche.	männliche.	weibliche.	
I.									
II.									
u. s. w.									

Bemerkungen.

1. Zu Tabelle 1.

Die Zahl der in dem Industriezweig beschäftigten männlichen Arbeiter ist unter der Rubrik: „Bemerkungen" nach ungefährer Veranschlagung summarisch anzugeben.

2. Zu Tabelle 2.

Wenn in bestimmten (besonders belebten oder stillen) Geschäftszeiten die regelmäßigen Verhältnisse Aenderungen erleiden, so sind diese und die Dauer, für welche sie eintreten, unter der Rubrik „Bemerkungen" anzugeben.

Wenn ferner an einzelnen Tagen die Arbeitszeit kürzer oder länger ist, so ist deren Gesammtdauer für die Woche in derselben Rubrik anzugeben.

3. Zu Tabelle 3.

Die verschiedenen Lohnsätze bestimmen sich nach der verschiedenen Arbeit und Geschicklichkeit. Ihre Höhe ist nach Durchschnittszahlen anzugeben.

4. Zu Tabelle 4.

Für die Arbeiter und Arbeiterinnen von 12 bis 14 Jahren ist unter der Rubrik: „Bemerkungen" annähernd das Verhältniß anzugeben, in welchem die beiden Altersklassen von 12 bis 13 und von 13 bis 14 Jahren vertreten sind.

I.

Die Fabrikarbeiterinnen.

A. Allgemeine Ermittelungen.

Die Ergebnisse der auf die Zahl und den Wochenlohn der Arbeiterinnen und der jugendlichen Arbeiter, sowie auf die tägliche Arbeitszeit der ersteren sich beziehenden Ermittelungen befinden sich am Schlusse dieses Abschnittes tabellarisch zusammengestellt. Nach Tabelle I sind in denjenigen Industriezweigen, auf welche die Erhebungen sich zu erstrecken hatten, nahezu 226.000 Arbeiterinnen im Alter von über 16 Jahren beschäftigt. Von diesen stehen etwa 24 Prozent im Alter von 16 bis 18 Jahren, 42 Prozent im Alter von 18 bis 25 Jahren, etwa 34 Prozent sind über 25 Jahre alt. Verheirathet sind 24 Prozent der gesammten Arbeiterinnen, und zwar 0,5 Prozent derer im Alter von 16 bis 18 Jahren, 20,5 Prozent aus der zweiten und 79 Prozent aus der dritten Altersklasse. Das Verhältniß der ledigen Arbeiterinnen zu den verheiratheten stellt sich so dar, daß von der Gesammtzahl der 16- bis 18jährigen etwa 0,5 Prozent, von den 25jährigen 11,5 Prozent und von den übrigen Arbeiterinnen 55 Prozent verheirathet sind. Von der Gesammtzahl der Arbeiterinnen entfallen ferner auf Preußen 53 Prozent, auf Sachsen 18, auf Baden und Hessen zusammen 9, auf Bayern 8, auf Württemberg und auf die mitteldeutsche Staatengruppe je 5, auf die norddeutsche Staatengruppe etwa 2 Prozent. Werden die Ergebnisse der Volkszählung im Deutschen Reiche vom 1. Dezember 1871 (vgl. die Zusammenstellung in den Vierteljahrsheften zur Statistik des Deutschen Reichs, 3. Jahrgang, 3. Heft, 3. Abtheilung) einer Vergleichung zu Grunde gelegt, so gehört von der Gesammtzahl der weiblichen Bevölkerung in Preußen (rund 12.500.000 Köpfe) nicht ganz 1 Prozent dem Stande der Fabrikarbeiterinnen an, in Bayern (mit 2.500,000 Frauen und Mädchen) beträgt die gleiche Verhältnißzahl 0,75, in Sachsen (1.300.000) über 3, und in Württemberg (950.000) über 1. Vergleicht man die Zahl der in diesen vier Staaten beschäftigten Arbeiterinnen mit der Gesammtzahl der weiblichen Bevölkerung nach den zwei Altersklassen von 16 bis 18 und von 18 bis 25 Jahren, so stellt sich heraus, daß in Preußen bei einer Gesammtzahl der 16- bis 18jährigen weiblichen Personen von rund 690.000 über 4 Prozent zu den Fabrikarbeiterinnen gehören, in Bayern bei einer Gesammtzahl von 125.000 2,7 Prozent, in Sachsen bei einer Gesammtzahl von 75.000 14 und in Württemberg bei einer Gesammtzahl von 44.500 über 5 Prozent. In der anderen Altersklasse sind in Preußen von den 1.529.000 Frauen im Alter von 18 bis 25 Jahren 3,5 Prozent in Fabriken beschäftigt, in Bayern von 290,500 Frauen über 2, in Sachsen von 166.500 etwa 11, in Württemberg von 111.000 über 3,1 Prozent.

Von den sämmtlichen weiblichen Arbeitern ist mehr als die Hälfte, nämlich 128.500, in der Textilindustrie beschäftigt, und zwar über 63.000 in Preußen, etwa 12.000 in Bayern, über 30.000 in Sachsen, nicht ganz 8000 in Württemberg, etwa ebensoviel in Baden, 700 in Hessen, 4500 in der mitteldeutschen und 1600 in der norddeutschen Staatengruppe. Die Cigarrenindustrie beschäftigt insgesammt 34.000 Arbeiterinnen, davon in Preußen 16.600, in Bayern 1700, in Sachsen 4000, in Württemberg 900, in Baden und Hessen 8800, in den übrigen Staaten 2000.

Was noch insbesondere die Vertheilung innerhalb des preußischen Staatsgebietes anlangt, so sind in dem Bezirke Düsseldorf die meisten Frauen, nämlich 16.000, darunter 14.600 in der Textilindustrie, mit Fabrikarbeit beschäftigt, dann folgt der Bezirk Liegnitz mit etwa 11.000, davon 8500 in der Textilindustrie, Breslau mit 10.000, und zwar 4500 in der Textilindustrie, Oppeln und Aachen mit nahezu je 10.000 Arbeiterinnen, von denen in dem ersteren Bezirke etwa 7500 bei dem Bergbau und in Hüttenwerken, in dem letzteren 6500 in der Textilindustrie beschäftigt sind. Die geringsten Zahlen weisen auf die Bezirke Bromberg mit 28, Aurich mit 87 und Sigmaringen mit 142 Arbeiterinnen.

Den 226.000 weiblichen Arbeitern stehen in den in Frage kommenden Industriezweigen 566.500 männliche Arbeiter gegenüber, so daß dieser Theil der Fabrikbevölkerung sich zu 72 Prozent aus Männern und zu 28 Prozent aus Frauen zusammensetzt. Während in Preußen etwa 3½ Mal so viel Männer wie Frauen beschäftigt sind, ist in Bayern und Württemberg die Zahl der männlichen und weiblichen Arbeiter fast gleich groß; in Sachsen sind etwa um die Hälfte mehr Männer als Frauen gezählt. In Hessen übersteigt die Zahl der Arbeiter die der Arbeiterinnen um etwa 75, in Baden umgekehrt die Zahl der Arbeiterinnen die der Arbeiter um etwa 10 Prozent.

Die tägliche Arbeitszeit der Arbeiterinnen ist ausweislich der Tabelle II nach Beginn, Ende und Dauer sehr verschieden. Sie beginnt wohl in den meisten Fabriken des Morgens um 6 oder 7 Uhr und endet Abends um dieselbe Zeit; im Sommer kommt jedoch ein früherer Beginn nicht selten vor. Die Arbeitspausen umfassen durchschnittlich 1½ bis 2 Stunden, die wirkliche Arbeitsdauer beträgt daher 10 bis 11 Stunden täglich; doch scheint besonders in der Textilindustrie eine Verlängerung bis zu 13 Stunden nicht selten zu sein.

Der Wochenlohn der Arbeiterinnen schwankt nach den Zusammenstellungen in Tabelle III durchschnittlich zwischen 5 und 8 Mark, er geht aber je nach den industriellen Verhältnissen der verschiedenen Gegenden, sowie dem größeren oder geringeren Grade der Geschicklichkeit und Brauchbarkeit der einzelnen Arbeiterinnen überhaupt bis zu 2 Mark herunter und bis zu 19 Mark hinauf; in den Watten- und Kunstwollfabriken Berlins sollen die Arbeiterinnen im Akkord wöchentlich selbst bis zu 24 Mark verdienen.

Zu der Frage, seit wann in der Fabrikarbeit die Heranziehung weiblicher Arbeitskräfte begonnen habe, und ob ihre Verwendung im Zu- oder Abnehmen begriffen sei, haben die Erhebungen genauere Anhaltspunkte nicht geliefert. In vielen Fällen scheint die Heranziehung weiblicher Arbeitskräfte zur Fabrikarbeit mit der Errichtung der Fabriketablissements zusammengefallen zu sein und noch zusammenzufallen; es wird daher anzunehmen sein, daß die Verwendung der Frauen zur Fabrikarbeit noch im Steigen begriffen ist. Ganz besonders scheint dies von der Cigarrenfabrikation gelten zu müssen; auch in allen denjenigen Industriezweigen, welche neuerdings erst zum Maschinenbetriebe übergegangen sind, hat man dem Anscheine nach vorwiegend auf die Verwendung weiblicher Arbeitskräfte Bedacht genommen.

B. Arbeitsverhältnisse.

I. Sonntag- und Nachtarbeit.

Der Zweck der Erhebungen zu diesem Punkte war die Feststellung, inwieweit thatsächlich die Arbeit der Frauen in die zunächst der körperlichen und geistigen Erholung bestimmten Zeiten fällt, und ob dort, wo solches der Fall ist, die Frauen sich der Betheiligung an der Arbeit, wenn letztere ihren Interessen und Wünschen nicht entspricht, ohne weitere Folgen für das Arbeitsverhältniß entziehen können.

1. Preußen.

Der Eindruck, welchen das Ergebniß der Erhebungen hervorruft, läßt sich dahin kennzeichnen, daß von den Arbeitgebern in der Regel und abgesehen von besonders lebhaften Geschäftszeiten Sonntag- und Nachtarbeit da angeordnet wird, wo nach der Art des Fabrikbetriebes dieselbe erforderlich oder doch wünschenswerth erscheint. Im übrigen bringt, wie von verschiedenen Seiten ausdrücklich hervorgehoben wird, gerade diese Arbeit auch für die Arbeitgeber selbst mannigfache Nachtheile und Unzuträglichkeiten mit sich, so daß schon die Natur der Verhältnisse einer Ausbeutung der Arbeitskräfte in dieser Beziehung erfolgreich entgegenwirkt. Daraus wird sich erklären lassen, daß die Nacht- und Sonntagarbeit überall, vornehmlich in der Thonwaaren- und Glasindustrie, in der Papierindustrie, in der Rübenzuckerfabrikation, auch in der Textilindustrie üblich ist, während sie ebenso übereinstimmend in allen übrigen Industriezweigen zu den Ausnahmen gehört.

Was zunächst die Glas- und Thonwaarenindustrie anlangt, so wird aus dem Bezirke Trier mitgetheilt, daß in den Glashütten des Saarbrückener Revieres die Arbeitszeit eine sehr unregelmäßige ist und sich ziemlich gleichmäßig auf die Nacht- und die Tageszeit ohne Rücksicht auf den Sonntag vertheilt: in der Regel dauert die eigentliche Glasfabrikation 10 Stunden, worauf mindestens 24 Stunden Pause folgen. Der Anfang der Arbeit bestimmt sich nach der Dauer des Schmelzprozesses, welche sich im voraus nicht bestimmen läßt. Zur Arbeit sind die Arbeiterinnen, sobald die Schicht beginnt, verpflichtet.

Aehnlich liegen die Verhältnisse in den Glasfabriken der Bezirke Marienwerder, Potsdam, Frankfurt, Posen, Breslau, Merseburg, Coblenz und Aachen. In dem zuerst genannten Bezirke pflegt von 12 zu 12 Stunden Ablösung der mit dem Glasblasen beschäftigten Arbeiter und der zur Hülfeleistung zugezogenen Arbeiterinnen stattzufinden. In dem Bezirke Posen wird die mit der Fertigstellung der Glasmasse in dem Ofen beginnende Arbeit etwa 10 Stunden hindurch mit zweistündiger Pause fortgesetzt. Im Bezirke Bromberg soll die Arbeit dagegen nur in sehr seltenen Fällen auf die Nachtzeit, und zwar von 8½ Uhr Abends bis 12 Uhr Nachts und von 1 bis 4 Uhr Morgens fallen, und den regelmäßig beschäftigten Arbeiterinnen in der Regel die Theilnahme daran zur Pflicht gemacht, hin und wieder aber auch freigestellt sein. Im Bezirke Schleswig fällt die Arbeit in einer Glasfabrik zwar ebenfalls auf die Sonntags- und Nachtzeit, jedoch regelmäßig mit Ausschluß der Stunden von 12 Uhr Nachts bis 3 Uhr Morgens. In den Glasfabriken des Bezirkes Minden wird je nach der Fertigstellung des Materials für die Verpackung der Waaren auch die Nacht zu Hülfe genommen; zu dieser Arbeit werden wegen ihrer größeren Gewandtheit hauptsächlich Arbeiterinnen verwendet und sind dieselben zur Theilnahme an der Nachtarbeit verpflichtet.

In einer Ofenfabrik des Bezirkes Magdeburg pflegt hin und wieder von 6 bis 8½ Uhr Morgens, sowie in einzelnen Porzellanfabriken des Magdeburger und des Cölner Bezirkes von 7 Uhr Morgens bis 2 Uhr Nachmittags an den Sonntagen gearbeitet zu werden: ob die Arbeiterinnen an dieser Arbeit theilnehmen wollen, bleibt ihnen jedoch freigestellt.

Auch in der Papierindustrie fällt in vielen Fabriken ein Theil der regelmäßigen Arbeitszeit auf die Nacht und auf den Sonntag. In einer Fabrik für Papierstoff und Papier des Bezirks Danzig pflegt die Hälfte der Arbeitszeit auf die Nacht zu fallen; die Arbeiter wechseln in der Tag- und Nachtarbeit ab. In einer Pappenfabrik Berlins wird die ganze Nacht gearbeitet, alle 8 Tage lösen sich die Arbeiterinnen hierin ab. In den Fabriken des Bezirks Arnsberg wird von 6 Uhr Abends bis 6 Uhr Morgens mit zweistündiger Pause gearbeitet. Häufig, wenn auch nicht regelmäßig, findet sich Nacht- und Sonntagarbeit in den Papierfabriken des Bezirks Cöslin und im Bezirke Magdeburg, wo die Arbeitszeit während der Nacht von 8½ Uhr Abends bis 5½ Uhr Morgens oder von 6 Uhr Abends bis 6 Uhr Morgens läuft. In den Papierfabriken der Bezirke Gumbinnen, Potsdam, Liegnitz, Merseburg, Schleswig, Hannover, Hildesheim, Stade und Cassel soll Sonntag- und Nachtarbeit nur hier und da und nur ausnahmsweise in besonders lebhaften Geschäftszeiten vorkommen, auch soll die Theilnahme daran in der Regel den Arbeiterinnen freigestellt sein; im Bezirk Hannover wird dieselbe nur den unverheiratheten Arbeiterinnen zur Pflicht gemacht.

In der Rübenzuckerfabrikation pflegt nach den Mittheilungen aus den Bezirken Danzig, Potsdam, Stettin, Stralsund, Breslau, Liegnitz, Oppeln, Magdeburg, Merseburg, Erfurt, Schleswig, Hannover, Hildesheim, Minden, Cöln, Düsseldorf und Aachen während der vom Oktober bis zum Februar oder März währenden Kampagne die eine Hälfte der Arbeiter und Arbeiterinnen des Tages, die andere bei Nacht (von 6 Uhr Abends bis 6 Uhr Morgens) mit wöchentlich wechselndem Turnus beschäftigt zu werden; Sonntags sind außerdem die Arbeiterinnen der letzten Nachtschicht bis zum Mittag mit Reinigung der Fabrikutensilien betraut, so daß dieselben nur je den zweiten Sonntag frei haben. Die zwölfstündigen Schichten werden meist durch zwei halbstündige und eine ganzstündige Pause unterbrochen, die Theilnahme an diesen Arbeiten ist, abgesehen von wenigen Ausnahmen, den Arbeiterinnen zur Pflicht gemacht.

Auch in der Textilindustrie ist die Zahl derjenigen Fabriken, in denen des Nachts oder Sonntags gearbeitet wird, nicht unbeträchtlich.

In den Wollgarnspinnereien des Bezirks Liegnitz wechseln häufig Tagesschichten mit Nachtschichten, die von 6 Uhr Abends bis 6 Uhr Morgens dauern, ab; in den dortigen Streichgarnspinnereien pflegt bei günstiger Konjunktur und reichlichen Bestellungen Tag und Nacht gearbeitet zu werden und zwar so, daß die Arbeiterinnen in der Tag- und Nachtarbeit von Woche zu Woche abwechseln. In den Wollwäschereien des Bezirks Hannover beginnt die Nachtarbeit um 8 Uhr Abends und dauert bis 6 Uhr Morgens mit einer Pause von 1 bis 1½ Stunden, ähnlich in einer Wollspinnerei des Bezirks Cöln und in den Kunstwollfabriken des Bezirks Aachen. In mehreren Tuchfabriken des Bezirks Arnsberg pflegt, wenn in den Webereien das zur vollen Arbeit erforderliche Webegarn nicht beschafft werden kann, Sonntags und bis 12 Uhr Nachts gearbeitet zu werden. Außerdem wird aus den Bezirken Berlin, Potsdam, Breslau, Merseburg, Cassel und Wiesbaden mitgetheilt, daß bei lebhaftem Geschäftsgange in den zur Textilindustrie gehörigen Etablissements bis in die Nacht hinein, besonders häufig aber Sonntags gearbeitet werde. Hier und da wird wohl auch der Sonntags-Vormittag zur Reinigung der Maschinen verwendet. In den meisten Fällen ist die Theilnahme an der Sonntagarbeit in das Ermessen der Arbeiterinnen gestellt, nur in einer der größten Kattunfabriken Berlins sind dieselben zur Arbeit an den Sonntagen von 6 Uhr Morgens bis Nachmittags 3 Uhr verpflichtet. In dem Bezirke Hildesheim sollen einzelne kleine Spinnereien, die mit Wasserkraft arbeiten und keine Dampfmaschine in Reserve haben, bei niedrigem Wasserstande in Sommerzeiten genöthigt sein, den Betrieb auf die Nachtstunden auszudehnen, derart, daß auch die Arbeiterinnen an der Nachtarbeit Theil zu nehmen haben. Dieselbe Verpflichtung trifft auch die Arbeiterinnen der zahlreichen Spinnereien, wenn und soweit in denselben die Beschäftigung bereits früh 5 Uhr beginnt und erst um 9 Uhr Abends aufhört.

In allen anderen Industriezweigen gehört die Sonntag- und Nachtarbeit zu den Ausnahmsfällen. In einigen Cigarrenfabriken der Bezirke Potsdam, Posen, Magdeburg, Merseburg, Coblenz und Trier wird in Nothfällen an den Sonntags-Vormittagen, meist unter freiwilliger Betheiligung der Arbeiter, ebenso hier und da (Bezirk Magdeburg, Schleswig und Arnsberg) in den Fabriken für Kurz-, Knopf- und Spielwaaren einen Theil der Nacht hindurch gearbeitet; in einigen Cichorienfabriken der Bezirke Magdeburg und Aurich ist den Arbeiterinnen während der letzten drei Monate des Jahres die Nachtarbeit zur Pflicht gemacht; in der Strohwaarenindustrie der Bezirke Schleswig und Hannover soll endlich in Bedürfnißfällen bis 10 Uhr Abends und auch darüber hinaus gearbeitet werden.

Eine Sonderstellung nehmen die Berg- und Hüttenwerke ein, auf deren Arbeitseintheilung nach Tag- und Nachtschichten aus einzelnen Bezirken (Oppeln, Clausthal, Cöln, Aachen) hingewiesen worden ist.

2. Bayern.

In der Rübenzuckerindustrie der Oberpfalz sind die Arbeiterinnen und zwar eine Woche um die andere die ganze Nacht hindurch mit einer Ruhepause um Mitternacht beschäftigt; in den Glasfabriken der Oberpfalz fällt je nach der Fertigstellung der Schmelzmasse ein Theil der regelmäßigen Arbeitszeit gleichfalls auf die Nacht und auf den Sonntag. Die Mittheilungen aus den übrigen Industriezweigen lassen darauf schließen, daß die Sonntag- und Nachtarbeit die Ausnahme bildet; hier und da kommt sie vor in den Hüttenwerken der Oberpfalz, indem bisweilen die Betheiligung an Nachtarbeit und Sonntagarbeit und zwar hier bis 10 Uhr Morgens beansprucht wird; ebenso in der Textilindustrie Oberbayerns, der Pfalz, Schwabens und Oberfrankens, indem in einigen Baumwollfabriken die Arbeit im Sommer bereits um

5 Uhr Morgens begonnen und die Nacht hindurch fortgeführt wird, in einigen Tuchfabriken und Fabriken für Posamentier- und Weißwaaren von Zeit zu Zeit, jedoch ohne Zwang für die einzelnen Arbeiterinnen, 2 bis 4 Stunden von der Nacht und dem Sonntage zur Arbeit verwendet werden; auch in den Papierfabriken von Schwaben und Mittelfranken wird hier und da Sonntags, und an den Wochentagen über 8½ Uhr Abends hinaus gearbeitet; in einigen Taback- und Cigarrenfabriken von Oberfranken, in Cichorienfabriken der Pfalz und in Trottoirsteinfabriken von Oberbayern soll ausnahmsweise bei Nacht und des Sonntags einige Stunden gearbeitet werden, in den meisten Fällen jedoch nur bei freiwilliger Betheiligung der Arbeiterinnen.

3. Sachsen.

Nach der Landesgesetzgebung sind die Arbeiten in Fabriketablissements an Sonn- und Festtagen verboten. Von diesem Verbote sind ausgenommen diejenigen Arbeiten, welche ohne Nachtheil oder Gefahr für Gesundheit oder Leben der Arbeiter nicht unterbleiben können, unaufschiebliche Reparaturen und dringliche Arbeiten, soweit von deren Vornahme der Obrigkeit vorher Anzeige gemacht und deren Genehmigung zu denselben eingeholt worden ist, Arbeiten in Hohöfen, Kalköfen, Ziegelöfen, ingleichen in Glashütten und in den Schmelzhütten derjenigen Hüttenwerke, deren Betrieb eine gewisse Zeit ununterbrochen im Gange erhalten werden muß, endlich gewisse Arbeiten in den Bleichereien, Papierfabriken, Wachstuchfabriken, Runkelrübenzuckerfabriken, für welche wegen der eigenthümlichen Verfahrungsweise Ausnahmen gestattet worden sind.

Nach den stattgefundenen Erhebungen scheint thatsächlich Sonntagarbeit nur bei dem Bergbau und in einigen Hohöfen, Ziegeleien, Glashütten, Papier- und Wachstuchfabriken regelmäßig vorzukommen, und zwar je nach Bedürfniß zu verschiedenen Zeiten des Tages. In einer Glasfabrik des Zwickauer Bezirkes besorgen die Arbeiterinnen des Sonntags an beliebigen Stunden das Einbinden der fertigen Gläser. In den übrigen Industriezweigen wird Sonntags wohl nur in Ausnahmefällen gearbeitet: von Fabrikbesitzern wird hervorgehoben, daß die Obrigkeit selten ihre Genehmigung dazu ertheile, d. h: selten befinde, daß die bezüglichen Arbeiten „dringlich" seien. Nur in der Stadt Leipzig pflegt in einigen Fabriken während der Messen an den Sonntagen in derselben Weise, wie an den Wochentagen gearbeitet zu werden. Meist ist hier ebensowohl, wie in den anderen Fabriken, in denen die Sonntagarbeit gesetzlich gestattet und auch üblich ist, die Betheiligung an derselben den regelmäßig beschäftigten Arbeiterinnen zur Pflicht gemacht.

Was die Nachtarbeit betrifft, so hebt zwar ein Arbeitgeber im Dresdener Bezirke den Nachtheil hervor, daß die Fabrikation nicht mit der Sorgfalt überwacht werden könne, wie die Tagesarbeit und daß daher fehlerhafter gearbeitet zu werden pflege: dennoch scheint dieselbe auch in anderen, als denjenigen Industriezweigen, in welchen, wie bei dem Bergbau, in den Hüttenwerken, Glas-, Papier-, Porzellanfabriken, und Holzschleifereien, ununterbrochener Betrieb stattfindet, nicht selten von den Arbeitgebern angeordnet zu werden, sobald das Geschäft einigermaßen lebhaft geht. Auch findet in einigen größeren Kammgarn-, Streichgarn- und Vigognespinnereien ständige Nachtarbeit statt. Wo besondere Nachtschichten üblich sind, fallen dieselben in der Regel auf die Stunden von 6 Uhr Abends bis 6 Uhr Morgens und ist die Betheiligung daran den Arbeiterinnen zur Pflicht gemacht; wo dagegen nur in Folge flotten Geschäftsganges und zur Erledigung dringender Aufträge einen Theil der Nacht hindurch gearbeitet werden muß, wird nach den Erhebungen den weiblichen Arbeitern die Betheiligung meist freigestellt, es werden hier und da auch grundsätzlich nur männliche Arbeitskräfte in der Nacht verwendet. Nach der vereinzelten Angabe eines Geistlichen soll von den Arbeitgebern oft, angeblich um den Leuten ihren Verdienst nicht zu schmälern, die Arbeit in der Nacht vor den Sonn- und Festtagen fortgesetzt werden, so daß die Arbeiter dann am Morgen der Sonn- und Festtage müde und unfähig für den rechten Gebrauch dieser Feiertage die Fabrik verlassen; bald sollen die Arbeiter zur Theilnahme an dieser Arbeit durch höhere Löhne bestimmt, bald auch durch Androhung der Entlassung genöthigt werden.

Ein Theil der regelmäßigen Arbeitszeit pflegt übrigens insofern in den meisten Fabriken auf die Nachtzeit zu fallen, als die Arbeit, namentlich im Sommer, bereits um 5 Uhr Morgens beginnt; auch wird in manchen Etablissements zeitweilig 1 bis 2 Stunden über 8½ Uhr Abends hinaus gearbeitet.

4. Württemberg.

Abgesehen von solchen Fällen, in denen die Arbeit bereits Morgens 5 Uhr, also kurz vor dem durch das Programm bezeichneten Ende der Nachtzeit, beginnt, werden hier zunächst einzelne Etablissements aus der Glasfabrikation erwähnt, in welchen Jahr aus, Jahr ein ein Theil der Nacht zur Arbeit verwendet wird, dann einige Chokoladenfabriken des Neckarkreises, in denen alljährlich einige Monate hindurch Nachtarbeit vorkommt, endlich einzelne Fabriken aus der Porzellan-, Textil-, Papier- und Strohwaarenindustrie mit gelegentlichem, durch die Lage der Geschäftsverhältnisse veranlaßten Nachtdienst. Ununterbrochener Betrieb mit Nachtschichten ist in den Rübenzuckerfabriken des Neckar- und Donaukreises, und auch hier nur während der Kampagne bis zum Februar oder März, ferner in den Cichorienfabriken des Neckarkreises während der Zeit von Anfang Oktober bis Ende Dezember üblich; in dem letzteren Industriezweige pflegt die Theilnahme an der Nachtarbeit den Arbeiterinnen freigestellt, in der Rübenzuckerfabrikation dagegen zur Pflicht gemacht zu sein. Auch in einzelnen Etablissements der Textilindustrie, einer Kammgarnspinnerei des Neckarkreises, einer Flachsspinnerei des Donaukreises und einer Wollspinnerei des Schwarzwaldkreises scheint indessen, übrigens ohne Zwang für die Arbeiterinnen, regelmäßige Nachtarbeit eingeführt zu sein.

Der Arbeiterbildungsverein in Stuttgart bestätigt, daß in den Fabriken nur in außergewöhnlichen Fällen bei Nacht und am Sonntag Vormittags gearbeitet werde, betont aber, daß die Mehrzahl der Arbeiterinnen im Kleinfabrikbetriebe beschäftigt sei und Artikel zur Bearbeitung in das Haus geschickt erhielte. Diese sollen eine geregelte Arbeitszeit überhaupt nicht kennen, vielmehr meist bis spät in die Nacht hinein, 16 bis 17 Stunden täglich im Durchschnitte, mit ihren Arbeiten beschäftigt sein.

5. Baden, Hessen.

In den Cichorien- und Rübenzuckerfabriken Badens wird während der Kampagne Tag und Nacht ununterbrochen gearbeitet, wobei die Arbeiterinnen sich in Schichten alle 12 Stunden ablösen; in einigen Cichorienfabriken in Hessen wird die Arbeitszeit in dieser Periode bis 11 und bezw. 12 Uhr Nachts ausgedehnt, auch sind dort einige Arbeiterinnen, jedoch nur auf freiwillige Meldungen, zeitweise Sonntags von 7 bis 12 Uhr Vormittags beschäftigt.

Außerdem beginnt in einzelnen Etablissements, namentlich in einigen Ziegeleien Hessens, die Arbeitszeit bereits kurz vor dem Ende der Nachtzeit zwischen 4 und 5½ Uhr Morgens. In einer Garnfabrik Badens wird abwechselnd von den Arbeiterinnen eine zehnstündige Nachtschicht gemacht, in einer Garnfabrik Hessens hat bei besonders lebhaftem Geschäftsgange ein Theil der Arbeiterinnen wöchentlich ein Mal auch von 7 Uhr Abends bis 5 Uhr Morgens zu arbeiten.

Im Uebrigen wird Sonntag- und Nachtarbeit nur als Ausnahme für die Zündwaaren-, Knopf- und Spielwaaren-, die Papier- und die Tabacks- und Cigarren-Industrie Hessens erwähnt; die Betheiligung wird in den meisten Fällen von den Arbeiterinnen gegen ihren Willen nicht verlangt.

6. Mitteldeutsche Staatengruppe.

Nach den vorliegenden Mittheilungen scheint in der Spielwaarenindustrie (Sachsen-Weimar, Sachsen-Koburg-Gotha, Sachsen-Meiningen, Schwarzburg-Sondershausen), sowie in den Chokoladefabriken (Schwarzburg-Sondershausen) während der letzten Monate vor Weihnachten, hier und da auch bei lebhaftem Geschäftsgange und namentlich kurz vor den Leipziger Messen in der Textilindustrie (Sachsen-Weimar, Sachsen-Koburg-Gotha, Anhalt, Reuß j. L.) und in Papierfabriken (Sachsen-Koburg-Gotha) Abends bis 10 Uhr und länger, sowie an den Vormittagen der Sonntage gearbeitet zu werden, meist ohne Zwang für die Arbeiterinnen. Dagegen sind anscheinend in einzelnen Berg- und Hüttenwerken Anhalts regelmäßige Nachtschichten üblich. In den Glasfabriken von Sachsen-Altenburg und Schwarzburg-Rudolstadt sollen die Leute an den Sonntagen und während der Nacht zur Arbeit, soweit der Betrieb es erfordert, verpflichtet sein: in Sachsen-Koburg-Gotha wird in einer Glasfabrik während des Sommers und Winters von früh 4 Uhr ab gearbeitet und ist die Theilnahme daran zur Pflicht gemacht, während dort in den übrigen Glasfabriken nur ausnahmsweise und ohne Zwang für die Arbeiter Nachtarbeit vorkommt. Aus Sachsen-Meiningen wird mitgetheilt, daß in einigen Glasfabriken die Arbeiterinnen regelmäßig, jedoch ohne Zwang, des Sonntags und des Nachts mit dem Verpacken der fertigen Waare beschäftigt seien. In den Rübenzuckerfabriken von Sachsen-Weimar, Sachsen-Meiningen, Sachsen-Koburg-Gotha, Anhalt, Schwarzburg-Rudolstadt und Schwarzburg-Sondershausen soll den Arbeiterinnen während der Kampagne die Nachtarbeit und zum Theil auch die Sonntagarbeit regelmäßig dergestalt zur Pflicht gemacht sein, daß die eine Hälfte derselben in der einen, die andere in der nächstfolgenden Woche die von 6 Uhr Abends bis 5 Uhr Morgens, hier und da auch etwas kürzer währenden Nachtschichten zu übernehmen hat.

7. Norddeutsche Staatengruppe.

In den Glasfabriken Oldenburgs, Braunschweigs und Schaumburg-Lippes, sowie in der Rübenzuckerfabrikation Mecklenburg-Schwerins und Braunschweigs fällt ein Theil der regelmäßigen Arbeitszeit auf die Nacht und den Sonntag. Dieselbe richtet sich bei der Glasfabrikation nach dem für das Schmelzen der Glasmasse und das Ausarbeiten des Ofens erforderlichen Zeitaufwande.

Bei der Rübenzuckerfabrikation pflegen für die Dauer des Winters Nachtschichten eingerichtet zu sein, an denen die Arbeiterinnen je eine Woche um die andere theilzunehmen haben. Im Uebrigen kommt Sonntag- und Nachtarbeit nur ganz ausnahmsweise vor, in der Strohhutfabrikation (Lübeck) während der Hauptarbeitszeit von Ostern bis Pfingsten und in den Chokoladefabriken (Mecklenburg-Schwerin) während der letzten Monate vor Weihnachten. Zur Betheiligung sind die Arbeiterinnen zumeist verpflichtet.

II. Arbeitsräume.

Es handelte sich bei diesen Erhebungen wesentlich um die Frage, ob bei der Anstellung der Arbeiterinnen in den verschiedenen Arbeitsräumen und an den verschiedenen Arbeitsmaschinen diejenigen Rücksichten beobachtet werden, welche in diesen besonderen Verhältnissen für das weibliche Geschlecht wünschenswerth erscheinen.

I. Preußen.

Nach den Mittheilungen aus den Bezirken Bromberg, Liegnitz, Erfurt, Minden, Köln und Düsseldorf ist anzunehmen, daß die Räume der Arbeiterinnen, soweit die Fabrik- und Betriebseinrichtungen es irgend gestatten, gesondert von denjenigen der Arbeiter gehalten werden; auf ein weniger günstiges Verhältniß lassen dagegen die Mittheilungen aus den Bezirken Frankfurt a. O., Stettin, Breslau und Aurich schließen; nur insoweit als einzelne Abschnitte der Fabrikation lediglich der Frauenarbeit zufallen, ist hier und selbst in dieser Beschränkung nur zum Theil von einer Trennung der Arbeiter und Arbeiterinnen die Rede.

Aus den übrigen Bezirken liegen speziellere Angaben vor, aus denen für die einzelnen Industriezweige Folgendes sich ergiebt.

Am häufigsten findet sich die Einrichtung gesonderter Arbeitsräume in Papierfabriken; so in den Bezirken Danzig, Potsdam, Köslin, Schleswig, Stade, Arnsberg und theilweise auch in den Bezirken Gumbinnen, Berlin, Magdeburg, Merseburg, Hildesheim, Lüneburg, Osnabrück, Kassel, Koblenz und Aachen. Am seltensten erscheint die Sonderung durchgeführt in der Hütteninduſtrie (hier nur in dem Bezirke Magdeburg und zum Theil in dem Auricher und Koblenzer Bezirke), ferner in den Ziegeleien (nur theilweise im Bezirk Merseburg), so wie in der Rübenzuckerfabrikation (nur ganz ausnahmsweise in den Bezirken Potsdam und Merseburg). In den Bergwerken findet eine Sonderung überhaupt nicht statt. In der Thon-, Porzellan- und Glaswaareninduſtrie scheint die Trennung der Arbeitsräume nur vereinzelt durchgeführt zu sein; sie wird namentlich erwähnt für die Glasfabriken des Kreises Schlochau im Bezirk Marienwerder, für die hierher gehörige Industrie Berlins und der Bezirke Bromberg und Merseburg, für die Thonwaarenfabriken des Bezirks Oppeln, sowie auch für einen Theil der hierher gehörigen Fabriken der Bezirke Gumbinnen, Magdeburg, Lüneburg und Stade. In den letzteren drei Bezirken, sowie zum Theil in den Bezirken Königsberg, Potsdam und Oppeln scheint die Trennung auch in den Fabriken für Zündwaaren durchgeführt zu sein; hinsichtlich der Fabriken für Kurz-, Knopf- und Spielwaaren,

Stahlfedern und Nadeln wird dieser Einrichtung besonders in den Bezirken Berlin, Magdeburg, Erfurt, Hannover, Lüneburg, Arnsberg, Kassel, Wiesbaden und Aachen Erwähnung gethan.

Die Mittheilungen über die Textilindustrie lassen auf sehr verschiedenartige Verhältnisse schließen. Was zunächst die Garn- und Gewebefabrikation angeht, so scheint in den Bezirken Berlin, Schleswig, Hannover, Wiesbaden und Aachen die Einrichtung getrennter Arbeitsräume am weitesten durchgeführt zu sein und auch in den Bezirken Königsberg, Gumbinnen, Posen, Magdeburg, Hildesheim, Lüneburg, Osnabrück, Münster, Arnsberg und Cassel wird von einer theilweisen Durchführung derselben berichtet.

In der sogenannten Veredlungsindustrie (Bleichereien, Färbereien, Appreturanstalten und Druckereien) scheint eine solche Einrichtung nur selten (in den Bezirken Wiesbaden und zum Theil in Berlin, Potsdam, Hannover und Aachen), häufiger dagegen in den Watten- und Kunstwollfabriken angetroffen zu werden, wie dies die Mittheilungen aus den Bezirken Königsberg, Berlin, Potsdam, Oppeln, Hildesheim, Lüneburg, Stade und Aachen darlegen. In den Fabriken für Tüll, Spitzen, Stickereien, Strick- und Posamentierwaaren endlich sind nach den Berichten aus den Bezirken Berlin, Stralsund und Wiesbaden die Arbeitsräume der Männer und Frauen fast durchgängig getrennt.

Bezüglich der Strohwaarenfabriken wird aus den Bezirken Berlin, Schleswig, Hannover, Wiesbaden und Aachen, bezüglich der Chokoladen- und Cichorienfabriken aus den Bezirken Stralsund, Schleswig, Coblenz und Berlin, zum Theil auch aus den Bezirken Magdeburg und Hannover ebenfalls die Durchführung dieser Maßregel behauptet; was schließlich die Taback- und Cigarrenfabrikation anlangt, so scheinen die bezüglichen Einrichtungen in den Fabriken der Bezirke Berlin, Osnabrück, Aachen, ferner in den Cigarrenfabriken Hanau's, sowie in vereinzelten Taback- und Cigarrenfabriken der Bezirke Königsberg, Danzig, Potsdam, Posen, Magdeburg, Erfurt, Hildesheim, Osnabrück, Aurich, Lüneburg, Münster, Coblenz und Trier auf einer grundsätzlichen Sonderung der Arbeitsräume zu beruhen, obwohl Angaben aus anderen Bezirken die Durchführbarkeit anzweifeln.

Die Anstellung besonderer weiblicher Aufseher für die Räume der Arbeiterinnen wird aus den Bezirken Königsberg, Gumbinnen, Danzig, Marienwerder, Frankfurt, Merseburg, Münster, Cassel, Cöln, Coblenz und Trier als Ausnahme erwähnt, nach den Mittheilungen aus den Bezirken Berlin, Stralsund, Posen, Oppeln, Magdeburg, Erfurt, Hannover, Stade, Minden, Wiesbaden und Aachen ist sie dort häufiger und zwar scheint sie vornehmlich in der Textilindustrie sich vorzufinden. Ungünstige Erfahrungen will man in dieser Beziehung in Düsseldorf gemacht haben: es wird dort als Ergebniß aller Erfahrungen behauptet, daß es den Aufseherinnen an Energie und Zuverlässigkeit mangele. Aus diesem Grunde soll von weiterer Verfolgung der gemachten Versuche abgesehen worden sein.

Die Frage, ob die Arbeiterinnen, soweit sie mit den Arbeitern gemeinsame Räume inne haben, in regelmäßiger Vereinigung mit denselben thätig sind (sei es an bestimmten Maschinen oder an bestimmten Arbeitsstücken), wird im allgemeinen und ohne Bezugnahme auf die einzelnen Industriezweige bejaht in den Bezirken Königsberg, Frankfurt, Stettin, Breslau, Liegnitz,

Osnabrück, Aurich, Arnsberg, Düsseldorf und Trier, indem man geltend macht, daß eine prinzipielle Trennung nicht durchführbar und eine solche gemeinsame Arbeit in vielen Fällen durch die Eigenthümlichkeiten des Betriebes geboten sei. Dieser Auffassung entgegengesetzte Aeußerungen liegen dagegen vor aus den Bezirken Gumbinnen und Cöln.

Nach den übrigen Erhebungen gewinnt es den Anschein, als ob eine gemeinsame Beschäftigung der Arbeiter und Arbeiterinnen besonders sich finde in den Ziegeleien (in den Bezirken Danzig, Potsdam, Cöslin, Stralsund, Posen, Oppeln, Magdeburg, Schleswig und Hildesheim), in der Textilindustrie und hier besonders häufig in der Garnfabrikation (Bezirke Berlin, Potsdam, Posen, Oppeln, Magdeburg, Merseburg, Lüneburg, Stade, Münster, Minden, Cassel, Wiesbaden, Coblenz, und Aachen), ferner in den Papier-, Tapeten- und Kartonnagefabriken (Bezirke Berlin, Oppeln, Merseburg, Hannover, Hildesheim, Lüneburg, Stade, Coblenz und Aachen), endlich in den Taback- und Cigarrenfabriken (Bezirke Potsdam, Posen, Oppeln, Merseburg, Erfurt, Schleswig, Hannover, Hildesheim, Münster und Coblenz). Aus dem Bezirk Münster ist noch besonders hervorgehoben worden, daß nach den dasigen Verhältnissen streng zu unterscheiden sei zwischen Cigarrenfabrikation und Tabackfabrikation, indem bei der ersteren eine gemeinschaftliche Beschäftigung durchgängig, dagegen bei der letzteren nur theilweise statthabe.

Hinsichtlich der übrigen Industriezweige ist nach den vorliegenden Mittheilungen anzunehmen, daß männliche und weibliche Arbeiter an denselben Maschinen oder Arbeitsstücken nur ausnahmsweise beschäftigt werden: am häufigsten vielleicht noch in der Thon-, Porzellan- und Glaswaarenfabrikation, in der Fabrikation von Zündwaaren, sowie von Papierstoffen, am seltensten in der Chokoladen- und Cichorienindustrie, in der Rübenzuckerfabrikation, ferner in der Hüttenindustrie, wohl nirgends endlich in dem Bergbau.

2. Bayern.

Nach den Mittheilungen aus der Pfalz, aus Mittel- und Unterfranken ist in den dasigen Fabriken nur ausnahmsweise die Einrichtung getroffen, daß die Räume der Arbeiterinnen von denen der Arbeiter getrennt sind, auch in Oberbayern, Niederbayern, in der Oberpfalz, in Oberfranken und Schwaben ist von der allgemeinen Durchführung einer solchen Maßregel nicht die Rede. Am günstigsten scheinen noch die Verhältnisse in der Zündwaaren-, der Papier- und der Glaswaarenfabrikation zu liegen. Was die Kurz-, Knopf- und Spielwaarenindustrie betrifft, so wird aus Schwaben bemerkt, daß fast durchgängig gesonderte Räume für die Arbeiter beiderlei Geschlechtes vorhanden seien, während nach den Mittheilungen aus Oberbayern gerade in diesen Industriezweigen die Verhältnisse der einzelnen Fabriken ganz verschieden liegen. In der Textilindustrie scheint die Einrichtung gesonderter Arbeitsräume nur zum Theil in Oberbayern, Oberfranken und Schwaben sich zu finden: aus Augsburg wird insbesondere berichtet, daß in den dasigen Webereien und Spinnereien, welche über 3000 Arbeiterinnen zählen, die Räume durchgängig und in den sonstigen Fabriken mit insgesammt etwa 180 Arbeiterinnen fast durchgängig gesondert seien. Vereinzelt scheint eine solche Einrichtung sich noch vorzufinden in Bergwerken (Oberbayern), in Strohwaarenfabriken (Oberbayern), in Taback- und Cigarrenfabriken (Oberpfalz und Oberfranken).

Weibliche Aufseher für die Räume der Arbeiterinnen finden sich nach den vorliegenden Mittheilungen in Unterfranken überhaupt nicht, in Niederbayern, der Pfalz und Mittelfranken nur hier und da ausnahmsweise, in den übrigen Bezirken endlich in einigen Zündwaarenfabriken, Papier- und Cigarrenfabriken, in der Kurz-, Knopf- und Spielwaarenindustrie, sowie in der Textilindustrie: insbesondere wird aus Schwaben bemerkt, daß in den Spinnereien und Webereien zu Augsburg weibliche Aufseher fungiren, daß aber die Bestellung von Aufseherinnen für die Mehrzahl der anderen Industriezweige undurchführbar sei.

Soweit die Arbeiterinnen mit den Arbeitern gemeinsame Räume inne haben, pflegen dieselben nach den Erhebungen in Oberbayern, Niederbayern, Oberfranken und Schwaben in einem Theile der Bergwerke, ferner in den Ziegeleien bei dem Formen und Aufsetzen der Steine, in der Porzellan- und Glaswaarenindustrie, in der Textilindustrie, in der Cigarren- und in der Rübenzuckerfabrikation in unmittelbarer Vereinigung mit den Männern an denselben Maschinen oder Arbeitsstücken thätig zu sein; in Mittelfranken will man dagegen von einer vereinigten Thätigkeit der Arbeiter beiderlei Geschlechts nur hinsichtlich des kleineren Theiles der Fabriken wissen: nach den Mittheilungen aus Unterfranken sollen die verschiedenen Geschlechter in der Regel an gesonderten Arbeitstischen beschäftigt sein.

3. Sachsen.

Eine grundsätzliche Sonderung der Arbeitsräume für die männlichen und weiblichen Arbeiter scheint nach den angestellten Erhebungen nicht durchgeführt zu sein, sondern im allgemeinen, und abgesehen von Ausnahmefällen, nur stattzufinden, wenn und insoweit durch die Natur des Betriebes diese Einrichtung bedingt wird. Da, wo den weiblichen Arbeitern die Aufgabe zufällt, den männlichen Mitarbeitern gewisse Vor- und Hülfsarbeiten zu liefern, pflegen dieselben an bestimmten Maschinen oder Arbeitsstücken gemeinschaftlich thätig zu sein.

Bei dem Bergbau kommt es hier und da vor, daß die Arbeiterinnen „über Tage“ an besonderen Arbeitsstellen beschäftigt werden; in den Glasfabriken und Ziegeleien findet dagegen wohl immer eine gemeinschaftliche Thätigkeit der Arbeiter und Arbeiterinnen statt, und in den Zündwaaren-, den Knopf- und Spielwaarenfabriken ist die Trennung der Arbeitsräume nur zum Theil durchgeführt.

Ganz verschieden liegen die Verhältnisse in der Textilindustrie. In den Kammgarnspinnereien pflegen männliche und weibliche Arbeiter an den Selfactormaschinen zusammen beschäftigt zu sein, in den Baumwollspinnereien bedienen dagegen die Arbeiterinnen ihre Maschinen selbständig ohne männliche Beihülfe. In den Flachsspinnereien finden sich zum Theil gesonderte Arbeitsräume und in den Webereien arbeitet in der Regel jede Arbeiterin an ihrem Webstuhle allein, und nur wenn es sich um Ingangsetzung oder Reparatur desselben, Andrehen der Ketten und ähnliche Arbeiten handelt, kommt sie mit den männlichen Arbeitern zusammen. In der Veredelungsindustrie bildet die vereinte Thätigkeit an einem und demselben Stücke wohl die Regel, und gehören gesonderte Arbeitsräume zu den Ausnahmen. In den Stickereifabriken bedienen die Frauen die Maschinen als sogenannte „Aufpasserinnen“ und stehen dem Maschinensticker zur Seite, von dem sie auch gewöhnlich zur Arbeit angenommen und gelohnt werden.

In der Korsett- und Blumenfabrikation sind fast ausschließlich weibliche Arbeiter beschäftigt.

In der Papierindustrie scheint die Sonderung der Arbeitsräume in neuangelegten Fabriken, besonders auch in Kartonnagefabriken, zur Durchführung gelangt zu sein. In Cigarrenfabriken bildet die gemeinschaftliche Thätigkeit männlicher und weiblicher Arbeiter in denselben Arbeitsräumen und an denselben Arbeitstischen die Regel. Auch in Chokoladen- und Cichorienfabriken findet zumeist Trennung der Geschlechter nicht statt.

Zur Anstellung weiblicher Aufseherinnen für diejenigen Räume, in denen nur Arbeiterinnen beschäftigt sind, scheint in den Kreisen der Arbeitgeber nur geringe Neigung zu herrschen. Von mehreren Seiten wird versichert, daß die Arbeiterinnen bei der Arbeit sich nur vertragen, wenn sie von männlichen Aufsehern überwacht werden, und daß Versuche mit der Anstellung weiblicher Aufseherinnen bisher sehr ungünstige Ergebnisse geliefert haben. Selbst in denjenigen Industriezweigen, in denen die ausschließliche Verwendung weiblicher Arbeitskräfte die Regel bildet, gehören die Aufseher zum Theile dem männlichen Geschlecht an; im Uebrigen sind weibliche Aufseherinnen nur ganz ausnahmsweise angestellt.

4. Württemberg.

Annähernd für die Hälfte der Etablissements scheint eine Trennung der für die Arbeiter und der für die Arbeiterinnen bestimmten Räume durchgeführt zu sein. Am günstigsten erweist sich das Verhältniß in der Papierindustrie: in den bezüglichen Fabriken des Jagst- und Donaukreises sollen überall, in denen des Neckar- und Schwarzwaldkreises überwiegend gesonderte Räume für die Arbeiterinnen vorhanden sein. Auch für die Garn- und Gewebeindustrie wird aus sämmtlichen Kreisen angegeben, daß überwiegend oder doch in einem ansehnlichen Theile der Fabriken entsprechende Einrichtungen sich vorfinden. In der Veredelungsindustrie, in den Watten- und Kunstwollfabriken werden sie dagegen gar nicht oder doch nur ganz ausnahmsweise vorgefunden. In der Tabackindustrie und Rübenzuckerfabrikation scheinen die Verhältnisse für die Durchführung einer derartigen Maßregel ebenfalls ungünstig zu liegen. Bezüglich der Thon-, Porzellan- und Glaswaarenindustrie, der Kurz- und Spielwaarenindustrie, sowie der Chokoladen- und Cichorienfabrikation, wird fast überall von einer wenigstens theilweise erfolgten Durchführung gesprochen. Was die Hütteninduſtrie anlangt, so wird gesonderter Arbeitsräume nur in dem Jagstkreise Erwähnung gethan.

Für die Bestellung weiblicher Aufseher in den Räumen der Arbeiterinnen scheint zwar in der Textilindustrie und in der Papierfabrikation hier und da, ferner in der Tabackindustrie des Neckarkreises, sowie zum Theil in der Strohwaaren-, Kurz- und Spielwaaren-, und in der Chokoladenindustrie gesorgt zu sein, doch möchte die Zahl der Arbeiterinnen, welche unter weiblichen Aufsehern stehen, kaum den fünften Theil der sämmtlichen Arbeiterinnen ausmachen.

Eine regelmäßige Vereinigung der in gemeinsamen Räumen mit den Arbeitern beschäftigten Arbeiterinnen an denselben Maschinen oder Arbeitsstücken, an denen die Arbeiter thätig sind, scheint in der Cigarrenindustrie vorherrschend zu sein, dagegen in der Textil- und Papierindustrie mit wenig bedeutenden Ausnahmen nicht vorzukommen. Auch in den übrigen Industriezweigen wird nach den vorliegenden Ergebnissen der Erhebungen eine solche regelmäßig vereinigte Thätigkeit nur hier und da vorkommen; eine Ausnahme bildet nach

Mittheilungen aus dem Jagst-, Donau- und Neckarkreise der Ziegeleibetrieb, in welchem das umgekehrte Verhältniß fast die Regel ist.

5. Baden, Hessen.

Während für Baden von einer Trennung der Arbeitsräume für das weibliche Geschlecht vorwiegend nur in der Kurz- und Spielwaaren-, der Strohwaaren-, der Chokoladen-, der Cichorienfabrikation und theilweise noch in der Textilindustrie (besonders in den Kunstwollfabriken) die Rede ist, wird dieselbe für Hessen häufiger erwähnt, und zwar als überwiegend üblich in der Zündwaaren- und Textilindustrie, als theilweise durchgeführt in der Fabrikation der Kurz- und Spielwaaren, in der Papierstoff- und Strohwaarenindustrie, in der Tabacks- und Cigarren-, in der Chokoladen- und Cichorienfabrikation; auch in den Berg- und Hüttenwerken soll hier und da auf die Sonderung der Arbeiter und Arbeiterinnen gehalten werden.

Weibliche Aufsicht für die Räume der Arbeiterinnen findet sich fast durchgängig in der Strohwaaren-, in der Taback- und Cigarrenindustrie, großentheils auch in der Kurz- und Spielwaarenindustrie Badens; ferner überwiegend in der Taback- und Cigarrenindustrie und vereinzelt in der Berg- und Hütten-industrie, in der Knopf- und Spielwaarenfabrikation, in der Chokoladen- und Cichorienfabrikation Hessens. In der Textilindustrie scheint das System für Baden eine weitergehende Durchführung gefunden zu haben, als für Hessen. Dort sollen weibliche Aufseher besonders in der Gewebe- und Kunstwollfabrikation, auch in der Veredelungsindustrie, sowie in der Weißwaaren- und Posamentierwaarenfabrikation häufiger zu finden sein. Nach den Mittheilungen aus Hessen ist nur für eine geringe Zahl von Arbeiterinnen der Gewebeindustrie, Weißwaaren- und Posamentierwaarenfabrikation, sowie für eine etwas größere Zahl von etwa 80 Arbeiterinnen in der Veredelungsindustrie eine weibliche Aufsichtsführung vorgesehen.

Eine regelmäßige Vereinigung der Arbeiterinnen mit den Arbeitern an bestimmten Maschinen und Arbeitsstücken scheint durchweg in der Rübenzuckerfabrikation Badens statt zu haben. Zum Theil waltet das gleiche Verhältniß in den Ziegeleien Hessens, in den badischen Fabriken für Porzellan und Glas, und für Baden wie Hessen in der Textilindustrie (hauptsächlich der Garnfabrikation und Veredelungsindustrie), in der Papier-, sowie in der Taback- und Cigarrenindustrie. In den übrigen Industriezweigen pflegen ausnahmslos mit verschwindenden Ausnahmen Männer und Frauen an besonderen Maschinen oder besonderen Arbeitsstücken beschäftigt zu sein.

6. Mitteldeutsche Staatengruppe.

Die Mittheilungen aus Sachsen-Altenburg, Anhalt, Schwarzburg-Rudolstadt, Schwarzburg-Sondershausen, Reuß ä. L. lassen annehmen, daß eine Sonderung der Arbeitsräume in den dasigen Fabriken nur ganz vereinzelt durchgeführt ist. in Sachsen-Weimar finden sich in einzelnen Orten entsprechende Einrichtungen, in anderen nicht. Am häufigsten scheint die Sonderung nach den Mittheilungen aus Sachsen-Weimar, Sachsen-Meiningen und Sachsen-Koburg-Gotha in den Thonwaaren- und Glasfabriken, theilweise auch in Porzellanfabriken sich vorzufinden, ebenso in der Kurz-, Knopf- und Spielwaarenindustrie und in der Rübenzuckerfabrikation. Auch für die Papierfabriken wird auf gleiche Einrichtungen hingewiesen in den Mittheilungen aus Anhalt, ferner aus Sachsen-Meiningen und Sachsen-Koburg-Gotha, wobei aber zugleich die Ausführbarkeit solcher Maßregeln in den Papiermaché-fabriken in Zweifel gezogen wird. Was die Textilindustrie angeht, so scheinen nach den Erhebungen in Sachsen-Weimar, Sachsen-Meiningen, Sachsen-Koburg-Gotha und Schwarzburg-Rudolstadt in den meisten Spinnereien, zum Theil auch in der Weberei und in der Veredelungsindustrie die Räume der männlichen und weiblichen Arbeiter von einander getrennt zu sein. Die Cigarrenfabriken sollen entsprechend gesonderte Arbeitsräume nur vereinzelt in Sachsen-Koburg-Gotha aufweisen, während nach den übrigen Mittheilungen gerade in diesem Industriezweige solche Einrichtungen aus Betriebsrücksichten schwer durchzuführen sein würden.

Weibliche Aufseher finden sich in Sachsen-Altenburg, Anhalt, Schwarzburg-Sondershausen und Reuß ä. L. nirgends, in Sachsen-Weimar nur in vereinzelten Fällen, in Sachsen-Meiningen sind sie in den Papierfabriken und einigen Fabriken für Kurz-, Knopf- und Spielwaaren, in Sachsen-Koburg-Gotha in vereinzelten Fabriken desselben Industriezweiges, sowie der Porzellanindustrie, in Schwarzburg-Rudolstadt endlich in einer Kunstfärberei angestellt. Ein Versuch, die gleiche Einrichtung in einem Etablissement der Textilindustrie zu treffen, wird aus Sachsen-Meiningen als völlig mißlungen bezeichnet.

Die Mittheilungen darüber, ob die mit den Arbeitern in gemeinsamen Räumen beschäftigten Arbeiterinnen regelmäßig an ein und denselben Maschinen oder Arbeitsstücken thätig sind, lassen auf verschiedenartige Verhältnisse schließen; in Sachsen-Altenburg und Anhalt soll jenes Verhältniß die Regel bilden, in Sachsen-Weimar wenigstens überwiegen, während in den anderen Staaten nur hie und da und nur in den Ziegeleien (Sachsen-Meiningen, Sachsen-Koburg-Gotha), in der Textilindustrie und in der Taback- und Cigarrenfabrikation (Sachsen-Meiningen, Sachsen-Koburg-Gotha, Schwarzburg-Rudolstadt) das Gleiche vorkommen soll.

7. Norddeutsche Staatengruppe.

Getrennte Arbeitsräume scheinen sich, was die Textilindustrie anlangt, häufiger in Mecklenburg-Schwerin, Oldenburg (hauptsächlich in Spinnereien), Braunschweig, Waldeck und Hamburg zu finden; auch in der Thonwaaren-, Porzellan- und Glasindustrie (Mecklenburg-Schwerin, Braunschweig, Hamburg), der Strohwaarenindustrie (Braunschweig und Lübeck), in der Taback- und Cigarrenfabrikation (Oldenburg, Lippe, Lübeck) und in der Chokoladen- und Cichorienfabrikation (Mecklenburg-Schwerin, Braunschweig, Hamburg) wird hier und da eine solche Einrichtung angetroffen; in den Zündwaarenfabriken Mecklenburg-Schwerins soll sie, soweit es der Betrieb zuläßt, durchgeführt sein. Von der Papierindustrie des letztgedachten Staates wird erwähnt, daß bereits jetzt die Arbeitsräume für Männer und Frauen theilweise gesondert seien, die vollständige Durchführung der Trennung aber beabsichtigt werde.

Weibliche Aufseher scheinen, abgesehen von vereinzelten Fabriken anderer Industriezweige, lediglich in der Veredelungsindustrie und Kunstwollfabrikation Mecklenburg-Schwerins, in der Thonwaaren-, Porzellan- und Glasindustrie Hamburgs und in der Strohwaarenindustrie Lübecks für die Räume der Arbeiterinnen angestellt zu sein.

In der Taback- und Cigarrenindustrie pflegen nach den Mittheilungen aus Braunschweig, Lippe, Bremen und Hamburg, in der Textilindustrie (Wollgarn-, Flachs- und Jutespinnereien) nach den Mittheilungen aus Braunschweig die Arbeiterinnen, soweit sie mit den Arbeitern gemeinsame Räume inne haben, mit denselben auch an bestimmten Arbeitsstücken oder Maschinen vereinigt zu arbeiten. In der Chokoladen- und Cichorienfabrikation (Braunschweig, Lübeck, Hamburg), in der Rübenzuckerfabrikation (Mecklenburg-Schwerin, Braunschweig), sowie in den Ziegeleien und Glasfabriken (Braunschweig) findet sich ebenfalls, jedoch nur hier und da, diese Einrichtung, während im übrigen dafür Sorge getragen sein soll, daß die männlichen Arbeiter getrennt von den weiblichen beschäftigt werden.

III. Arbeitserleichterungen.

Die Lage der Arbeiterinnen kann durch besondere, ihren persönlichen Bedürfnissen und Familieninteressen Rechnung tragende Einrichtungen erheblich erleichtert werden. Es handelte sich um die Ermittelung, inwieweit derartige Einrichtungen für die weiblichen Arbeiter überhaupt und dann für die verheiratheten Frauen nach den besonderen Verhältnissen zur Zeit bereits vorgesehen sind.

1. Preußen.

Im allgemeinen gewinnt es den Anschein, als ob die Verhältnisse hinsichtlich der zu Gunsten der Arbeiterinnen getroffenen besonderen Veranstaltungen, wie Errichtung von An- und Auskleideräumen, Wasch- und Baderäumen, Schlafanstalten und Logirhäusern, Koch-, Speise- und ähnlichen Anstalten, ziemlich ungünstig liegen. In einigen Bezirken (Gumbinnen, Marienwerder, Frankfurt, Stettin, Posen, Bromberg, Osnabrück, Aurich, Münster, Arnsberg), in denen dergleichen Anstalten entweder überhaupt nicht oder doch nur ganz vereinzelt vorhanden sind, wird dies damit zu erklären versucht, daß es an einem Bedürfnisse zur Errichtung solcher Anstalten fehle; in der Regel wohnen die Arbeiterinnen bei ihren Angehörigen am Sitze der Fabriken oder doch in nächster Nähe derselben, sie werden entweder in ihren Familien beköstigt oder finden doch leicht Familien, in denen ihnen gegen billige Vergütung die Beköstigung gewährt wird: ein Kleiderwechsel, welcher besondere An- und Auskleideräume voraussetze, sei in den meisten Fällen nicht nöthig; es werde entweder im Hausanzuge gearbeitet oder ein Arbeitsüberwurf über denselben gezogen, und die beim Eintritt in die Fabrik abgelegten Tücher und Mäntel könnten unbedenklich, so wie es auch zu geschehen pflege, in den Vorräumen niedergelegt werden. Von anderer Seite (Bezirke Liegnitz, Düsseldorf) wird hervorgehoben, daß zwar die Zunahme der Fürsorge der Fabrikbesitzer für Errichtung solcher, den Arbeiterinnen eine gewisse Erleichterung und Bequemlichkeit gewährenden Veranstaltungen in neuester Zeit unverkennbar in der Zunahme begriffen sei, daß aber in den Kreisen der Arbeiterinnen gegen die Benutzung derselben im allgemeinen Abneigung herrsche; so sei es gekommen, daß höchst wohlgemeinte und kostspielige Einrichtungen dieser Art mehrfach wegen Mangels an Theilnahme eingegangen seien. Dieselben Wahrnehmungen sind auch zum Theil in den Bezirken Oppeln, Hildesheim und Arnsberg gemacht worden.

Was insbesondere die Einrichtung besonderer An- und Auskleideräume anlangt, so werden sich dieselben fast regelmäßig in den Zündwaarenfabriken vorfinden, wo polizeilichen Vorschriften gemäß besondere Zimmer, in denen die Arbeiterinnen vor und nach der Arbeit ihre Anzüge wechseln und sich waschen können, zur Verfügung gestellt werden müssen; damit stimmen die Ergebnisse der Erhebungen in den Bezirken Königsberg, Cöslin, Stralsund, Breslau, Schleswig und Hildesheim überein. Nächstdem scheint sich dieselbe Einrichtung nicht selten in den Fabriken der Textilindustrie vorzufinden, besonders in denjenigen, in denen die Art und Weise der Beschäftigung eine besondere Arbeitskleidung wünschenswerth macht, so namentlich in den Bezirken Königsberg, Berlin, Potsdam, Magdeburg, Merseburg, Schleswig, Hannover, Cassel, Coblenz und Aachen, hier und da auch in den Bezirken Osnabrück, Münster und Arnsberg; in allen übrigen Industriezweigen, höchstens noch mit Ausnahme der Spielwaaren-, Papier- und Cigarrenindustrie, finden sich derartige Räume nur in ganz vereinzelten Fällen.

Wasch- und Baderäume scheinen nur in geringer Anzahl eingerichtet zu sein: lediglich in den Mittheilungen aus den Bezirken Danzig, Potsdam, Oppeln, Merseburg, Wiesbaden, Cöln, Düsseldorf und Trier ist das Vorhandensein derselben für einige Berg- und Hüttenwerke, Garn- und Gewebefabriken, Taback- und Rübenzuckerfabriken konstatirt.

Schlafanstalten und Logirhäuser sind meist nur in denjenigen Industriezweigen eingerichtet, in denen Nachtarbeit üblich ist, und finden sich z. B. in den meisten Rübenzuckerfabriken der Bezirke Potsdam, Breslau, Magdeburg, Merseburg, Schleswig, Hildesheim und Minden, in den der Textilindustrie angehörigen Fabriken der Bezirke Potsdam, Hildesheim, Minden, Arnsberg, Wiesbaden, Cöln und Aachen theilweise. Aus dem Bezirk Hildesheim wird berichtet, daß in der dasigen Glasfabrikation wegen der isolirten Lage der Etablissements meist besondere Arbeiterwohnungen eingerichtet sind; auch in einigen Cichorienfabriken des Bezirks Breslau soll dies der Fall sein.

Noch seltener finden sich besondere Speise- und Kochanstalten für die Arbeiterinnen: in einigen Ziegeleien des Bezirks Königsberg besteht noch die Einrichtung, daß der Arbeitgeber solchen Arbeiterinnen, welche nicht am Fabrikort wohnhaft sind, auf Wunsch Speisen und Getränke zum Selbstkostenpreise überläßt, nach Mittheilungen aus dem Bezirke Breslau wird zuweilen den auswärtigen Arbeiterinnen freie Feuerung zur Herstellung des Mittagessens in der Fabrik gewährt, im übrigen wird nur aus den Bezirken Merseburg, Schleswig, Hannover, Minden, Arnsberg, Köln und Düsseldorf erwähnt, daß in einigen der dasigen Steingut-, Garn-, Kattun- und Rübenzuckerfabriken, auch in einzelnen Bergwerken besondere Speiseanstalten eingerichtet seien.

Von Einrichtungen, welche nach den verschiedenen hier erwähnten Richtungen gleichzeitig den Bedürfnissen der Arbeiterinnen gerecht werden, ist nur in wenigen Bezirken die Rede. Im Erfurter Bezirke sollen besondere An- und Auskleideräume, sowie Waschräume in den größeren Fabriken sehr verbreitet sein, in einzelnen Fabriken des Bezirks Koblenz finden sich An- und Auskleideräume, Waschräume, Kaffeeküchen, Speisesäle, besondere Aufenthaltsräume für die Pausen und Schlafstellen, im Bezirk Trier ist eine Steingut- und Mosaikfabrik mit einer Badeanstalt und einer Schlaf- und Logiranstalt versehen, deren Leitung unter Aufsicht des Fabrikdirektors mehreren Klosterschwestern anvertraut ist, und in welcher auch Speisen zubereitet und verabreicht werden.

Für Unterrichtszwecke scheint in den Fabriken bisher wenig geschehen zu sein. In einer Baumwollspinnerei des Bezirks Hannover besteht eine Sonntagnachmittagsschule, in welcher durch eine eigens angestellte Lehrerin Unterricht in weiblichen Handarbeiten ertheilt wird, außerdem unterhält die Fabrik eine eigene Schule für die schulpflichtigen Kinder ihrer Arbeiter. In einem Fabrikorte des Bezirks Arnsberg besteht ebenfalls eine gemeinsame Näh- und Strickschule, für deren Unterhalt die betheiligten Fabrikbesitzer aufkommen, im Bezirk Köln besitzt eine Kattundruckerei eine Schule zum Unterricht in weiblichen Handarbeiten, an welchem die Arbeiterinnen auch während der Arbeitszeit auch ohne Lohnabzug Theil nehmen können, in einer Cigarrenfabrik desselben Bezirkes wird Arbeiterinnen unter 18 Jahren auf Kosten des Fabrikbesitzers wöchentlich zwei Stunden Unterricht in weiblichen Handarbeiten ertheilt: dasselbe geschieht in einer Spinnerei des Bezirks Aachen, und im „Schwesternhause“ einer im Bezirk Trier gelegenen Fabrik werden die Arbeiterinnen abwechselnd zu häuslichen Arbeiten herangezogen und dafür besonders bezahlt.

Im übrigen wird aus der überwiegenden Mehrzahl der Bezirke mitgetheilt, daß, wo es nur irgend der Fabrikbetrieb zulasse, den verheiratheten Frauen Akkordarbeit übertragen und auf Ansuchen gestattet sei, Mittags eine Stunde vor Eintritt der allgemeinen Pause die Arbeitsräume zu verlassen, sich sonstige Erleichterungen in Betreff des Beginnes oder Schlusses der Arbeitszeit oder der Arbeitspausen zu verschaffen, und die erstere ganz nach den häuslichen Bedürfnissen einzurichten. In dieser Beziehung verdient der Kreis Iserlohn im Bezirk Arnsberg besonders Erwähnung; in fast allen Fabriken beginnt dort für die Frauen die Arbeit erst des Morgens um 9 Uhr, sie haben Anspruch auf eine Pause von 11 bis 2 Uhr und dürfen die Arbeit am Abend früher verlassen; außerdem aber wird ihnen gestattet, an den Montagen, ebenso im Frühjahre und Herbste die Arbeit nach ihrem Wunsche tagelang zu unterbrechen, um die Garten- und Feldarbeiten zu besorgen.

Vor und nach der Niederkunft wird den Frauen in der Regel keine andere Erleichterung gewährt, als daß ihnen das Wegbleiben aus der Arbeit gegen Wegfall, hier und da auch gegen Verkürzung des Lohnes gestattet und der Platz zum Wiedereintritte offengehalten wird. Ausnahmsweise ist in einigen chemischen Fabriken des Bezirks Breslau den Frauen die Einstellung der Arbeit zwei Monate vor ihrer Entbindung zur Pflicht gemacht; doch kommt es auch hier und da (Berlin) vor, daß Schwangere, welche ihre Arbeit nicht mehr verrichten können, einfach und endgültig entlassen werden.

Eine früher in einer Stadt des Bezirks Düsseldorf von den Tuchfabrikanten getroffene Vereinbarung, Arbeiterinnen vom 18. bis zum 21. Lebensjahre zur Fabrikarbeit nicht aufzunehmen, um dieselben dadurch zum Uebertritt in den Gesindedienst und zur Erlernung der Hauswirthschaft zu veranlassen, soll nach einigen Jahren wieder eingeschlafen sein.

Für die Kinder der Arbeiterinnen bestehen vielfach allgemeine städtische Wohlthätigkeitsanstalten, an deren Unterhaltung die Fabrikbesitzer durch besondere Zuschüsse sich betheiligen; in den Mittheilungen aus den Bezirken Breslau, Oppeln, Schleswig, Hannover, Stade, Aurich, Minden, Cassel und Trier wird auch auf Kleinkinderschulen hingewiesen, welche gemeinsam für mehrere Fabriken von den Besitzern errichtet worden sind und unterhalten werden.

2. Bayern.

Die Textilindustrie scheint in der hier fraglichen Beziehung am meisten Vorsorge getroffen zu haben; es hat sich ergeben, daß in manchen Spinnereien und Webereien von Oberbayern und der Pfalz gemeinsame Wasch- und Badeanstalten für die Arbeiterinnen bestehen oder besondere Wohnungsräume hergestellt worden sind.

In den hierher gehörigen Fabriken Schwabens, insbesondere auch der Stadt Augsburg, finden sich vielfach besondere Ankleideräume oder auch andere geeignete Vorkehrungen zum Aufbewahren der Kleider, ferner Wasch- und Badeanstalten, Speiseanstalten oder doch bei den Fabrikhausmeistern und anderweit Gelegenheiten zum Wärmen des Essens den Arbeiterinnen zur Verfügung gestellt: die Zahl der Arbeiterinnen, welche allein in der Stadt Augsburg in derartig ausgestatteten Fabriken beschäftigt sind, wird auf rund 2500 geschätzt. In einer anderen schwäbischen Stadt ist Veranstaltung dahin getroffen worden, daß die ledigen Fabrikarbeiterinnen in einer sogenannten Marienanstalt unter Aufsicht von Ordensschwestern wohnen können.

In allen anderen Industriezweigen scheinen ähnliche Veranstaltungen nur ausnahmsweise vorzukommen, am häufigsten etwa noch in der Papierindustrie; so wird in Oberbayern erwähnt, daß in zwei dasigen Papierfabriken theils in den Fabriken selbst, theils in eigens dazu erbauten Häusern, nicht nur für Arbeiterfamilien, sondern auch für einzelne Arbeiterinnen Wohnungen hergerichtet sind, ferner, daß durch die Hausmeisterei der Fabrik für eine billige Beköstigung Sorge getragen werde; nach Mittheilungen aus Niederbayern sind in einer Papierfabrik Logirhäuser mit den erforderlichen Küchen und sonstigen Einrichtungen vorhanden, in anderen derartigen Fabriken ist wenigstens Vorsorge getroffen, daß die Arbeiterinnen ihre Mahlzeiten gemeinschaftlich und getrennt von den männlichen Arbeitern einnehmen. Auch in einer Papierfabrik Schwabens ist die Einrichtung besonderer Schlafstuben für die Arbeiterinnen getroffen und ebenfalls Gelegenheit gegeben, von der Fabrikverwaltung die Beköstigung zu entnehmen.

In de. Oberpfalz, in Oberfranken, Mittelfranken und Unterfranken sind nach den angestellten Erhebungen solche Einrichtungen nur in ganz vereinzelten Fabriken vorhanden, von einigen Seiten wird auch das Bedürfniß dazu bestritten, da die Arbeiterinnen meist in der Lage seien, zu ihrem Hauswesen täglich nach beendeter Arbeit zurückzukehren. Daß irgendwo Anstalten zum Unterrichte in Handarbeiten oder zur Uebung in häuslichen Arbeiten mit Fabriken verbunden seien, ist aus den Mittheilungen nicht zu ersehen.

Als besondere Erleichterungen zu Gunsten der verheiratheten Arbeiterinnen wird hier und da erwähnt, daß es denselben gestattet ist, später zur Arbeit zu kommen und dieselbe früher zu verlassen, als die ledigen Arbeiterinnen (Mittelfranken), daß dieselben, insbesondere wenn sie das Essen für ihre Familie zubereiten, Mittags ½ Stunde vor der allgemeinen Pause zu arbeiten aufhören dürfen, so in einigen Fabriken der Textilindustrie Schwabens. Hier und da werden die verheiratheten zu leichteren Arbeiten in gesonderten Räumen verwendet, auch wird denselben bei Krankheitsfällen in der Familie entweder Arbeitsbefreiung gewährt oder doch gestattet, auf kurze Zeit gegen mäßiges Entgelt von pensionirten Arbeitern sich vertreten zu lassen. Für die Zeit vor und nach der Niederkunft werden den verheiratheten Frauen vielfach noch besondere Erleichterungen gewährt; entweder ist es ihnen gestattet, in solchen Fällen zu beliebiger Zeit aus der Arbeit aus- und in dieselbe wieder einzutreten, wie in einigen Fabriken Oberbayerns, Niederbayerns und Schwabens, oder sie haben nach Gutachten des Fabrikarztes kürzere Arbeitszeit und werden mit besonders leichten Arbeiten beschäftigt, wie zum Theil in der Pfalz, der Oberpfalz und Schwaben.

In einer mechanischen Bindfadenfabrik in Schwaben dürfen die Frauen drei Wochen nach ihrer Entbindung von der Arbeit wegbleiben und erhalten während dieser Zeit halben Lohn; in einer Spinnerei in Oberbayern ist die Einrichtung getroffen, daß die verheiratheten Arbeiterinnen nach ihrer Entbindung nicht eher wieder ihre Beschäftigung aufnehmen dürfen, als bis sie ein Zeugniß des Fabrikarztes beibringen, daß dies ohne Nachtheil für ihre Gesundheit geschehen könne; dauert ihre Arbeitsunfähigkeit länger, als diejenige Zeit, für welche die Fabrikkrankenkasse in solchen Fällen Unterstützung gewährt, so wird ihnen auch für diese längere Zeit eine gleich hohe Unterstützung ausgezahlt.

Zuweilen sind die Arbeiterinnen, entweder nur die verheiratheten oder auch die ledigen, von den Fabrikbesitzern in Unfallversicherungsgesellschaften, für Unglücksfälle jeder Art versichert; in einigen Fabriken erwirbt jede Arbeiterin nach fünfjähriger ununterbrochener Arbeitsleistung Anspruch auf Pensionsbezug bei eintretender Arbeitsunfähigkeit.

Eigene Kinderbewahranstalten zur Fürsorge für die Kinder der in den Fabriken beschäftigten Arbeiterinnen sollen nur ganz vereinzelt von einigen Arbeitgebern in Schwaben und Mittelfranken errichtet worden sein, sehr häufig aber die an den betreffenden Orten bestehenden allgemeinen Anstalten dieser Art von den Fabrikarbeitern zur Unterbringung ihrer Kinder für den größten Theil des Tages benutzt werden.

3. Sachsen.

Besondere Veranstaltungen zu Gunsten der Arbeiterinnen finden sich nur in einem kleinen Theile der Fabriken; am häufigsten trifft man noch An- und Auskleideräume, in Verbindung mit mehreren größeren Etablissements bestehen Logirhäuser mit Koch- und Speiseanstalten, auch ist dort wohl durch Anschaffung von Matratzen und wollenen Decken und durch Anweisung eines besonderen Raumes Sorge getragen, daß die entfernter wohnenden Arbeiterinnen bei ungünstiger Witterung übernachten können. In einigen Kohlenwerken finden sich besondere Zimmer, in denen die Frauen getrennt von den Männern sich umkleiden und ihre Mahlzeiten kochen und einnehmen. Die Einrichtung besonderer Koch- und Speiseanstalten wird nur vereinzelt angetroffen, angeblich weil dieselbe auf Schwierigkeiten bei den Arbeitern gestoßen sei; dagegen finden sich besonders in den Spinnereien fast überall Oefen, in denen die von den Arbeiterinnen mitgebrachten Speisen gewärmt werden können. In einem Etablissement ist den Arbeitern eine große Küche zur Verfügung gestellt, in welche abwechselnd einige Arbeiterinnen zum Kochen abgeordnet werden, in einem anderen ist ein großer Raum dazu bestimmt, daß die Arbeiterinnen während der Arbeitspause dort verweilen und ihr Essen zubereiten können; dieses Zimmer darf von den Arbeitern, denen in einem anderen Hause ein entsprechender Raum zum Aufenthalte über Mittag angewiesen ist, bei Strafe nicht betreten werden. Hier und da wird von Arbeitgebern angegeben, daß die von ihnen zu Gunsten der Arbeiterinnen eingerichteten Anstalten dieser Art wenig

Benutzung gefunden haben und deshalb wieder eingegangen seien. Insbesondere gilt dies von einer Unterrichtsanstalt für weibliche Handarbeiten, die von einem Fabrikanten in das Leben gerufen worden war. Dagegen wird aus Schloß-Chemnitz berichtet, daß eine daselbst begründete Nähschule von 60 Mädchen freiwillig mit gutem Erfolge besucht werde.

Besondere Erleichterungen zu Gunsten der verheiratheten Arbeiterinnen bestehen ebenfalls fast nirgends. Zur Arbeit im Wochenlohne werden verheirathete Frauen nur ungern angenommen; meist arbeiten sie im Akkord und können dann nach Belieben später zur Arbeit kommen und früher dieselbe verlassen. Hier und da wird wohl auch geduldet, daß dieselben die Arbeit nach Bedürfniß unterbrechen, um nach Hause zu gehen und für die Kinder zu sorgen. Sind dieselben durch Niederkunft oder durch einen in ihrer Familie vorkommenden Krankheitsfall zeitweilig an der Fabrikarbeit behindert, so werden sie doch in der Regel nach Beseitigung der Behinderungsgründe in der Fabrik wieder ohne weiteres beschäftigt: daß bei dergleichen Versäumnissen kein Lohnabzug gemacht wird, scheint nur selten vorzukommen.

In den meisten industriellen Orten sind Kinderbewahr- und Spielanstalten vorhanden, die zum Theil auch von den Fabrikarbeiterinnen zur Unterbringung ihrer Kinder benutzt werden: in Verbindung mit einzelnen Fabriken scheinen dergleichen Anstalten nirgend zu bestehen.

4. Württemberg.

Die Anzahl derjenigen Fabriken, in denen zu Gunsten der Arbeiterinnen besondere Veranstaltungen getroffen sind, ist nach den angestellten Erhebungen verhältnißmäßig gering. Am häufigsten dürften sich noch besondere An- und Auskleideräume, insbesondere in den Fabriken der Textilindustrie, hier und da auch in denen der Chokoladen- und Cichorien-, Rübenzucker-, Papier-, Taback-, Kurz- und Spielwaarenindustrie vorfinden. Von 30 Fabriken, in denen Koch- und Speiseanstalten für die Arbeiterinnen eingerichtet sind, und von 22 Etablissements, in denen besondere Schlafeinrichtungen vorhanden sind, gehören nach den ergangenen Mittheilungen je 19, und ferner von 14 mit besonderen Wasch- und Badeeinrichtungen versehenen Fabriken ein ähnlicher Prozentsatz der Textilindustrie, und zwar überwiegend der Garnfabrikation an.

In fünf Etablissements, und zwar 4 aus der Textil- und 1 aus der Papierindustrie, sollen Anstalten zum Unterricht in weiblichen Handarbeiten vorhanden sein: in dem letzteren, welches im Schwarzwaldkreise gelegen ist, erhalten, wie berichtet wird, die „gut prädizirten" Mädchen 6 bis 8 Wochen lang Unterricht im Nähen und in häuslichen Arbeiten, und zwar nicht nur unentgeltlich, sondern es wird ihnen auch der Arbeitslohn in dieser Zeit ungeschmälert ausgezahlt.

Verbreiteter scheinen die den verheiratheten Arbeiterinnen, insbesondere hinsichtlich des Beginnes oder Schlusses der Arbeitszeit, sei es im allgemeinen, oder doch in besonderen Verhältnissen gewährten Erleichterungen zu sein. Wenigstens wird von zahlreichen Etablissements, wiederum hauptsächlich aus der Textilindustrie, zum Theil auch aus der Spielwaaren-, Papier-, Taback-, Chokoladen- und Rübenzuckerindustrie hervorgehoben, daß es den darin beschäftigten Frauen gestattet sei, zur Besorgung ihrer Haushaltungsgeschäfte die Arbeitszeit zu unterbrechen oder abzukürzen, daß bei denselben überhaupt selten, noch weniger aber wenn sie kränklich sind, vor der Niederkunft stehen, oder diese eben überstanden haben, von einer streng einzuhaltenden Arbeitszeit die

Rede sei. In einigen Garnfabriken des Donaukreises besteht die Einrichtung, daß Frauen 4 bis 6 Wochen lang in der Zeit vor und nach ihrer Entbindung nicht beschäftigt werden; in einem zur sg. Veredelungsindustrie gehörigen fiskalischen Etablissement wird den Wöchnerinnen 21 Tage lang ½ ihres Tagelohnes gewährt.

Eigene Kinderbewahranstalten sind nur mit zwei Spinnereien des Neckar- und Donaukreises verbunden: in einer Papierfabrik des Neckarkreises soll es Sitte sein, daß die daselbst beschäftigten Mütter ihre Kinder mit in die Fabrik bringen.

5. Baden, Hessen.

Die Mittheilungen aus der Textilindustrie lassen sowohl in Baden als in Hessen darauf schließen, daß in den Fabriken dieser Industrie, insbesondere in den Garn- und Gewerbefabriken verhältnißmäßig noch die meisten Veranstaltungen zu Gunsten der Arbeiterinnen bestehen; auch Anstalten zum Unterricht in Handarbeiten und zur Uebung in häuslichen Arbeiten scheinen in Baden hier und da mit den Spinnereien und Webereien verbunden zu sein, während aus Hessen lediglich von der Existenz einer solchen Anstalt in der Taback- und Cigarrenindustrie die Rede ist.

Nächst der Textilindustrie scheint in den beiden Staaten die Papier- und die Cigarrenindustrie, in Baden etwa auch noch die Chokoladen- und Cichorien- und in Hessen die Rübenzuckerindustrie einige Fabriken aufzuweisen, in denen solche und ähnliche Einrichtungen zu Gunsten der Arbeiterinnen getroffen sind; insbesondere scheinen in manchen Taback- und Cigarrenfabriken An- und Auskleideräume den Arbeiterinnen zur Verfügung gestellt zu sein. In den übrigen Industriezweigen werden dagegen solche Veranstaltungen jedenfalls nur ganz vereinzelt vorkommen.

Was die besondere Berücksichtigung der verheiratheten Arbeiterinnen angeht, so zeichnet sich nach den Erhebungen in Baden die Taback- und Cigarrenindustrie in erster, die Textilindustrie in zweiter Reihe insofern aus, als in verschiedenen hierher gehörigen Fabriken die Frauen bezüglich des Beginnes und Schlusses der Arbeitszeit bevorzugt sind, in einigen derselben auch für die Arbeiterkinder durch Errichtung von Bewahr- und Spielanstalten Fürsorge getroffen worden ist. Aus Hessen wird erwähnt, daß, abgesehen von den Fällen, in denen Frauen Akkordarbeit haben, deshalb an keine Zeit gebunden sind und nach eigener Wahl Erleichterung in der Arbeit eintreten lassen können, in Fabriken fast aller Industriezweige den verheiratheten Frauen insofern Erleichterung gewährt wird, als ihnen ausnahmslos auf Verlangen Urlaub oder doch die Befugniß ertheilt wird, Mittags die Fabrik eine halbe Stunde früher als die übrigen Arbeiter zu verlassen, oder auch, wie in einigen Cigarrenfabriken es üblich, ihnen die Arbeitsstücke zur Verarbeitung mit nach Hause gegeben werden.

Kleinkinderschulen, welche von den Kindern der Arbeiter besucht werden, scheinen hier und da zu bestehen, aber nicht als Fabrik-, sondern als Gemeindeanstalten.

6. Mitteldeutsche Staatengruppe.

In einigen Fabriken der Garn- und Gewebebranche in Sachsen-Weimar sind An- und Auskleidezimmer für die Arbeiterinnen eingerichtet, in einer derselben findet sich auch ein Logirhaus mit Speiseanstalt, wo zugleich Gelegenheit zur Ausbildung in Handarbeiten gegeben ist, ferner in einer Flanellfabrik in Sachsen-Meiningen eine Badeanstalt zur beliebigen unentgeltlichen Benutzung und in einer Glasfabrik für auswärts wohnende Arbeiterinnen eine Schlafstube. In Sachsen-Altenburg sind den ergangenen Mittheilungen zufolge außer einigen An- und Auskleideräumen in der Garnfabrikation besondere Veranstaltungen zu Gunsten der Arbeiterinnen nicht anzutreffen. In Sachsen-Koburg-Gotha werden dergleichen Räume erwähnt für eine Dampfziegelei und eine Porzellanfabrik; in einer Nähnadelfabrik finden sich Schlafstellen und eine Kochanstalt zur beliebigen Benutzung der Arbeiterinnen, im übrigen sollen derartige Anstalten nicht erforderlich sein, da die Arbeiterinnen mit wenig Ausnahmen am Fabrikorte wohnen und in ihren Familien leben. Für die Zuckerfabriken in Dessau bestehen Kasernen mit besonderen Speiseanstalten und Waschhäusern, auch Baderäume und Anstalten zum Unterricht in Handarbeiten finden sich vereinzelt wohl vor. In Schwarzburg-Sondershausen und Reuß ä. L. bestehen in einigen Fabriken An- und Auskleideräume, in Schwarzburg-Rudolstadt hier und da Schlaf- und Speiseanstalten.

Fast alle Aeußerungen stimmen darin überein, daß in den Fabriken, in denen verheirathete Frauen beschäftigt sind, auf deren Verhältnisse thunlichste Rücksicht genommen zu werden pflege, indem ihnen gestattet sei, die Arbeit nach Belieben auszusetzen, und ihnen namentlich in Krankheitsfällen der Platz zum Wiedereintritt möglichst offengehalten werde. In einigen Garn- und Gewebefabriken in Weimar pflegen Frauen bis sechs Wochen nach der Niederkunft von der regelmäßigen Beschäftigung grundsätzlich ausgeschlossen, und in einigen Ziegeleien vor und nach der Niederkunft nur mit besonders leichten Arbeiten beschäftigt zu werden. In anderen Fabriken in Sachsen-Weimar und in Sachsen-Altenburg wird den Arbeiterinnen in Krankheitsfällen ein Theil des Lohnes aus freier Entschließung des Arbeitgebers fortgewährt.

Fürsorge für die Kinder der Arbeiter durch Errichtung von Bewahr- und Spielanstalten scheint in einigen Fabriken in Sachsen-Weimar, Sachsen-Koburg-Gotha und Anhalt getroffen zu sein. Die Mittheilungen aus Sachsen-Meiningen, Sachsen-Altenburg und Schwarzburg-Rudolstadt betonen, daß in den größeren Fabrikorten meist solche Anstalten vorhanden seien, die zwar nicht in Verbindung mit den betreffenden gewerblichen Etablissements stehen, doch ebenfalls von den Arbeiterinnen zur Unterbringung ihrer Kinder während der Tagesstunden benutzt werden.

7. Norddeutsche Staatengruppe.

Besondere An- und Auskleideräume sind nach den Erhebungen lediglich in der Mehrzahl der Chokoladen- und Cichorienfabriken Braunschweigs, sowie in einigen Tabackfabriken Lübecks vorhanden; von einer Zündwaarenfabrik in Mecklenburg-Schwerin wird mitgetheilt, daß dort eine besondere Badevorrichtung vorhanden gewesen, wegen Nichtbenutzung aber wieder beseitigt worden sei. In einer Papierfabrik in Mecklenburg-Schwerin sind einige Zimmer für den Nachtaufenthalt der Arbeiterinnen bestimmt und ist denselben die Benutzung einer Küche unter Gewährung freier Feuerung zur Bereitung der Speisen überlassen; in einer Rübenzuckerfabrik findet sich eine Kaserne mit einer Speiseanstalt, bei den Zuckerfabriken und einer Spinnerei in Braunschweig bestehen für die auswärtigen Arbeiterinnen Logirhäuser, verbunden mit Koch-, Speise und Waschanstalten: darauf scheinen sich die für die Arbeiterinnen getroffenen Einrichtungen zu beschränken.

Auch zu Gunsten der verheiratheten Arbeiterinnen bestehen in der Regel besondere Erleichterungen nicht. Nur in Lübeck pflegt den verheiratheten Frauen auf ihren Wunsch ein späterer Anfang der Arbeit und ein früherer Schluß sowie die Verlängerung der Mittagspause gestattet zu sein, damit sie ihren häuslichen Geschäften nachgehen können: bei Arbeit auf Wochenlohn tritt dann in einigen Fabriken entsprechende Kürzung desselben ein, in anderen dagegen nicht.

Für je eine Kurz- und Spielwaaren- und eine Cigarrenfabrik in Lippe wird einer Kinderbewahranstalt Erwähnung gethan.

C. Mißstände und deren Beseitigung.

1. Gesundheitsverhältnisse; soziale Verhältnisse.

Die Erhebungen waren hier vornehmlich darauf gerichtet, zu ermitteln, ob die Fabrikarbeit überhaupt oder gewisse Einrichtungen der Fabrikstätten die Gesundheit der Arbeiterinnen erfahrungsmäßig unmittelbar bedrohen, oder ob doch, wo ein solcher Zusammenhang zwischen den Arbeits- und den Gesundheitsverhältnissen nicht wahrzunehmen sei, die letzteren im Vergleich mit den Verhältnissen anderer Bevölkerungsklassen ungünstige Erscheinungen aufweisen. Außerdem handelte es sich um die Feststellung des Einflusses, welchen die Arbeit auf das persönliche und das Familienleben der Arbeiterinnen etwa ausübt.

1. Preußen.

Es giebt nur wenige Bezirke, in denen bestimmte gesundheitsschädliche Einwirkungen der Fabrikarbeit unter den Arbeiterinnen überhaupt nicht bemerkbar geworden sind; so in den Bezirken Königsberg, Marienwerder, Stettin, Bromberg, Aurich, Osnabrück, Stade: „die Arbeiterinnen sehen gesund aus, die Sterblichkeit der Säuglinge ist normal"; ferner im Bezirk Oppeln: „die Frauenarbeit übt insbesondere keinen nachtheiligen Einfluß auf die Entwicklung des weiblichen Körpers aus; sowohl schwere und die ärztliche Kunsthülfe erfordernde Entbindungen wie Krankheiten der Geschlechtsorgane kommen unter den Frauen der Arbeiterbevölkerung in auffallend geringerer Anzahl wie anderwärts vor, ebenso gehört bei den ersteren Schwindsucht zu den Seltenheiten; nun ist zwar der Gesundheitszustand der Arbeiterfamilien Schlesiens überhaupt kein günstiger, der Grund hierzu ist aber nicht in der Fabrikarbeit der Frauen, sondern vielmehr in der schlechten Ernährung, den ungesunden und nicht ventilirten Wohnungen, sowie in dem starken, frühzeitig begonnenen Genusse von Spirituosen zu suchen". Im Frankfurter Bezirk betont man, daß die schwächliche Körperkonstitution und das meist krankhafte Aussehen der Fabrikbevölkerung beweise, daß der fortgesetzte Aufenthalt in den Fabriken auf die körperliche Entwickelung und das allgemeine Wohlbefinden einwirke; am meisten treten diese Erscheinungen hervor in denjenigen Industriezweigen, bei denen die Beschäftigung eine sitzende

Lebensweise erfordert, z. B. in den Cigarren-, Wollwaaren-, Thonwaarenfabriken, namentlich wenn noch die starke Ausdünstung der Fabrikate und der Uebelstand hinzukomme, daß in einem verhältnißmäßig immerhin engen Raume eine Masse Arbeiter zusammengedrängt sind. Anders verhalte es sich in den Fabriken, wo die Arbeiterinnen nur in geringer Anzahl und in verschiedenen Räumen beschäftigt werden; diese Beschäftigung unterscheide sich nicht wesentlich von den übrigen gröberen Handarbeiten des weiblichen Geschlechts und komme namentlich in Ziegeleien, Färbereien, Pappwaarenfabriken vor. Ebenso wird aus Berlin, wo im übrigen dergleichen auffällige gesundheitsschädliche Einwirkungen nicht zu beobachten gewesen sind, mitgetheilt, daß man bei denjenigen Arbeiterinnen, deren Beschäftigung eine im Sitzen gebeugte Haltung bedinge, hin und wieder erkennbare Zeichen von Beschädigung der Respirationsorgane gefunden habe: wogegen im Bezirke Arnsberg darauf hingewiesen wird, daß dieselben Nachtheile, welche das anhaltende Sitzen in gebückter Haltung insbesondere in Nähnadel- und Knopffabriken, und die mangelhaften Räumlichkeiten und Ventilationseinrichtungen mit sich führen, in zweifellos verstärktem Maße bei der Hausindustrie sich geltend machen, da die Fabrikräume vielfach besser eingerichtet seien, als die häuslichen Wohnräume.

In den meisten Bezirken werden einzelne Industriezweige hervorgehoben, bei denen sich unter den Arbeiterinnen gesundheitsschädliche Einwirkungen bemerkbar machen oder die Arbeit für dieselben eigenthümliche Gefahren mit sich bringe. Fast allseitig wird in dieser Beziehung die Gefährlichkeit der Beschäftigung weiblicher Arbeiter in Zündwaarenfabriken hervorgehoben. Hier sind die Arbeiterinnen mehr oder minder überall dem Einathmen des Phosphors ausgesetzt, die Folgen davon treten in der Nekrose zu Tage, durch welche manche Arbeiterinnen die Unterkieferknochen ganz oder theilweise verlieren, ohne daß die Krankheit zu einem tödtlichen Ausgange führt. Im Bezirke Cöslin waren vier Arbeiterinnen ermittelt, welche nach Verlust des Unterkieferknochens und nach eingetretener Ersatzknorpelbildung nach wie vor der alten Beschäftigung nachgehen. Nachtheilige Einwirkung dieser Krankheit auf das Gedeihen der Kinder und die Fruchtbarkeit der Frauen ist daselbst nicht wahrgenommen worden; indessen wird dabei hervorgehoben, daß gewöhnlich diese Arbeiterinnen nach einigen Jahren die Fabrikarbeit aufgeben und als Dienstmädchen oder in der Landwirthschaft Arbeit nehmen. Im Posener Bezirke waren in einer Zündwaarenfabrik wiederholt ungewöhnlich schwere Fälle von Nekrose vorgekommen: eine vorgenommene Revision ergab jedoch, daß die Fabrik konzessionswidrig unter Nichtbeachtung der behördlich normirten Kautelen angelegt war, und man führte hierauf das intensivere Auftreten der Krankheit zurück. Im Bezirke Schleswig sind in einer Fabrik, welche 11 Arbeiterinnen beschäftigt, ebenfalls zwei Fälle von Nekrose ohne tödtlichen Ausgang vorgekommen. Im Bezirke Hildesheim sind früher dergleichen Erkrankungen von in Zündwaarenfabriken beschäftigten Arbeiterinnen häufig beobachtet worden; in Folge verbesserter Einrichtungen der Fabriken hat sich die Zahl der Krankheitsfälle nach und nach verringert; insbesondere soll in dem Aussetzen flacher Gefäße mit Terpentinöl in den Arbeitsräumen ein Schutzmittel gegen die nachtheiligen Einwirkungen der Phosphordämpfe gefunden worden sein. Dagegen wird dort darauf aufmerksam gemacht, daß zur unangenehmen Belästigung der Arbeiterinnen bei dem Einpacken der Zündhölzer nicht selten größere Mengen dieser Hölzer sich entzünden. Aus den Bezirken Breslau und Erfurt wird ebenfalls des Vorkommens von Erkrankungen an Nekrose erwähnt. Im Bezirke Cassel sind dergleichen Krankheitsfälle in neuester Zeit nicht mehr beobachtet, man glaubt dort, daß sie überhaupt mit Verwendung des amorphen Phosphors zu den mehr und mehr in Aufnahme kommenden sogenannten schwedischen Zündhölzchen vollständig verschwinden werden. Im Gegensatze zu diesen Beobachtungen sind im Bezirke Stralsund nachtheilige Einwirkungen der Beschäftigung in Zündwaarenfabriken überhaupt nicht bekannt geworden; freilich beschränkt sich in den dasigen Gewerkstätten die Frauenarbeit auf das Füllen der Schachteln.

In einigen Industriezweigen erweist sich für die Arbeiterinnen als ganz besonders gefährlich der in den Arbeitsräumen stattfindende Niederschlag von Staub und Fabrikationsabfällen. Die Gefahren gestalten sich je nach den einzelnen Industriezweigen, nach der Anlage und Einrichtung der Fabriken, nach der den Arbeiterinnen zugewiesenen Beschäftigung, nach der Fürsorge der Fabrikherren 2c. sehr verschieden, sie sind aber bis zu einem gewissen Grade unzertrennlich sowohl von der Fabrik-, wie von der Hausindustrie. Die Textilindustrie und speziell die Flachsspinnerei, bieten die ungünstigsten Verhältnisse, namentlich da, wo der Fabrikbetrieb in mehrstöckigen, schwierig zu ventilirenden Gebäuden betrieben wird, während die neueren Anlagen dieser Art fast sämmtlich in einstöckigen Gebäuden (Sheb-Bau) ausgeführt werden und durchweg viel günstigere, zum Theil sogar vortreffliche Verhältnisse darbieten (Düsseldorf).

So wird von den Arbeiterinnen der Flachsspinnereien und mechanischen Webereien im Bezirk Minden berichtet, daß sich bei denselben oft Katarrhe der Augen, der Nase und des Kehlkopfes und namentlich auch der Lungen zeigen, welche hartnäckig den Heilmitteln widerstehen und besonders intensiv die neu eingetretenen Arbeiterinnen zu befallen pflegen. Die Veranlassung zu diesen Erkrankungen wird theils in dem stattfindenden Niederschlage von Staub, theils in den Temperaturdifferenzen der Luft innerhalb und außerhalb der Säle, sowie in der diesen Verhältnissen nicht entsprechenden unvollkommenen Bekleidung der Arbeiterinnen gesucht. Auch finden sich häufig bei den letzteren Geschwüre am Unterschenkel, deren Ursachen theils auf das anhaltende Stehen und die dadurch bedingte venöse Blutstauchung, theils auf die Durchfeuchtung und Erweichung der Haut durch die wasserreiche Luft in den Arbeitssälen zurückzuführen sein sollen. Bei den in einer Baumwollenspinnerei des Bezirkes Wiesbaden beschäftigten Arbeiterinnen sind nicht selten wässerige Anschwellungen an den Gelenken der unteren Extremitäten beobachtet worden, die theils durch die Art und Weise der Beschäftigung, theils durch die schlechte Ernährung der Arbeiterinnen verursacht sein sollen. Aehnliche Beobachtungen finden sich in den Bezirken Gumbinnen: „die Arbeiterinnen einer Flachs- und Weißgarnspinnerei sind in Folge des Niederschlages von Staub und Fabrikationsabfällen durchweg von gleicher Gesichtsfarbe", Potsdam: „hier und da Lungenkrankheiten in Folge des Staubes", Frankfurt: „in Wollenfabriken wird die Luft der Arbeitsräume durch die Staubniederschläge verunreinigt und nachtheilig auf die Lungen, Augen, kurz die ganze Gesundheit der Arbeiterinnen eingewirkt", Liegnitz: „nur in Flachsspinnereien sind in Folge der staub- und abfallgeschwängerten Luft in den Hechel- und Krempelsälen, sowie der außerordentlichen Hitze in den Spinnsälen die Gesundheitsverhältnisse der Arbeiterinnen im allgemeinen ungünstig, doch nach den Erhebungen in geringerem Maße, als man von vornherein annehmen sollte", Schleswig: „die in den Tuchfabriken vorkommende Staubentwickelung kann bei längerem Aufenthalte in den Fabrikräumen nachtheilig werden", Hannover: „die Arbeiterinnen in den Spinnereien leiden durch den beim Krempeln sich entwickelnden Staub, sowie durch die Feuchtigkeit der Atmosphäre bei dem Spinnen, und entwickeln sich Lungenkatarrhe bei denselben nicht selten", Münster, Minden: „in einer Kunstwollenfabrik wirken nachweislich die in der Luft befindlichen unendlich zahlreichen und feinen Wollfäserchen, erzeugt durch die sogenannten Reißwölfe, auf die Respirationswerkzeuge schädlich ein", Arnsberg, Wiesbaden: „Arbeiterinnen in Kunstwollenfabriken leiden häufig an Bleichsucht, welche in ungenügender Handhabung der Ventilation und in dem Mangel an Bewegung in freier Luft ihren Grund haben dürfte", Cassel: „namentlich in den älteren Tuchfabriken, in denen meist noch niedrige Arbeitsräume sind, leidet durch den Staub und Oeldunst die ganze körperliche Entwickelung der Arbeiterinnen und zeigt sich bei denselben Blutarmuth und Bleichsucht" und Cöln: „der Staub in Baumwoll- und Wollspinnereien übt einen besonderen Reiz auf die Schleimhaut der Athmungsorgane aus, giebt Veranlassung zu Katarrhen und begünstigt bei Anlagen zu schwereren Brustleiden das Entstehen derselben".

In den Bezirken Cöslin, Merseburg und Arnsberg wird ferner in Folge der Staubentwickelung das Sortiren der Lumpen und rauhen Papiere dann für gesundheitsschädlich erklärt, wenn die Räume, in denen diese Arbeiten verrichtet werden, nicht ausreichende Ventilationseinrichtungen haben. Eine Uebertragung ansteckender Krankheiten, insbesondere der Pocken durch die Berührung der Arbeiterinnen mit den zu sortirenden Lumpen hat sich hier nicht bestimmt nachweisen lassen, während in den Papierfabriken Schleswigs und den Kunstwollfabriken des Bezirkes Aachen mehrfach die Verbreitung des Ansteckungsstoffes der Pockenkrankheit durch das Arbeitsmaterial wahrgenommen worden ist. Auch die Gesundheitsverhältnisse der Arbeiterinnen in Taback- und Cigarrenfabriken werden von einigen Seiten als ungünstig geschildert, da die Ausdünstung des Tabacks und der Tabackstaub in Verbindung mit der Beschaffenheit der Arbeitsräume, in denen meist eine unverhältnißmäßig große Anzahl von Personen beschäftigt sind, auf Lunge und Augen nachtheilig einwirken (Bezirke Danzig, Hildesheim, Minden, Coblenz). Nach den Mittheilungen aus dem Bezirke Aachen sind bei den Cigarrenarbeiterinnen namentlich krankhafte Erscheinungen im Gebiete des Geschlechtslebens, der Athmungsorgane und Blutzusammensetzung häufig: doch erscheint es dort zweifelhaft, ob dieselben direkte Folgen der Beschäftigung, vielleicht des Einathmens oder Hinabschluckens von Tabackstheilen sind. Dagegen wird im Bezirke Merseburg das krankhafte Aussehen der Cigarrenarbeiterinnen nur zum Theil auf deren Beschäftigung, zum größeren Theil aber auf deren lieberlichen Lebenswandel zurückgeführt; aus dem Bezirk Cassel wird hervorgehoben, daß der Staub in diesen Fabriken zwar lästig sei, daß aber wenigstens in den größeren Etablissements während der Pausen die Säle nicht blos gelüftet, sondern auch gekehrt werden. Im Bezirk Düsseldorf sind die, wie vielfach angenommen wird, besonders üblen Einwirkungen der Tabackindustrie nirgends beobachtet worden, obwohl dieser Industriezweig gerade dort in bedeutendem Umfange betrieben wird.

Es soll ferner die Beschäftigung der Arbeiterinnen in den Steingutfabriken mit Rücksicht auf die darin stattfindenden unvermeidlichen Staubinhalationen sowie auf das Einathmen von feuchter Luft von absoluter Schädlichkeit für den weiblichen Organismus sein und Frauenkrankheiten wie Blutschwäche, Bleichsucht u. s. w. erzeugen (Trier). Die im Bezirke Cassel früher häufiger, jetzt nur noch in ganz geringer Anzahl zum Stahlschleifen verwendeten Mädchen haben in Folge des Einathmens der Eisen- und Sandsteintheilchen an Lungenkrankheiten zu leiden gehabt. Die Arbeiterinnen in den Vorstecknadelfabriken des Bezirkes

Aachen pflegen mit Kopf- und Brustschmerzen behaftet zu sein, da sie bei der Arbeit in gebückter Stellung verharren und den Kopf dauernd über eine sprühende Gasflamme halten müssen. Die Ziegelarbeiterinnen desselben Bezirkes, welche während der ganzen Arbeitszeit in den Sommer- und Herbstmonaten ihre Häuslichkeit verlassen und in engen, feuchten Hütten zu kampiren pflegen, daneben bei wechselnder Temperatur schwere Arbeit verrichten, werden nicht selten von der Ruhr und ähnlichen Krankheiten befallen. Im Bezirke Oppeln wird von einer Seite erwähnt, daß in allen Etablissements, in denen Blei verflüchtigt wird, die Arbeit allgemein für gesundheitsgefährlich angesehen werde, besonders für Schwangere, bei denen in Folge der Einwirkung der entwickelten Gase vielfach Früh- und Todtgeburten beobachtet werden. Unter den Arbeiterinnen in den Rübenzuckerfabriken des Bezirkes Minden ist häufig die Krätze vorgekommen.

Die Frage, ob insbesondere die maschinellen Einrichtungen (Räder, Treibriemen) eigenthümliche Gefahren für die Fabrikarbeiterinnen begründen, ist meist mit dem Bemerken verneint worden, daß gerade die Frauen mit Maschinen selten in Berührung kommen und da, wo es doch geschehe, die erforderlichen Sicherheitsmaßregeln getroffen seien, wenn die lokalen und Arbeitsverhältnisse es irgend gestatten. Zum Theil abweichende Angaben sind indessen gemacht worden in den Bezirken Gumbinnen: „in einer Fabrik sind die maschinellen Einrichtungen als entschieden gefährlich zu bezeichnen, auch bereits Unglücksfälle zu konstatiren gewesen, die aber auch in anderen Industriezweigen, sowie auch außerhalb der Fabrikindustrie überall da, wo eben Maschinen zur Verwendung kommen, zu beklagen sind", Potsdam: „in Spinnereien droht Gefahr durch die Räder und Treibriemen, obgleich dieselben bedeckt sind", Lüneburg: „theilweise bringen die maschinellen Einrichtungen dergleichen Gefahren mit sich, die indeß bei einiger Vorsicht zu vermeiden sind", Hildesheim: „die Gefahr körperlicher Beschädigung für die in den Spinnereien und Webereien beschäftigten Personen ist an und für sich gering, steigert sich aber in solchen Fabriken, deren Arbeitsmaschinen und Transmissionen nach veraltetem Systeme konstruirt oder in beengten Räumen aufgestellt sind", Minden: „früher sind Verletzungen der Finger, Hände und selbst der Unterarme durch die Räder der Spinn- und Webstühle öfter vorgekommen, neuerdings dagegen seltener, da die Arbeiterinnen vorsichtiger geworden sind", Arnsberg: „in den Tuchfabriken ist die Thätigkeit bei einzelnen Maschinen nicht ohne Gefahr, z. B. bei der Arbeit am sogenannten Wolf, doch sind Verletzungen immerhin im Ganzen selten vorgekommen", Aachen: „die Frauen sind allerdings in dieser Beziehung leichter Gefahren ausgesetzt, wie die Männer, wegen ihrer leichten und weiten Kleidung", ähnlich auch in den Bezirken Münster und Düsseldorf.

Im allgemeinen wird der Gesundheitszustand der Arbeiterfamilien als nicht ungünstig bezeichnet: jedenfalls, wird im Bezirk Düsseldorf hervorgehoben, sei derselbe weit besser, als früher; die durch die Arbeit der weiblichen und jugendlichen Familienglieder erheblich gesteigerte Einnahme gestatte bessere Nahrung, Kleidung und Wohnung, wodurch etwaige schädliche Einflüsse der Fabrikarbeit zum Theil aufgewogen werden; auch die von Jahr zu Jahr sich mehrenden Verbesserungen in den Arbeitsräumen und Arbeitsmaschinen tragen wesentlich zur Verbesserung der Gesundheitsverhältnisse der Arbeiter bei, wobei die segensreichen Einwirkungen der meist vortrefflich organisirten Kranken- und Unterstützungskassen, der Konsumvereine, der Verbesserungen der Arbeiterwohnungen und dergl. nicht unbeachtet bleiben dürfen. Im Bezirke Liegnitz wird bezeugt, daß die Sterblichkeit der kleinen Kinder in Weberbezirken sich verringert habe, seitdem nicht mehr zu Hause auf dem Handwebestuhle gearbeitet, sondern in der Fabrik der Maschinenstuhl bewartet werde.

Abweichende Meinungen treten gleichwohl in einzelnen Bezirken hervor, so im Bezirk Cöln: „die andauernde Beschäftigung in Fabriken von früher Jugend ab, der damit verbundene Mangel an Bewegung in frischer Luft, die Witterungseinflüsse auf den weiten Wegen von und nach der Fabrik, verbunden mit einer mangelhaften Ernährung, seien von nachtheiligem Einflusse auf die Gesundheitsverhältnisse der Arbeiterinnen und die spätere Entwickelung der Kinder, daher komme es, daß in Gegenden, wo die Fabrikbevölkerung überwiege, die Aushebungsresultate ungünstig seien", Coblenz: „bei den Kindern der Cigarrenarbeiterinnen sei besonders Verkümmerung wahrzunehmen", Trier: „kürzere Lebensdauer der Arbeiterinnen in Steingutsfabriken und außergewöhnliche Sterblichkeit ihrer Kinder sei beobachtet worden", Aachen: „eine größere Sterblichkeit der Säuglinge in Folge von Vernachlässigung trete allerdings da ein, wo die Mutter so rasch als möglich die Fabrikarbeit wieder aufsuche", und zum Theil in dem Bezirke Breslau: „allerdings seien die Ergebnisse der Aushebung nicht günstig: doch in wieweit dieser Umstand auf die Fabrikthätigkeit sich zurückführen lasse, sei doch bisher noch nicht genügend konstatirt: in einem Theile des Bezirkes werde ausdrücklich der Grund in der außerhalb der Fabrik stehenden, durch schlechte Erwerbs- und Nahrungsverhältnisse und Ausschweifungen durch Generationen hindurch herabgekommenen Weber- und Arbeiterbevölkerung gesucht", Lüneburg: „in einem Theile des Bezirkes sei die Mortalität der Arbeiterinnen in Fabriken für Garne, in Bleichereien, Strohwaaren- und Tabackfabriken erheblich größer, als bei anderen Erwerbszweigen und die der Säuglinge ganz besonders hervortretend, auch die Kinder späteren Alters leiden theils an den Krankheitsanlagen der Mütter, theils an Verkümmerung in Folge mangelnder Beaufsichtigung und Pflege", Münster: „in einigen Fabrikorten sei eine Verkümmerung der Säuglinge wahrgenommen worden in Folge mangelhafter Ernährung durch die Mutter und Entziehung der Muttermilch: auch die Resultate der Aushebung seien theilweise ungünstig gewesen, doch sei es zweifelhaft geblieben, ob die Ursache hiervon in der Beschäftigung der Mütter oder der der jungen Leute selbst, oder auch in den oft ungesunden Wohnungs- und Schlafräumen der Arbeiterfamilien zu suchen sei".

Was die sozialen Verhältnisse der Fabrikarbeiterinnen angeht, so ist zunächst aus den nachgenannten Bezirken konstatirt worden, daß die Sittlichkeitsverhältnisse unter der Arbeiterbevölkerung keineswegs ungünstige sind, auch seitens der Frauen eine Vernachlässigung des Familienlebens, insbesondere durch Vernachlässigung der Pflege und Erziehung der Kinder, Unfähigkeit oder Unlust der Wirthschaft vorzustehen, Schuldenmachen nicht hervorgetreten ist: Königsberg: „die Zahl unehelicher Geburten bei den Fabrikarbeiterinnen ist nicht größer als bei den Dienstboten und ähnlich beschäftigten unverheiratheten Frauenzimmern: auch ist denselben eine Vernachlässigung des Familienlebens nach ihrer Verheirathung nicht zur Last zu legen, im Gegentheil lehrt die Erfahrung, daß gerade in den Familien, deren Frauen und Töchter in Fabriken Beschäftigung finden, Reinlichkeit und Ordnung im Hauswesen herrscht und die Kinder gut erzogen werden", Gumbinnen: „im Gegentheile ist in einer großen Spinnerei erfreulich zu Tage getreten, daß durch die fortlaufende Beschäftigung und den hierdurch erzielten sicheren Verdienst die Arbeiter, einschließlich der Frauen, ein weit geregelteres und sittlicheres Leben führen, als die übrige Arbeiterbevölkerung", Danzig, Marienwerder, Berlin: „es kann nicht gesagt werden, daß unter den Fabrikarbeiterinnen die Sittlichkeit geringer sei, als unter ihren nicht mit Fabrikarbeit beschäftigten Standesgenossinnen: arbeitet eine Mutter in der Fabrik, so übernehmen in der Regel andere Familienmitglieder zu Hause die Aufsicht und Wartung der Kinder; auch die Nachbarn nehmen sich derselben an", Potsdam: „nur in einem Orte ist seitens der Frauen eine Vernachlässigung des Familienlebens hervorgetreten", Frankfurt a. O.: „frühzeitige Heirathen und uneheliche Geburten kommen ja unter den Fabrikarbeitern vor, jedoch ohne daß diese Erscheinungen in besonders auffälliger Weise oder den gleichen Erscheinungen bei der Landbevölkerung gegenüber zahlreicher zu Tage treten", Stettin: „unbesonnenes Heirathen kommt selten, uneheliche Geburten kommen in anderen Schichten der Bevölkerung ebenso häufig als bei den Fabrikarbeiterinnen vor", Cöslin, Stralsund: „wenigstens sind etwaige ungünstige Wahrnehmungen nicht als Ausfluß der Fabrikthätigkeit anzusehen", Breslau: „zur Zeit ist immer noch ein beträchtlicher Fonds guter Eigenschaften unter den Fabrikarbeiterinnen vorhanden, unbesonnene Heirathen und uneheliche Geburten kommen zwar in stark bevölkerten industriellen Gegenden in höherem Prozentsatze als anderwärts vor, indessen unter der Fabrikbevölkerung kaum in größerem Umfange als innerhalb der unteren Schichten der übrigen Bevölkerung. Die Regelmäßigkeit, Ordnung und Reinlichkeit, auf welche in den meisten Fabriken gehalten wird, übt vielfach eine günstige Rückwirkung auf das Verhalten der Arbeiterinnen zu Hause aus; allerdings ist ihnen bei ihrer langen Abwesenheit vom Hause die Möglichkeit entzogen, sich um ihre Kinder zu kümmern: doch wird z. B. auf regelmäßigen Schulbesuch schon um deswillen gehalten, weil die Kinder in der Schule anderer Obhut nicht bedürfen. Ausnahmen kommen nur dann vor, wenn in Ermangelung anderweiter Aushülfe kleinere Kinder der Wartung schulpflichtiger Geschwister übergeben werden müssen", Oppeln: „uneheliche Geburten kommen in den Industriekreisen relativ seltener vor, als in den ackerbautreibenden, vielleicht allerdings, weil in den ersteren die Ehe zwischen Schwangeren und Geschwängerten in der Regel vor der erfolgten Geburt eingegangen wird. Wo eine Vernachlässigung der Kinder hervorgetreten ist, ist dieselbe durch gänzlich mangelndes Verständniß namentlich der durch Schulbesuch erzeugten Bildung hervorgerufen worden: die Mehrzahl der Frauen zeichnet sich durch eine gewisse Sparsamkeit und Sorge für das materielle Familienwohl aus und ihr Verdienst ist es oft, wenn dasselbe nicht dem Leichtsinn und der Unwirthschaftlichkeit mancher durch Trunksucht herabgekommener Familienväter zum Opfer fällt", Hannover: „uneheliche Geburten kommen zwar häufig vor, doch wird die Veranlassung hierzu nicht in der Fabrikarbeit gesucht, sondern in den mancherlei Verführungen, welche das soziale Leben einer größeren Stadt an und für sich bietet. In Fabrikorten treten die Uebelstände nur massenhafter auf und springen demnach mehr in die Augen: an sich bietet die Beschäftigung in Fabriken keinerlei besonderen Anlaß zu Unsittlichkeiten und sonstigen Uebelständen", Cöln: „uneheliche Geburten bei den Fabrikarbeiterinnen sind seltener, als bei den weiblichen Dienstboten: uneheliche Schwängerungen dagegen, denen vor der Niederkunft die Ehe folgt, sind nicht eben selten; es steht fest, daß der frühzeitige geschlechtliche Umgang vielfach die Nothwendigkeit zur Begründung eines Hausstandes beschleunigt, aber keineswegs spezifisch unter der weiblichen Fabrikbevölkerung", Coblenz: „hier und da ist zwar Vernachlässigung des Familienlebens wahrzunehmen, jedoch wird dieselbe ebensooft auch bei anderen Frauen beobachtet und dürfte daher der Grund in der Fabrikarbeit nicht liegen", ähnlich in den Bezirken Bromberg, Osnabrück, Stade, Münster und Arnsberg.

Aus den übrigen Bezirken lauten die Ansichten über die sozialen Verhältnisse der Fabrikarbeiterbevölkerung minder günstig: so in Hildesheim: „die Fälle unbesonnener frühzeitiger Eheschließung und unehelicher Geburten kommen jetzt häufiger vor, als in der Zeit vor Errichtung der Fabriken: auch über Vernachlässigung des Hauswesens, über Unfähigkeit und Unlust der Frauen der Wirthschaft vorzustehen, wird geklagt", in Magdeburg: „das gleich nach der Konfirmation beginnende Arbeiten in den Fabriken unterdrückt den Sinn für Häuslichkeit, das verdiente Geld wird für Putz verausgabt und Sonntags werden in Ermangelung einer festen Häuslichkeit die Tanzböden frequentirt! die Arbeiterfrauen geben ihre Kinder gegen feste Vergütung in Kost und Pflege und freuen sich des Ueberschusses, den ihnen die Fabrikarbeit gewährt: in einem Theile des Bezirks wird auch über frühzeitige, unbesonnene Heirathen und darüber geklagt, daß öfters schon nach sechswöchentlichem Zusammenleben der Eheleute Sühneversuche sich nöthig machen, sowie daß durchschnittlich 10 Prozent der geborenen Kinder uneheliche seien; doch hänge das damit zusammen, daß vielfach Frauen in die Fabriken eintreten, denen der Zwang des Gesindedienstes nicht behagt, oder die schon vorher ihre Unbescholtenheit verloren haben und bereits schwanger sind", Merseburg: „der ungünstige Einfluß des Zusammentreffens vieler junger Leute beiderlei Geschlechts auf die Sittlichkeit ist nicht zu leugnen: doch ereignen sich die bezüglichen Vorkommnisse viel weniger in den Fabriken selbst, wo streng auf Ordnung gehalten werde, als auf den gemeinsamen Heimwegen in der Zeit der Dunkelheit, in den Erholungslokalen u. s. w., wo die Angehörigen derselben Betriebsstätte beiderlei Geschlechts sich gewissermaßen als zusammengehörig betrachten. Dagegen ist bei den Frauen, die in der Regel die Fabrikarbeit aufgeben, sobald sie Kinder bekommen, eine Vernachlässigung des Familienlebens nicht hervorgetreten", Erfurt: „die Fabrikarbeit übt im allgemeinen einen ungünstigen Einfluß auf die Sittlichkeit aus: der Grund ist darin zu finden, daß der regelmäßige wöchentliche Verdienst schon jungen Leuten zu einer gewissen Selbständigkeit verhilft, daß das Familienleben durch das stete Auswärtsarbeiten oft sämmtlicher Familienmitglieder, einschließlich der Hausfrau, beeinträchtigt wird und die jungen Leute sich daran gewöhnen, frühzeitig Erholung bei Tanzlustbarkeiten und in öffentlichen Lokalen zu suchen", Aurich: „es ist — wenngleich nur nach den Ansichten Einiger — eine Verschlechterung in den sittlichen Zuständen der jugendlichen weiblichen Bevölkerung und insbesondere wachsende Neigung zu geschlechtlichen Ausschweifungen seit dem Bestehen der Fabriken zu Tage getreten", Düsseldorf: „die Sittlichkeit kann nicht gerade als befriedigend bezeichnet werden: Putz- und Vergnügungssucht, Mangel an Zucht und Weiblichkeit machen sich sehr oft bemerkbar; die von auswärts zuziehenden jüngeren Arbeiter und Arbeiterinnen, die keinen Halt in der Familie haben, verderben nicht selten die etwas solideren einheimischen Elemente, geschlechtliche Ausschreitungen sind etwas Gewöhnliches, wenngleich die außereheliche Schwängerung in der Regel Heirath noch vor der Niederkunft zur Folge hat. Daneben lockert die Fabrikarbeit vielfach vorzeitig die Familienbande, indem die heranwachsenden Kinder bei dem reichlichen Verdienst sich leicht der elterlichen Zucht entfremden und selbständig ein leichtsinniges Leben führen. Allgemein und grell hervortretend ist die Unfähigkeit der verheiratheten Fabrikarbeiterinnen zur Wirthschaftsführung", Aachen: „geschlechtliche Ausschreitungen sind, ausgenommen die Arbeiterinnen in einigen Industriezweigen, thatsächlich nur selten, obwohl den Fabrikarbeiterinnen die frühe Selbständigkeit einen an das Freche und Rohe grenzenden Anstrich giebt: ein Hauptschutz liegt in der strengen gegenseitigen Ueberwachung der Arbeiterinnen, möge diese Motive haben, welche sie wolle. Uneheliche Geburten sind nicht häufig: die Geistlichkeit pflegt in Fällen außerehelicher Schwängerung auf Eheschließung zu bringen; von einigen Seiten wird der Grund freilich auch in den häufigen, namentlich jenseits der holländischen Grenze gewerbsmäßig betriebenen Abtreiben der Leibesfrucht gesucht. Als eine Hauptschattenseite der Fabrikarbeit tritt aber die Vernachlässigung des Familienlebens hervor: es bildet sich eine vollkommene Gleichgültigkeit gegen die Vorgänge desselben heraus und die leichte Gelegenheit zum Verlassen des elterlichen Hauses wird gern benutzt. In den frühzeitig geschlossenen Ehen erweist sich die junge Gattin als schlechte Hausfrau, welche ihrem Ehemanne nicht ein behagliches Dasein zu bereiten versteht, und mit ebensowenig Liebe als Sachkenntniß der Pflege und sittlichen Erziehung der Kinder sich hingibt; den Mann treibt die Verwahrlosung des Hausstandes in das Wirthshaus und die Kinder benutzen den Mangel an Aufsicht zu allerhand Ausschreitungen, so auch zum unregelmäßigen Schulbesuche".

Unter den Industriezweigen, in denen bei den Arbeitern ganz besonders ungünstige soziale Verhältnisse vorherrschen sollen, wird fast übereinstimmend in erster Linie die Tabacks- und Cigarrenfabrikation genannt, und besonders der Mißstand betont, daß hierbei Arbeiter beiderlei Geschlechts in denselben Räumen und an demselben Arbeitsstücke beschäftigt seien. Die Wickelmacherin werde von dem Roller gelohnt, sie sei daher allein von diesem abhängig und meist seine Konkubine: es stehe zu hoffen, daß die allmälig sich verbreitende Anwendung der Wickelmaschine dieses Unwesen unterdrücken werde. Hierzu komme, daß diese Arbeiterinnen bei verhältnißmäßig hohem Lohn leichte Beschäftigung haben und für geschickte Frauen und halberwachsene Mädchen die Möglichkeit vorhanden sei, ebensoviel zu verdienen, als geübte männliche Arbeiter: dies führe Putz- und Vergnügungssucht und Liederlichkeit herbei. Uneheliche Geburten seien hier an der Tagesordnung, es entstehen frühzeitig unsittliche Verhältnisse zwischen Personen, welche dem Alter und Erwerbe nach nicht heirathen können, und wenn trotzdem die Eheschließung erfolge, so werde darin das Familienleben nach allen Richtungen hin vernachlässigt. Von einigen Seiten wird freilich auch betont, daß diese Mißstände weniger ihren Grund in der Art und Weise der Beschäftigung, als darin haben, daß die Theilnahme an diesem Industriezweige für nicht recht anständig gelte, und daß gefallene Mädchen, sittlich schon gesunkene Individuen, dieser jederzeit abzubrechenden und wieder aufzunehmenden Arbeit mit Vorliebe sich unterziehen (Bezirke Cöslin, Posen, Magdeburg, Merseburg, Erfurt, Schleswig, Hannover, Cassel, Coblenz).

Auch über die Trunksucht der viel in Ziegeleien beschäftigten Frauen, welche eben mit ihren Männern zu arbeiten und zu trinken pflegen (Liegnitz), sowie der bei dem Löschen und Austragen des Torfes für die Strohpapierfabriken beschäftigten zahlreichen Frauen, welche durch das mitarbeitende männliche Personal und die Schiffer verleitet werden (Aurich), wird geklagt. Hinsichtlich der Rübenzuckerfabrikation ist die Klage eines Geistlichen (Merseburg) zu erwähnen, daß der Kirchenbesuch der hierbei beschäftigten Arbeiterinnen unter dem Einflusse der von Sonnabend Abend 6 Uhr bis Sonntag früh 6 Uhr andauernden Nachtschichten leide. Im Bezirke Hildesheim wird zu dieser Fabrikation bemerkt, daß die nächtliche Beschäftigung in Fabriken, in denen sich zugleich eine größere Anzahl männlicher Arbeiter aufhalte, für die Sittlichkeit der weiblichen Arbeiter zwar nicht ohne Gefahr sei, diese Gefahr werde jedoch durch die strenge Aufsicht und musterhafte Ordnung, welche in den meisten der fraglichen Fabriken herrsche, wesentlich gemildert, so daß keine besonders ungünstigen Wahrnehmungen über die Sittlichkeitsverhältnisse der betreffenden Arbeiterfamilien gemacht worden seien. Im Bezirke Trier sollen die Erfahrungen der kurzen Zeit, seit welcher die Frauenarbeit in den dasigen Glashütten eingeführt ist, die Nachtheile für die Sittlichkeit der Arbeiterinnen in diesen Hütten deutlich empfinden lassen, wie selbst seitens der Fabrikbesitzer eingeräumt sei; die Gefährdung der Sittlichkeit wird hier insbesondere darauf zurückgeführt, daß eine Trennung der Geschlechter bei der Arbeit unmöglich sei und die Leichtigkeit der Beschäftigung der Frauen geradezu einen Anreiz gebe, während derselben mit den Männern zu verkehren, daß ferner auch die Arbeiten zur Nachtzeit stattfinden und daß endlich die Hitze in den Arbeitsräumen die Männer zu einer Bekleidungsweise nöthige, welche für anständige Frauen Anstoß erregend sei.

Von den in den Baumwollspinnereien des Wiesbadener Bezirkes beschäftigten Arbeiterinnen wird gesagt, daß dieselben in häuslichen Arbeiten meist ungeübt und unfähig seien, einer Hauswirthschaft vorzustehen.

Im allgemeinen mag noch bemerkt werden, daß nach der in den betheiligten Kreisen herrschenden Auffassung die hervorgehobenen Mißstände an den einzelnen Orten meist in den Anfängen des betreffenden Fabrikationsbetriebes sich herausgebildet haben, daß eine Steigerung derselben kaum zu besorgen ist, daß man im Gegentheil neuerdings vielfach mit größerem oder geringerem Erfolge auf eine Besserung dieser Zustände Bedacht genommen hat.

2. Bayern.

In den mit maschinellen Einrichtungen versehenen, weibliche Arbeiter beschäftigenden Fabriken liegt die unmittelbare Benutzung der Maschinen in der Regel den Männern ob, die weiblichen Arbeiter sind meist nur mit Transportirung des Produktes von und zu den Maschinen beschäftigt. In denjenigen Fabriken, in denen die Natur des Betriebes es mit sich bringt, daß auch Arbeiterinnen unmittelbar an den Maschinen thätig sind, sollen die letzteren gehörig verwahrt, gefährliche Stellen auch mit schützenden Decken versehen sein, so daß eine Verletzung der Arbeiterinnen ohne große eigene Unvorsichtigkeit nicht wohl möglich sei (Oberbayern, Schwaben): dagegen wird fast übereinstimmend zugegeben, daß zufolge des in manchen Arbeitsräumen stattfindenden Niederschlags von Staub und Fabrikationsabfällen die Beschäftigung in gewissen Industriezweigen für die Arbeiterinnen eigenthümliche Gefahren mit sich bringe. Besonders gesundheitsgefährlich erscheint die Beschäftigung der weiblichen Arbeiter in Zündwaarenfabriken. Abgesehen davon, daß schwere Körperverletzungen in Folge von Explosionen in Zündhütchenfabriken (Mittelfranken) vorgekommen sind, wirken die Phosphordämpfe durch Erzeugung der Nekrose vorzugsweise nachtheilig und sollen insbesondere auch nachgewiesenermaßen die Fehlgeburt wesentlich begünstigen. In Niederbayern und Schwaben ist wenigstens früher eine nachtheilige Einwirkung der Phosphordämpfe auf die Zähne beobachtet worden, und aus der Oberpfalz wird berichtet, daß die in solchen Fabriken beschäftigten Arbeiterinnen meist an Zahn- und Kieferschmerzen leiden und zum Theil sogar die Ober- und Unterkiefer einbüßen. Sei diese Krankheit auch nicht gerade erblich, so wirke sie doch oft auf den ganzen Organismus zerstörend ein. Ebenso sei der tremor mercurialis und in Folge dessen sogar zuweilen gänzliche Arbeitsunfähigkeit bei allen in Quecksilberbelegen länger Beschäftigten ein unvermeidliches Uebel (Mittelfranken), wenn auch von einer Seite behauptet wird, daß die Entwickelung von Ammoniakdämpfen sich als ein wirksames Mittel erweise, die schädlichen Einflüsse der Quecksilberdämpfe zu neutralisiren. Chronische Bleivergiftungen sind wahrgenommen worden an Arbeiterinnen in Farben- und Abziehbilderfabriken und in Lackirfabriken für Blechspielwaaren. Das Arbeiten in den Hadernsälen der Papierfabriken bringt in Zeiten der Epidemien, insbesondere bei dem Auftreten der Blattern und Cholera, die Gefahr der Weiterverbreitung der Krankheiten unter den dort beschäftigten Arbeiterinnen mit sich (Oberbayern, Niederbayern, Oberfranken). Krankheiten der Athmungsorgane pflegen ausgesetzt zu sein die Arbeiterinnen in Kohlengruben, welche mit dem Sortiren der Kohlen mittelst siebartiger Gitter beschäftigt sind, die in Glasfabriken mit dem Sieben des Sandes und die in den Sälen der Baumwollspinnereien, der Tuch-, Papier-, Cichorien- und Cigarrenfabriken beschäftigten Arbeiterinnen. Daß die Arbeit in den Bronze- und Metallfabriken gesundheitsschädlich sei, ist zwar von den Arbeitgebern in Mittelfranken geleugnet, von anderen Seiten aber mit dem Bemerken bestätigt worden, daß der unvermeidliche, ungemein feine Metallstaub, der in allen Arbeitslokalitäten entstehe und sogar in die von den Arbeitslokalen vollständig abgeschlossenen Komtors eindringe, auf die Lungen nachtheilig einwirke und Athmungsbeschwerden erzeuge. In den Jahren 1872 und 1873 sind in dem allgemeinen Krankenhause zu Augsburg (Schwaben) bei einer Gesammtzahl von 1561 weiblichen Patienten 674 Fabrikarbeiterinnen, die hauptsächlich an chronischen und akuten Bronchialkatarrhen, Lungenphtise, Uebermüdung, allgemeinen Schwächezuständen, Bleichsucht, Blutarmuth, Neuralgien und Hysterie litten, behandelt worden. Nach dem Gutachten des Krankenhausarztes erweist sich die Art und Weise der Beschäftigung der Arbeiterinnen von geringerem Einflusse auf die Morbilität, als man annehmen sollte, doch will er insbesondere als Folge von Nachtarbeiten, die mehrere Tage oder gar Wochen hindurch fortgesetzt würden, eine ungewöhnlich große Zahl von Gesundheitsstörungen bemerkt haben. Ob die Beschäftigung in den Zuckerfabriken nachtheilig auf die Gesundheit wirkt, kann nach der Aeußerung eines Bezirksarztes in der Oberpfalz um so weniger bestimmt nachgewiesen werden, als in keinem anderen Industriezweige die Arbeiter so rasch wechseln und etwaige Erkrankungen bei dem Umstande, daß die Erkrankten im Sommer, da während dieser Jahreszeit nicht gesotten wird, ganz anderen Beschäftigungen nachgehen, auf den Einfluß der Winterarbeit nicht wohl geschoben werden können.

In den meisten Bezirken stellt sich der Gesundheitszustand der Arbeiterfamilien als besonders ungünstig durchaus nicht dar. Wenn hier und da eine größere Sterblichkeit der Säuglinge und theilweise eine Verkümmerung der Arbeiterkinder in der späteren Jugend beobachtet worden ist, so wird diese Erscheinung nicht als Folge eines bestimmten Industriebetriebes oder als ausschließliches Merkmal der Fabrikarbeit überhaupt dargestellt, sondern der Grund darin gefunden, daß unter den arbeitenden Klassen, gleichviel ob Fabrikarbeitern oder anderen Arbeitern, den Kindern in der Regel eine mangelhafte Pflege zu Theil wird und namentlich eine große Anzahl derselben gegen sehr geringe Entschädigung außerhalb des Elternhauses in Kost und Pflege sich befindet (Oberbayern, Pfalz). Auch zu den Ergebnissen der Aushebung soll die Fabrikbevölkerung an Untauglichen kein größeres Kontingent als die anderen Bevölkerungsklassen stellen (Mittelfranken). In Oberbayern wird allerdings konstatirt, daß in einem Orte, in welchem eine Pappfabrik, eine Baumwollenweberei und eine Gold- und Silbertressenfabrik sich befinden und die Fabrikbevölkerung die weitaus überwiegende ist, die Ergebnisse der Aushebung besonders ungünstig gewesen seien, gleichzeitig aber darauf hingewiesen, daß gerade in den gebildeten Berufsklassen, die weder mit Gewerbe, noch Fabrikarbeit beschäftigt sind, diese Ergebnisse in der Regel am ungünstigsten zu sein pflegen. Eine Behörde in Mittelfranken berichtet, daß in ihrem Bezirke die bezüglichen Ergebnisse zwar nicht günstig seien, daß aber mehr als das Fabrikarbeiterleben wohl das eigentliche Kleinhandwerk hierzu beitrage, da in dessen kleinen Werkstätten mit ihren fast immer ungesunden und engen Räumen die Lehrjungen oft 12 bis 14 Stunden täglich arbeiten müssen und dabei nur schlechte und in der Menge unzureichende Kost erhalten.

In Schwaben sind wesentlich nur für die Stadt Augsburg ungünstige Wahrnehmungen in Betreff der Gesundheitsverhältnisse der Arbeiterinnen gemacht worden. Nach den statistischen Erhebungen aus den Jahren 1871 bis 1873 trafen hier jährlich unter 66 Sterbefällen von über 16 Jahre alten weiblichen Personen der Fabrikarbeiterbevölkerung 54 oder fast 82 Prozent auf Frauen unter 50 Jahren; nur 12 oder 18 Prozent auf Frauen über 50 Jahre; dagegen trafen unter 371 Sterbefällen des entsprechenden Theiles der übrigen Bevölkerung nur 144 oder fast 39 Prozent auf Frauen unter 50 Jahren, 227 oder 61 Prozent auf Frauen über 50 Jahre. Von 418 Säuglingen (Kindern bis zu 1 Jahr) der Fabrikbevölkerung starben während dieser Zeit durchschnittlich im Jahre 273 oder über 65 Prozent, von 1692 Säuglingen der übrigen Bevölkerung 732 oder 43 Prozent; von 140 ausgehobenen Söhnen der Fabrikarbeiterfamilien waren nach dem Durchschnitte der Jahre 1872 bis 1874 93 oder 66 Prozent untauglich, von 1582 Söhnen anderer Familien 707 oder fast 45 Prozent. Nach Ansicht der Regierungsbehörde sind jedoch diese ungünstigen Ergebnisse nicht ausschließlich dem Einflusse der Fabrikarbeit zuzuschreiben, sondern theilweise auch dem Umstande, daß sich der Fabrikbevölkerung vielfach Personen zuwenden, welche schon an und für sich eine mangelhafte oder schwächliche Körperkonstitution haben, namentlich auch zu Lungenkrankheiten erblich disponirt sind.

Als besonders günstig werden dagegen die Gesundheitsverhältnisse der Arbeiter in den Fabriken des Bezirksamtes, also der Umgebung der Stadt Augsburg geschildert; beispielsweise ist hervorgehoben, daß in einer derselben in einem Zeitraume von 10 Jahren bei durchschnittlich 500 männlichen und weiblichen Arbeitern nur 8 Personen, von denen 7 bei ihrem Eintritte bereits lungenleidend waren, gestorben, und in einer anderen Fabrik auf den gleichen Zeitraum bei einer Zahl von 350 männlichen und weiblichen Arbeitern nur fünf Todesfälle vorgekommen seien.

Die Sittlichkeitsverhältnisse unter der Fabrikarbeiterbevölkerung erscheinen im Ganzen denen anderer Berufsklassen gegenüber nicht ungünstig; in der Pfalz wird sogar behauptet, daß durch die Beschäftigung der Arbeiterinnen in den Fabriken die Sittlichkeitsverhältnisse an manchen Orten sich gebessert haben, obwohl nicht zu leugnen sei, daß das Zusammenarbeiten von männlichen und weiblichen Personen nachtheilig wirken könne. In Oberbayern wird hier und da über die Neigung der Arbeiterinnen zum Putze und zum Besuche von Vergnügungsplätzen geklagt. Uneheliche Geburten pflegen durchschnittlich nicht häufiger als bei den in der Landwirthschaft beschäftigten Arbeiterinnen vorzukommen, zumal zahlreiche Mädchen erst im Zustande der Schwangerschaft ihren bisherigen Herrschafts-, Wirthshaus- oder anderen Dienst verlassen, um in Fabriken einzutreten, dort auf einige Monate ihren Unterhalt zu verdienen, sobald aber ihr körperlicher Zustand es erlaubt, zu ihrer früheren Beschäftigung zurückzukehren. Aehnliche Wahrnehmungen sind in Mittelfranken gemacht worden. Ein Vergleich der bezüglichen Verhältnisse in der Stadt Fürth mit den Verhältnissen der dahin eingepfarrten Landgemeinden hat ergeben, daß unter den Geburten die unehelichen auf dem Lande einen größeren Prozentsatz (29 Prozent) als in der Stadt (22 Prozent) betragen. In Niederbayern, wo im übrigen die sozialen Verhältnisse der Fabrikbevölkerung, soweit eine solche dort überhaupt existirt, als denen der sonstigen Bevölkerung vollständig konform geschildert werden, ist nur gegen die Arbeiterinnen in den Cigarrenfabriken der Vorwurf besonderer Liederlichkeit erhoben: wenn diese Arbeiterinnen sich ungestraft eine Zeit lang ungebundener Freiheit erfreuen wollen, so verlassen sie die Fabrik, da sie sicher seien, nach längerer oder kürzerer Zeit wieder angenommen zu werden. In der Oberpfalz und in Oberfranken sind ungünstige Wahrnehmungen nach dieser Richtung nicht gemacht worden; ebensowenig in Unterfranken; in letzterem Bezirke pflegen, wie besonders hervorgehoben wird, die Arbeiterinnen überwiegend aus der angesessenen ländlichen Bevölkerung hervorzugehen, welche von der Arbeiterbevölkerung in den eigentlichen Fabrikdistrikten durchaus verschieden sei. Auch in Schwaben erscheinen die Sittlichkeitsverhältnisse nicht ungünstig. Nur in Augsburg und zwar auch nur für den unverheiratheten Theil der Arbeiterbevölkerung sollen die Verhältnisse weniger befriedigen. Bei etwas über 3500 Fabrikarbeiterinnen hat hier nach dem Durchschnitte der Jahre 1871 bis 1873 die Zahl der unehelichen Geburten 181 oder 5 Prozent, bei etwa 16,000 anderen weiblichen Personen nur 240 oder 1,₅ Prozent betragen: auch macht sich hier vielfach frühzeitiges und unbesonnenes Heirathen bemerkbar.

Allgemein sind die Klagen über die Vernachlässigung des Familienlebens seitens der Arbeiterinnen: den Säuglingen und Kindern bis zum schulpflichtigen Alter hinauf werde nicht die nöthige Pflege gewidmet, der Werth des Schulbesuches werde nicht gewürdigt (Oberbayern, Mittelfranken). Nicht selten müssen die Eltern für die unterlassene Beaufsichtigung der Kinder, die ihre Zeit zum Betteln verwenden, zur Strafe gezogen werden (Niederbayern). Besonders zahlreich seien die Schulversäumnisse bei den Kindern der in Glasfabriken beschäftigten Arbeiterinnen, indem sie von diesen zum Tragen des Glases mitverwendet würden (Oberbayern). In einem Schulsprengel Schwabens ist konstatirt worden, daß 75 Prozent sämmtlicher schuldbaren Schulversäumnisse auf die Kinder von Fabrikarbeitern, und von diesen wieder die meisten auf die Kinder von ledigen oder verwittweten Arbeiterinnen entfallen. Im übrigen ist von Lehrern wiederholt aus ihrer Erfahrung bestätigt worden, daß die Kinder in den meisten Fällen lieber zur Schule gehen, als die geistlosen und für die Jugendjahre so wenig zusagenden häuslichen Arbeiten verrichten wollen.

Unfähigkeit oder Unlust der Arbeiterfrauen der Wirthschaft vorzustehen, als charakteristische Folge der Fabrikbeschäftigung, ist im allgemeinen nicht bemerkt worden. Im Gegentheil will man nicht selten gefunden haben, daß die Frauen nach Beendigung ihrer Lohnarbeit häufig unter Benutzung der Nachtstunden ihr Hauswesen ordnen (Mittelfranken). Nur in Schwaben, wo übrigens ausdrücklich betont wird, daß eine große Anzahl der Arbeiterfamilien, hauptsächlich in den von größeren Etablissements gegründeten Arbeiterkolonien sich ganz geordneter häuslicher Verhältnisse erfreut, ist hier und da das Gegentheil beobachtet worden; als die Ursache wird der Mangel an Zeit selbst zu den nothwendigsten häuslichen Arbeiten, sowie der Umstand bezeichnet, daß die Mädchen sogleich nach erfüllter Schulpflicht zur Fabrikarbeit herangezogen werden und daher in allen häuslichen Arbeiten ohne Erfahrung bleiben.

3. Sachsen.

Wenn auch die Mehrzahl der aus den Arbeitgeber- und Arbeitnehmerkreisen vernommenen Sachverständigen versichert, daß, die Fälle grober Unvorsichtigkeit ausgeschlossen, die maschinellen Einrichtungen in Folge der getroffenen Maßregeln irgend welche Gefahren für die in den bezüglichen Fabriken beschäftigten Frauen nicht mit sich bringen, so wird doch hier und da von Arbeitern und von anderen, dem gewerblichen Leben nahestehenden Personen die Behauptung aufgestellt, daß Verletzungen und Verunglückungen von Arbeiterinnen, z. B. durch die Krempelmaschinen, die Scheercylinder, die Kalander u. s. w., selbst bei der größten Vorsicht bisher nicht zu vermeiden gewesen seien; eine vollständige Abschließung der Maschinen sei eben nicht gut möglich und die weibliche Kleidung erhöhe noch die mit Bedienung der Maschinen an sich verbundene Gefahr. Indeß ist in manchen Fabriken dadurch, daß das Auflegen der Treibriemen auf die im Gange befindlichen Maschinen den Arbeiterinnen verboten und dem Werkmeister vorbehalten ist, eine der Hauptgefahren beseitigt: von einem Fabrikinspektor wird ausdrücklich konstatirt, daß die von ihm bei den ersten Revisionen der Fabriken für nöthig erachteten Vorsichtsmaßregeln zum Schutze des Arbeitspersonals trotz mannigfacher, der Ausführung sich entgegenstellender Schwierigkeiten und mitunter nicht unbeträchtlicher Geloopfer von der großen Mehrzahl der Fabrikbesitzer bereitwilligst ausgeführt worden seien; in keinem einzigen Falle habe zur Durchführung der getroffenen Anordnungen die Hülfe der Behörde angerufen werden müssen.

Andererseits wird fast allgemein eingeräumt, daß die Beschäftigung der Frauen in gewissen Industriezweigen in Folge des in den Arbeitsräumen stattfindenden Niederschlags von Staub und Fabrikationsabfällen, oder aus anderen Ursachen nachtheilige Wirkungen auf deren Gesundheit auszuüben geeignet sei, und Behauptungen des Inhalts, daß erfahrungsgemäß kränkliche und blutarme Arbeiterinnen bald nach ihrem Eintritte in die Streichgarnspinnereien ein gesunderes, kräftigeres Aussehen erlangen, stehen nur vereinzelt da.

In den Phosphorzündwaaren-Fabriken der Bezirke Dresden und Zwickau sind gesundheitsschädliche Einwirkungen der Arbeit in neuester Zeit, seitdem auf strenge Beobachtung der für diese Fabriken getroffenen sanitätspolizeilichen Anordnungen gehalten wird — es finden regelmäßig bezirksärztliche Revisionen darin statt — seltener zu Tage getreten, insbesondere sind Erkrankungen der Arbeiterinnen an der Nekrose seit mehreren Jahren nicht vorgekommen. Man schreibt diese erfreuliche Erscheinung zum Theile dem Umstande zu, daß seit einigen Jahren die Arbeiterinnen Büchsen mit Terpentinöl bei sich zu tragen pflegen: von anderer Seite wird freilich darauf hingewiesen, daß sich die schädlichen Einflüsse der Phosphordämpfe auf die Arbeiterinnen meist nicht kontroliren lassen, weil letztere, sobald sich irgend eine Krankheitserscheinung zeigt, sofort aus den Zündwaarenfabriken entlassen werden.

In Gummiwaarenfabriken (Bezirk Leipzig) soll das Vulkanisiren Augenleiden und Uebelkeiten erzeugen, und in Blumenfabriken der noch immer nicht verdrängte Gebrauch des Schweinfurter Grüns, sowie des eine große Rolle spielenden Cyankaliums nicht ohne Gefahr für die Gesundheit sein, sowie auch durch die Inhalation der schwefelsauren und alkalischen Gase bedenklich auf die Schleimhäute eingewirkt werde.

Die Vermengung der Luft in den Fabrikräumen der meisten Flachs- und

Baumwollenspinnereien, Appreturanstalten, Papierfabriken u. s. w. mit Staub und Abfällen erzeugt nach der Angabe einiger Aerzte Rachen- und Bronchialkatarrhe, sowie Lungenkrankheiten: auch einige Arbeitnehmer und Arbeitgeber in den Bezirken Leipzig, Dresden und Bautzen sprechen sich dahin aus, daß den Staub in diesen Fabriken nicht alle Arbeiterinnen vertragen können und daher viele derselben die Arbeit aufgeben oder doch die Beschäftigung zeitweilig aussetzen müssen. Ein Bezirksarzt behauptet, daß trotz angeblicher Ventilation der Staub besonders in den Hechelräumen der Flachsspinnereien auf das nachtheiligste sich bemerkbar mache, ein Geistlicher beruft sich auf seine Todtenregister dafür, daß die große Mehrzahl der gestorbenen Fabrikarbeiterinnen Lungenkrankheiten erlegen sei, ein anderer Bezirksarzt allerdings spricht sich hinwieder dahin aus, daß bei den Arbeiterinnen in den meist hohen und geräumigen Fabriklokalitäten Krankheitserscheinungen, wie Lungentuberkulose seltener auftreten, als bei den in der Hausindustrie beschäftigten Arbeiterinnen. Von einigen Sachverständigen wird ferner konstatirt, daß auf den Hadernböden der Papierfabriken ein solches Quantum von Schmutz und Staub entwickelt werde, daß die Respirationsorgane der dort beschäftigten Arbeiterinnen nothwendigerweise davon affizirt werden müssen, daß Hals-, Luftröhren und Lungenkatarrhe erzeugt werden und die mit Tuberkulose bereits behafteten eine Steigerung ihres Uebels erfahren: auch sind hier und da (Bezirke Leipzig und Dresden) auf Arbeiterinnen des Hadernbodens in Folge der Berührung mit nicht oder nicht genügend desinfizirten Hadern Pockenkrankheiten übertragen worden. Von anderer Seite wird freilich darauf hingewiesen, daß der bei dem Lumpensortiren erzeugte Staub nicht schädlich sein könne, da nachzuweisen sei, daß mit dieser Arbeit 30 Jahre lang und noch länger beschäftigte Leute immer gesund geblieben seien; und ein Arzt erklärt, es sei zwar auffällig, daß die in Papierfabriken beschäftigten Arbeiterinnen ganz besonders an Blutarmuth leiden, allein es lasse sich schwer bestimmen, ob allein in Folge der Einathmung von Staubtheilchen oder zum Theil auch in Folge des Mangels an der erforderlichen stickstoffhaltigen, namentlich auch Fleischkost.

Bei den in den Spielwaarenfabriken beschäftigten Arbeiterinnen hat ein Arzt außer Fällen von Bleichsucht und Tuberkulose verhältnißmäßig viele Abnormitäten in dem Bau der Becken angetroffen: derselbe ist der Ansicht, daß diese Krankheitserscheinungen die Folgen des langen, von der zartesten Jugend an beginnenden Sitzens hinter den Arbeitstischen in heißen, überfüllten, von üblen Leim- und Farbengerüchen infizirten Räumen seien. Bei den an den Nähmaschinen in der Webfabrikation und an den Tambourir- und Steppmaschinen in der Posamenten- und Weißwaarenbranche beschäftigten Arbeiterinnen sollen ferner in Folge der fortwährenden Bewegung mit den Füßen Erkrankungen, besonders Nervenreiz und weißer Fluß, und bei den in den Appreturanstalten beschäftigten in Folge der in den Stärkeräumen herrschenden Feuchtigkeit rheumatische Leiden beobachtet werden.

Nach sachverständigen Angaben erzeugt das lange Stehen bei der Arbeit in manchen Industriezweigen, wie Maschinenweberei u. s. w., Neigung zu Krampfadern an den Beinen, und bei den Andreherinnen in den Spinnsälen seien in Folge der Wasserdämpfe und der sich daraus bildenden tropfbaren Niederschläge, Hautgeschwüre und Entzündungen nicht seltene Erscheinungen.

Besondere Gefahren bringt nach der fast übereinstimmenden Ansicht der Vernommenen die Beschäftigung der Cigarrenarbeiterinnen mit sich: die Einlage zu den Cigarren pflegt meist auf Horden innerhalb der Arbeitsräume getrocknet und der noch feuchte Tabak in mit Deckeln versehenen verschließbaren Kasten aufbewahrt zu werden, welche von den Arbeiterinnen als Sitze benutzt werden. Werden nun diese Kasten behufs der Herausnahme des Tabacks geöffnet, so müssen die schädlichen Dünste den Arbeiterinnen unmittelbar in die Athmungsorgane dringen.* Die Cigarrenarbeiterinnen leiden daher sehr oft an Schwindel, Eingenommenheit des Kopfes, Lungenkrankheiten, wohl auch an chronischer Nikotinvergiftung. In einer Stadt des Bezirkes Leipzig, wo die Taback- und Cigarrenindustrie vorherrschend ist, verhält sich nach Ausweis der Kirchenbücher aus den letzten 10 Jahren die Zahl der aus den Kreisen der Cigarrenfabrikarbeiter verstorbenen Frauen zu den aus anderen Berufskreisen verstorbenen Frauen

in der Altersklasse von 20 bis 30 Jahren wie 1 : 3,
in der Altersklasse von 30 bis 40 Jahren wie 1 : 2,

dagegen

in der Altersklasse von 40 bis 50 Jahren wie 1 : 12,

so daß die Lebensdauer der ersteren ganz besonders in den Altersstufen von 20 bis 40 Jahren eine verhältnißmäßig kürzere zu sein scheint. Ein Sachverständiger meint, es werde fast allgemein angenommen, daß 80 Prozent aller Cigarrenarbeiter in Folge ihrer Beschäftigung an der Schwindsucht sterben.

Bei der Frage, ob sich der Gesundheitszustand der Arbeiterfamilien im allgemeinen als besonders ungünstig erweise, namentlich durch kürzere Lebensdauer der Frauen, größere Sterblichkeit der Säuglinge, Verkümmerung der Kinder in der späteren Jugend und ungünstige Ergebnisse der Aushebung, gehen die Ansichten weit auseinander: viele Sachverständige haben eine Antwort mit dem Bemerken abgelehnt, daß eine solche im Mangel genauer statistischer Nachweise kaum sicher und zutreffend zu geben sein werde. Die Mehrzahl der Arbeitgeber und Arbeitnehmer und auch ein Theil der übrigen Sachverständigen sind der Ueberzeugung, daß der Gesundheitszustand der Arbeiterfamilien besonders ungünstig sich nicht darstelle, im Gegentheile die Fabrikarbeiter und namentlich die weiblichen kräftiger und gesünder seien, als die in der Hausindustrie beschäftigten Arbeiter: bei der auch auf den Dörfern zunehmenden Wohnungsnoth sei die Arbeit in der Fabrik der im Hause meist weit vorzuziehen, da hier ein und derselbe Raum meist den verschiedensten Zwecken zu dienen habe; die Fabrikarbeit bedinge ferner eine viel größere Regelmäßigkeit in der Arbeit wie in der Erholung, und das komme der Gesundheit zweifellos zu Gute; sie ermögliche durch ihre Löhne meist eine bessere Ernährung. Die kümmerlichsten Existenzen finden sich viel weniger unter den Arbeiterinnen der verschiedenen Fabriken, als unter denen, die bald diese, bald jene Arbeit ergreifen; den schlechtesten Gesundheitszustand, die verkümmertsten Kinder und die größte Sterblichkeit unter den Säuglingen weise die verfallende Hausindustrie unter den Webern und Strumpfwirkern auf. Dagegen geht die Minorität von der Ansicht aus, daß in Folge der nachtheiligen Einflüsse der Fabrikarbeit die Lebensdauer der Frauen allerdings eine verhältnißmäßig kurze sei: einer der Bezirksärzte behauptet auf Grund statistischer Zusammenstellungen der Sterbefälle in verschiedenen Fabrikorten, daß weit mehr Frauen als Männer an Tuberkulose zu Grunde gehen und daß insbesondere in den Altersklassen zwischen 20 und 50 Jahren die Zahl der an Tuberkulose gestorbenen Frauen das Doppelte der dieser Krankheit erlegenen Männer betrage. Auch zum Beweise für die größere Sterblichkeit der Säuglinge in den Arbeiterfamilien werden von einigen Aerzten statistische Belege beigebracht. So sind in einer Fabrikstadt des Zwickauer Bezirkes im Laufe eines Jahres 459 Kinder geboren worden; hiervon starben im 1. Lebensjahre 169 (36 Prozent), von denen, den angestellten Erörterungen zufolge, 98 gar nicht und nur 32 voll gestillt worden waren. In einer anderen Fabrikstadt desselben Bezirkes sind von 428 Kindern 185 (43 Prozent) im 1. Lebensjahre gestorben, von denen 98 gar nicht, 23 voll und von den übrigen nur 2 über 20 Wochen lang gestillt worden waren. In einer dritten Fabrikstadt haben im Jahre 1873 48 Prozent, im Jahre 1874 41 Prozent sämmtlicher gestorbenen Kinder das Alter von 1 Jahr nicht erreicht, und zwar entstammte die große Mehrzahl dieser Kinder Arbeiterfamilien. Ganz besonders ungünstig stellt sich das Verhältniß in einer anderen ebenfalls an Fabriken reichen Stadt desselben Bezirkes dar: hier starben im Jahre 1874 731 Personen, darunter 510 Kinder und 406 unter 1 Jahr. Nach den Angaben der betreffenden Aerzte muß zwar die größere Kindersterblichkeit in den Arbeiterfamilien zum Theil auf Rechnung der ungünstigen Wohnungsverhältnisse gebracht werden, ihr Hauptgrund ist aber zweifellos darin zu suchen, daß die Mütter der Arbeit in den Fabriken nachgehen, daß das Ernähren der Kinder an der Brust der Mutter mehr und mehr abnimmt oder doch trotz aller ärztlichen Belehrung nur sehr kurze Zeit fortgesetzt wird, daß die Kinder an Stelle der Pflege durch die Mutter der Wartung durch ältere Geschwister überlassen bleiben. Derselbe Uebelstand soll freilich nach anderen Angaben namentlich hinsichtlich der unehelichen Kinder auch in der Hausindustrie beobachtet werden. Ein Geistlicher bezeichnet ganz besonders die Mortalität unter den außerehelichen Kindern der Fabrikarbeiterinnen als eine unverhältnißmäßig große; überhaupt scheine ihm der Tod der Kinder, sei es der ehelichen oder unehelichen, gerade auf die Eltern, welche dem Fabrikarbeiterstande angehören, wenig Eindruck zu machen; dies sei vielleicht daraus zu begründen, daß die Fabrikarbeit überhaupt die Entwickelung des individuellen Bewußtseins, des Selbstgefühles, hemme. Wenn der Arbeiter sich als Annex der Maschine fühle, so werde sein eigenes Wesen und sein häusliches Leben mechanisch.

Von Verkümmerung der Kinder in der späteren Jugend ist fast nirgends die Rede, auch tritt nur selten die Behauptung auf, daß die Aushebungsergebnisse unter der Arbeiterbevölkerung bisher besonders ungünstig gewesen seien.

Aus den verschiedenen Mittheilungen ist zu schließen, daß die Verhältnisse am ungünstigsten in denjenigen Fabrikstädten und Industriezweigen liegen, in denen die verheiratheten Frauen, gleichviel ob sie der Pflege bedürftige Kinder zu Hause haben oder nicht, in den Fabriken fortzuarbeiten pflegen. Dies scheint aber nicht überall die Regel zu bilden: aus den Bezirken Zwickau, Leipzig und theilweise auch Dresden und Bautzen wird hier und da berichtet, daß solche Fälle, wo beide Eltern auf Fabrikarbeit ausgehen, während noch schulpflichtige Kinder vorhanden sind, die Ausnahme bilden und daß die verheiratheten Frauen nach der Geburt des zweiten Kindes die Fabrikarbeit meist aufzugeben pflegen. Aus dem Bezirke Bautzen wird mitgetheilt, daß in den dasigen Ziegeleien die Frauen häufig ihre Kinder, selbst die kleinsten, in Kinderwagen mit zur Arbeit bringen; da sie im Akkord arbeiten, seien sie in keiner Weise behindert, von Zeit zu Zeit nach denselben zu sehen. In der Stickindustrie des Voigtlandes soll es Gebrauch sein, nur solche Frauen in geschlossenen Etablissements zu beschäftigen, die höchstens ein Kind haben, während die Mütter im übrigen zu Hause für die Fabrik zu arbeiten pflegen.

Gleich verschieden lauten die Ansichten über die sozialen, insbesondere die Sittlichkeitsverhältnisse der Fabrikarbeiterfamilien.

Von mehreren Seiten wird betont, daß die Sittlichkeitsverhältnisse unter der Arbeiterbevölkerung allerdings zu wünschen übrig lassen. Es sei ganz natürlich, meint ein Industrieller, daß bei dem täglichen Zusammenleben vieler jüngerer und älterer Personen männlichen und weiblichen Geschlechtes ein roher, Gutes und Edles verachtender Ton im Umgange sich einschleiche, der auch ein sittlich gut angelegtes Individuum mit guten Grundsätzen endlich angreife. In den Sittlichkeitsverhältnissen sei ein Unterschied zwischen den Familien, deren Haupt und Glieder in der Fabrik arbeiten, und anderen Familien zu Ungunsten der ersteren nicht zu verkennen. Ein Geistlicher erklärt, das Fabrikleben sei und bleibe der Tod des Familienlebens: einen unwiderleglichen Beweis, wie demoralisirend die Fabrikarbeit auf die weibliche Bevölkerung einwirke, findet derselbe darin, daß von 66 Bräuten, die im Laufe eines halben Jahres sich bei ihm zum Aufgebot meldeten, 36 als Jungfrau aufgeboten werden konnten; 30 der Bräute waren Fabrikarbeiterinnen und von ihnen konnten nur 6 auf jenes Prädikat Anspruch erheben. Ein anderer Seelsorger meint, Fabrikarbeiterin und liederliches Weibsbild seien gleichbedeutende Begriffe; in vielen Fällen trete dieselbe bald nach ihrem Eintritte in die Fabrik in ein näheres Verhältniß zu dem Aufsichtspersonal und erwerbe auf Kosten ihrer Unbescholtenheit besondere Vergünstigungen in der Arbeit. Ein Arbeiter konstatirt denselben Mißstand, indem er erklärt, die Arbeiterinnen zeigen um deswillen größere Willjährigkeit gegenüber ihren Prinzipalen oder den männlichen Aufsehern, weil von diesen ihr Verdienst abhängig sei. Die Unsittlichkeit unter den Arbeitern männlichen und weiblichen Geschlechts werde außerdem durch den Mißstand genährt, daß in vielen Fabriken Männern und Frauen gemeinschaftliche Aborte zugewiesen seien. Die Brutstätten der Verderbniß findet ein Geistlicher des Zwickauer Bezirkes in den Maschinenstickstuben; hier arbeiten an einer Maschine ein Sticker, eine 14= bis 20jährige Aufpasserin und mehrere sogenannte — noch schulpflichtige — Fädelmädchen; die Aufpasserin falle in der Regel der Verführung zum Opfer, auch die Mädchen würden sehr bald gründlich verdorben. In Papierfabriken, wo Männer, Frauen und Kinder gemeinschaftlich beschäftigt sind, kommen nach Angabe eines Fabrikdirigenten nicht selten Unsittlichkeiten zwischen den ersteren in Gegenwart der Knaben und Mädchen vor.

Ueber die bei Fabrikarbeiterinnen häufig vorkommenden unehelichen Geburten wird gleichfalls von verschiedenen Seiten geklagt; dieselben betragen an vielen Fabrikorten 10 und noch mehr Prozent der gesammten Geburten; oft seien junge Mädchen nur erst in die Fabrik eingetreten und mit der ihnen angewiesenen Arbeit vertraut, so müssen sie wegen Schwangerschaft auch schon wieder entfernt werden.

Unlust und Unfähigkeit der Wirthschaft vorzustehen, zeigen sich bei den verheiratheten Fabrikarbeiterinnen häufig, insbesondere an der unsauberen und unordentlichen Kleidung, sowie an dem sonstigen unreinlichen Wesen ihrer Kinder. Ein Lehrer hebt hervor, daß die Mutter, wenn sie von 6 bis 12 Uhr Vormittags und von 1 bis 7 Uhr Nachmittags in der Fabrik beschäftigt sei, die Pflege der Kinder vernachlässigen müsse; von einem Einflusse der Mutter auf die Bildung des Herzens und Gemüthes ihrer Kinder sei daher nicht die Rede und es sei ganz natürlich, daß Frauen, die vom 12. Lebensjahre an in den Fabriken arbeiten, unfähig seien, die Führung auch nur des einfachsten Hauswesens zu erlernen. Von einigen Geistlichen wird ausdrücklich hervorge=

hoben, daß bei Ehezwistigkeiten die Männer fast stets darüber Klage führen, daß ihre Frauen nicht wirthschaftlich seien und keine Lehre in dieser Beziehung annehmen wollen; sie verstehen weder Wäsche und Kleidung in Ordnung zu halten, noch ein genießbares Essen zuzubereiten. Ein Besitzer ausgedehnter Steinkohlenwerke hat erklärt, er glaube bereits bei dem Eintritte in die Wohnungen seiner zahlreichen Arbeiter sagen zu können, ob die Ehefrau vor ihrer Verheirathung dem Fabrikarbeiterstande angehört habe oder Dienstbote gewesen sei: in dem ersteren Falle pflegen die Wohnungen Unreinlichkeit und Unordnung aufzuweisen, in dem letzteren dagegen gewöhnlich durch Nettigkeit und Sauberkeit sich auszuzeichnen.

Von vielen Seiten wird allerdings ausdrücklich hervorgehoben, daß diese Mißstände einmal in gut geleiteten Fabriken nicht vorkommen können, dann aber auch, daß weniger die Arbeit in der Fabrik, als das Leben außerhalb derselben die Schuld an den Verhältnissen trage. Im allgemeinen seien sogar die Sittlichkeitsverhältnisse der in geschlossenen Etablissements beschäftigten Arbeiter günstiger, als diejenigen der Arbeiter der Hausindustrie, weil um die letzteren der Arbeitgeber sich fast garnicht kümmern könne, die ersteren aber unter steter Aufsicht seien und unter dem zügelnden Einflusse geregelter Thätigkeit verbunden mit scharfer Kontrole stehen. An verschiedenen Beispielen wird gezeigt, welch günstige Verhältnisse unter den Arbeitern Platz greifen, wenn und so lange der Besitzer oder Leiter einer Fabrik nicht blos Arbeitgeber, sondern auch väterlicher Freund der Arbeiter gewesen ist. Von einem Geistlichen wird erwähnt, zu seiner Parochie habe eine Spinnerei gehört, deren Arbeiter musterhaft in ihrem Lebenswandel gewesen seien, so lange ein ehrwürdiger Herr an ihrer Spitze gestanden habe: in dieser Beziehung komme auf die Arbeitgeber sehr viel an, und könne der Staat auch mit den bestgemeinten Gesetzen nicht der einzige Helfer sein. Auch von anderer Seite wird der Ansicht Ausdruck gegeben, daß zwischen dem Handwerks- und Fabrikleben in sozialer Beziehung an sich ein Unterschied nicht zu verspüren und die Arbeiter in gut und würdig geleiteten Fabriken sogar besser daran seien, als die gewöhnlichen Weber. Es sei einmal die Neigung der heutigen Jugend, und nicht nur der jugendlichen Fabrikarbeiter, die freie Zeit auszunutzen, um sich Vergnügungen hinzugeben, welche den ersten Schritt zu vielen Verirrungen bieten. In Folge der häufigen Tanzvergnügungen, über welche man sich besonders in den Kreisen der Arbeitgeber bitter beklagt und die man auch in diesen Kreisen als die Hauptursache vieler sich ergebender Mißstände zu bezeichnen geneigt ist, erscheinen die Arbeiterinnen oft Montags zu spät an der Arbeit. So hat in einer Fabrik des Bautzener Bezirkes die Einrichtung getroffen werden müssen, daß die zu spät kommenden Arbeiterinnen erst Mittags zur Arbeit gelassen werden und sonach des Lohnes für einen halben Tag verlustig gehen.

Von vielen Seiten wird aber überhaupt in Abrede gestellt, daß die sozialen Verhältnisse unserer Fabrikarbeiterbevölkerung ungünstige seien: man behauptet, daß die Familien der Fabrikarbeiter zum mindesten sich wohler befinden, als z. B. die der in der Hausindustrie beschäftigten Strumpfwirker, wo die Frau ebenfalls den ganzen Tag an den Arbeitsstuhl gefesselt sei. In der That hat auch nicht von einer Seite behauptet werden können, daß unter den Fabrikarbeiterfrauen Neigung zur Trunksucht sich zeige; ein Geistlicher erklärt, unter den landwirthschaftlichen und Bauarbeiterinnen habe er mitunter betrunkene Frauen gesehen, unter den Fabrikarbeiterinnen noch nie. Von anderer Seite wird versichert, wenn hier und da unbesonnene, frühzeitige Heirathen vorkommen sollten, so sei dies mehr seitens der Männer zu beklagen, die Braut sei gewöhnlich älter als der Bräutigam. Der Bürgermeister einer Fabrikstadt behauptet, das rohe, zügellose Wesen und die Ausgelassenheit der Fabrikarbeiter sei zweifellos eher im Abnehmen, als im Zunehmen begriffen: auch der Wohlstand der Arbeiterfamilien nehme eher zu als ab; es haben sich gerade in den letzten Jahren eine nicht geringe Anzahl derselben wesentlich in ihren Verhältnissen emporgehoben, wobei den Frauen nicht das kleinste Verdienst zufalle. Wenn früher hier und da die Neigung der Frauen zum Schuldenmachen hervorgetreten sei, so sei dieselbe neuerdings fast ganz verschwunden, hauptsächlich wohl mit Hülfe der bei den Konsumvereinen, deren Mitglieder ja meist Arbeiter seien, bestehenden Einrichtung, daß nur gegen Baarzahlung verkauft wird. Es ist ferner hervorzuheben, daß nur in ganz vereinzelten Fällen über den mangelhaften Schulbesuch der Arbeiterkinder geklagt wird, sowie daß besonders in denjenigen Bezirken, in denen verheirathete Fabrikarbeiterinnen die Ausnahme bilden, versichert wird, daß die Kinder derselben weder in der Pflege, noch in der Erziehung vernachlässigt werden. Der Direktor einer Strafanstalt spricht sich über den ethischen Einfluß der Fabrikarbeit dahin aus, daß dieselbe an Ordnung, Pünktlichkeit und Aufmerksamkeit gewöhne, bei einzelnen Industriezweigen auch an Reinlichkeit; selbst wenn die Arbeit monoton sei, pflege der Geist doch regsamer zu sein, als bei der Landarbeit; durch Zusammenarbeiten mit Anderen werde der Charakter schmiegsamer, es müsse sich Eins ins Andere schicken lernen; das Stöckische und Störrische der in der Landwirthschaft alt Gewordenen könne sich nicht herausbilden. Was Schlechtes man immer den Fabrikarbeiterinnen nachsage, es gelte, wie die Erfahrungen der Gefängnisse und Strafanstalten beweisen, nicht von den Arbeiterinnen aus gut organisirten und gut geleiteten Fabriken, sondern fast ausschließlich von denen, die sich niemals irgendwo fest anschlossen, sondern bald hier bald dort arbeiteten, bei dem steten Wechsel es weder zu einer Leistung, noch einem Lohne brachten und bei jeder Stockung sofort wieder entlassen wurden.

4. Württemberg.

Der Gesundheitszustand der Arbeiterinnen als auch der Arbeiterfamilien wird von den bei weitem meisten Stimmen (insbesondere von den sämmtlichen Handelskammern) als nicht ungünstig geschildert. Wenn die Fabrikarbeiterinnen auch nicht in der gesunden Luft leben, wie die Feldbautreibenden, so haben sie doch eine viel leichtere Arbeit, beginnen dieselbe Morgens später und beenden sie Abends früher und seien Winters in geheizten Lokalen beschäftigt, während die Landleute dann häufig in der Kälte arbeiten müssen. Daher möge es wohl kommen, daß sich so viele Landmädchen zur Fabrikarbeit drängen (Neckarkreis): und wenn die Fabrikarbeiterfamilien in großen Städten oft eine ungünstigere Lage zeigen, so sei es nicht die Arbeit der Frauen in den Fabriken, was etwa auf die Gesundheit schädlich einwirke, schon deshalb nicht, weil in großen Städten weniger die gesundheitsschädlichen Industriezweige betrieben werden, sondern es seien hier ganz andere Ursachen wirkend: schlechte Wohnungen, schlechte Luft, die bekannten sozialen und sittlichen Gebrechen großer Städte u. s. w. In Folge des guten Verdienstes, welchen eine Arbeiterfamilie bezieht, die mehrere Glieder in Fabriken beschäftigt, sei dieselbe, wie eine Handelskammer erklärt, in der Lage, sich eine kräftigere Kost zu verschaffen, was auf die Ernährung der Kinder von günstigstem Einflusse sei; die Fabrikarbeiterfrau sei auch während der Schwangerschaft viel besser daran mit ihrer leichten Fabrikarbeit, als die wenig vermögliche Bäuerin, welche bis kurz vor und wieder bald nach ihrer Entbindung schwere Arbeit zu verrichten habe.

Geleugnet wird freilich nicht, daß die Arbeit in Fabriken mit maschinellen Einrichtungen für das an den Maschinen beschäftigte Personal, für Frauen noch in höherem Grade wegen ihrer Kleidung eigenthümliche Gefahren mit sich bringe (Neckarkreis, Donaukreis); doch wird allseitig bemerkt, daß die Fabrikbesitzer seit neuerer Zeit im eigenen Interesse, besonders im Hinblick auf die Bestimmungen des Haftpflichtgesetzes, diese Gefahren nach Möglichkeit durch Vorkehrungen aller Art zu beseitigen gesucht haben, so daß die hier und da vorgekommenen Unglücksfälle meist der eigenen Unvorsichtigkeit der Arbeiterinnen zu Last fielen.

Nach ärztlichem Ausspruche (Donaukreis) soll allerdings auch der Aufenthalt in den schlecht ventilirten Websälen in Verbindung mit dem anhaltenden Stehen häufig Bleichsucht, Blutleere mit ihren Folgen, Tuberkulose und entzündlichen Plattfuß erzeugen, und bei der erhöhten Temperatur der Arbeitslokale und dem Niederschlage von Staub und Abfällen überhaupt eine ungünstige Wirkung auf die Gesundheit unvermeidlich sein. In mechanischen Webereien finden sich häufig feuchte Fußböden, was rheumatische Uebel und Fußgeschwüre begünstige und bei den Arbeiterinnen in Korsetfabriken werden häufig Unterleibs-, Brust- und Rückenleiden wahrgenommen. Im Schwarzwaldkreise sind bei einzelnen älteren, mit chronischem Katarrh und Lungenemphysem behafteten Arbeiterinnen zufolge des in Spinnereien sich bildenden Staubs asthmatische Zufälle beobachtet worden. In dem Neckarkreise wird darauf aufmerksam gemacht, daß das bleiche Aussehen der in Cigarren- und Wollwaarenfabriken beschäftigten Arbeiterinnen auf schädliche Einflüsse des durch den Geschäftsbetrieb erzeugten Staubes hinweise. Im Jaxtkreise sind besonders bei den Cigarrenarbeiterinnen in Folge der Staubniederschläge, zum Theil wohl auch der Ueberfüllung der mangelhaft ventilirten Arbeitsräume Lungenleiden öfters vorgekommen. Im Donaukreise wird dagegen zwar zugegeben, daß der Niederschlag von Staub in solchen Fabriken dem Einen oder dem Andern schaden könne, aber behauptet, es hänge dies zumeist von der Konstitution des Einzelnen ab und kommme übrigens in allen Geschäftszweigen vor.

Das Sortiren von Haderlumpen in Papierfabriken hat hier und da Hautausschläge, Krätze, sogar Pocken, sowie Bronchialkatarrhe zur Folge gehabt (Donaukreis, Neckarkreis), während aus Ulm berichtet wird, daß der in den Papierfabriken während des Betriebes entstehende Staub um so weniger schade, als die dasigen Arbeitslokale geräumig und mit genügenden Ventilationseinrichtungen versehen seien. Im Donaukreise, wo 17 Zündwaarenfabriken existiren, welche 136 männliche und 47 weibliche Arbeiter beschäftigen, soll der Staub, der sich in solchen Fabriken beim Klopfen und Reiben entwickelt, nach den bisherigen Erfahrungen einen gesundheitsschädlichen Einfluß nicht ausüben; schon viele der darin beschäftigten Arbeiter und Arbeiterinnen haben ein sehr hohes Alter erreicht.

Von mehreren Seiten (Donaukreis, Jaxtkreis) wird über eine verhältnißmäßig große Sterblichkeit der Säuglinge geklagt, allein die Ursache nicht in der ungesunden Fabrikbeschäftigung der Mütter, sondern in dem Mangel der sorgsamen mütterlichen Pflege gefunden, der jedoch notorisch den unteren Volksschichten überhaupt eigen sei. Nach den in dieser Beziehung angestellten statistischen Erhebungen ist die Sterblichkeit der Säuglinge gerade in einigen

Bezirken, in denen nur wenige Arbeiterinnen im Fabrikbetriebe beschäftigt sind, am größten, während andere Bezirke mit entgegengesetzten Arbeiterverhältnissen günstige Kindersterblichkeitsziffern aufweisen.

Daß die Kinder der Arbeiterfamilien in den späteren Jahren häufig der Verkümmerung entgegengehen, will von keiner Seite wahrgenommen sein, und über ungünstige Gesundheitsverhältnisse in der erwachsenen Jugend, wie solche namentlich in dem Ergebnisse der Aushebung hervortreten, wird nur in einem Bezirke des Donaukreises geklagt.

Eine unvortheilhafte Schilderung von den Gesundheitsverhältnissen der Arbeiterfamilien entwirft der sozialdemokratische Arbeiterverein in Stuttgart; der Gesundheitszustand der Arbeiterinnen sei einestheils in Folge ihres erbärmlichen Verdienstes, dann aber auch in Folge der mangelhaften Ventilation der Arbeitsräume, in denen männliche und weibliche Arbeiter „zusammengepfercht" seien, schwer geschädigt; skrophulöse Krankheiten, Schwindsucht, Bleichsucht seien bei denselben an der Tagesordnung; kurze Lebensdauer der Frauen, große Sterblichkeit unter den Säuglingen sei durch die statistischen Erhebungen nachgewiesen.

In den sozialen Verhältnissen der Arbeiterbevölkerung lassen die Erhebungen auf große Unterschiede unter den eigentlichen Fabrikarbeiterinnen und der übrigen auf Hausarbeit angewiesenen weiblichen Bevölkerung nicht schließen. Die Sittlichkeitsverhältnisse unter den ersteren seien, bemerkt man vorwiegend, nicht ungünstig; ja, es finde sich unter den außerhalb der Fabrikarbeit stehenden Arbeiterinnen häufig mehr Verkommenheit (Schwarzwaldkreis); im Allgemeinen habe man noch einen Bruchtheil sehr wackerer Arbeiter, den man aber gerade in den Fabriken mehr vertreten finde, als unter den übrigen Arbeitern (Neckarkreis).

Neigung zur Trunksucht unter den Arbeiterinnen wird allseitig als eine große Seltenheit bezeichnet, und nur seitens eines Pfarrers ist geklagt worden, daß die ledigen Arbeiterinnen eine starke Neigung zum Wirthshausbesuche, besonders an Sonntagen, zeigen. Unbesonnene frühzeitige Eheschließungen sind allerdings im Neckarkreise und Donaukreise mehrfach beobachtet worden und als eine wesentliche Ursache des Elends in manchen Familien erkannt. Ein Geistlicher führt den Uebelstand darauf zurück, daß Jünglinge und Mädchen in Folge der gemeinschaftlichen Beschäftigung in denselben Fabriken überaus früh in ein geschlechtliches Verhältniß zu einander treten. Eine Behörde des Neckarkreises erklärt dagegen diesen Mißstand dadurch, daß bei den Fabrikarbeitern die Gründung eines eigenen Hausstandes nicht durch die Nothwendigkeit, Handwerkszeug anzuschaffen und einiges Grundeigenthum zu erwerben, erschwert werde, vielmehr in der Regel schon das Zusammenwerfen des beiderseitigen Verdienstes das Heirathen ermögliche.

Von einem Ueberwiegen unehelicher Geburten in der Fabrikbevölkerung ist nicht die Rede. In der Stadt Reutlingen sind bei einer stark mit industriellen Elementen durchsetzten Bevölkerung von 15,000 Einwohnern in einem der letzten Jahre 33, in dem darauffolgenden Jahre nur 18 uneheliche Geburten vorgekommen; im Spitale zu Heilbronn sind in sechs Jahren (1868 bis 1873) 93 Personen unehelich entbunden worden, darunter 47 Fabrikarbeiterinnen. Unter 264 an Syphilis Erkrankten, die in derselben Zeit in der weiblichen Abtheilung dieses Spitals behandelt wurden, befanden sich etwa 12 Prozent Fabrikarbeiterinnen. In Stuttgart wird übrigens hervorgehoben, daß in den meisten Fällen die betreffenden Arbeiterinnen schon bei ihrem Eintritt in die Fabrik schwanger seien und eben aus diesem Grunde ihr früheres Dienst- oder Arbeitsverhältniß aufgegeben haben.

Die Urtheile darüber, inwieweit die Arbeiterfrauen ihrer Aufgabe in dem Familienleben gerecht werden, sind getheilt; während einerseits behauptet wird, es werde schwer nachzuweisen sein, daß in dieser Beziehung die Fabrikarbeiterfamilien hinter jenen anderer Arbeiter zurückständen (Neckarkreis), es sei eine der Fabrikbevölkerung zuzurechnende Vernachlässigung des Familienlebens nicht bemerklich (Schwarzwaldkreis), der Schulbesuch der Kinder dieser Familien sei geregelt (Schwarzwald-Jagt-Donaukreis), spricht man sich von geistlicher Seite im Neckarkreise dahin aus, daß die Kinder solcher Familien fast immer in verwahrlostem Zustande, in zerrissenen Kleidern, in Krankheitsfällen ohne die nöthige Pflege angetroffen werden, daß an der Unordnung und Unsauberkeit in Küche und Stube, an dem mangelhaften Zustande des Weißzeuges die Unfähigkeit oder Unlust der Hausfrauen, ihrer Wirthschaft vorzustehen, bald erkannt werde. Nach den Mittheilungen aus gleicher Quelle (Jagtkreis), soll es allerdings unter den Fabrikarbeiterinnen manche geben, die vom Haushalte nichts verstehen, sie hätten aber auch viel zu wenig Zeit übrig, um sich demselben zu widmen, und so müsse das Reinigen der Wohnungen, die Sorge für die Wäsche und Kleider u. s. w. auf den Sonntag verlegt werden. Dadurch gehe der Familie der Segen der stillen freundlichen Ruhe und Häuslichkeit wenigstens für den Sonntagmorgen verloren, der Gottesdienst werde verabsäumt, der übrig bleibende Theil des Tages dagegen oft um so hastiger dem Vergnügen gewidmet. Aus dem sozialdemokratischen Arbeiterverein zu Stuttgart ist die Erklärung eingegangen, daß es mit der Fähigkeit der Frauen, der Wirthschaft vorzustehen, immer schlechter geworden sei, sie zögen das einförmige, regelmäßige Arbeiten in der Fabrik der Sorge für die mancherlei Haushaltungsgeschäfte vor. Der Arbeiterverein zu Göppingen betont ebenfalls, es liege auf der Hand, daß das Familienleben dadurch gestört werde, daß Mann und Frau zu gleicher Zeit in der Fabrik beschäftigt seien; die jüngeren Kinder würden dann sich selbst überlassen, zu Hause eingesperrt oder zu fremden Leuten in die Kost gegeben, von Erziehung und sorgsamer Pflege dieser Kinder sei nicht viel die Rede. Auch ein Lehrerkonvent im Donaukreise spricht sich dahin aus, daß hinsichtlich der Zucht und Sittlichkeit die Mehrzahl der Arbeiterkinder hinter den anderen Schulkindern in Folge der mangelnden häuslichen Aufsicht zurückstehe.

5. Baden, Hessen.

Abgesehen von dem ungünstigen Einflusse, welchen die sitzende Lebensweise und der längere Aufenthalt in geschlossenen, oft nicht genügend ventilirten Räumen auf das äußere Aussehen oder auch auf das allgemeine Befinden der Fabrikarbeiterinnen äußert, zeigen sich häufig Lungenkrankheiten da, wo Staub die Arbeitsräume erfüllt, besonders in den Spinnereien, Hartgummi-, Bürsten-, Papier- und Tabackfabriken. In einem Bezirke Hessens wird insbesondere von den Tabackarbeiterinnen gesagt, daß ihre Gesichtsfarbe ungesund, die Haut schlaff und faltig erscheine, daß Kratzen im Halse, stechende Schmerzen seitlich des Thorax und Störungen in der Menstruation häufig seien. Die Ursache dieser Erscheinungen wird indeß nur zum Theil in der Beschäftigung in geschlossenen, überfüllten, mit narkotischen Dünsten angefüllten Räumen gefunden, theilweise auch in der zu kurzen Ruhezeit während des Mittags und in dem unzureichenden, wenig nahrhaften Mittagessen, welches meist aus einem von zu Hause mitgebrachten Stück Brot bestehe. Im Gegensatze zu diesen Wahrnehmungen erklärt der Arzt einer der größten Cigarrenfabriken Hessens, daß er in seiner dreizehnjährigen Praxis keinen nachtheiligen Einfluß der Beschäftigung in diesem Industriezweige wahrgenommen habe.

Hervorgehoben wird noch in Hessen, wie die Arbeit in Hasenhaarschneidefabriken, wo Haarstäubchen und die in den Fabrikabfällen sich befindenden Quecksilbertheilchen eingeathmet werden, auf die nicht mit starker Brust ausgestatteten Personen schädlich wirke. Auch bei den Arbeiterinnen der Zündholzfabriken finden sich Lungenkatarrhe, Tuberkulose und vorzeitige Abnahme der Körperkräfte häufiger, als bei anderen Frauen; dagegen soll in den letzten 10 Jahren in Folge der verbesserten Fabrikeinrichtungen und der besseren Lebensweise der Arbeiter Nekrose nur ein einziges Mal vorgekommen sein.

Die in den Porzellanfabriken Badens früher häufiger beobachteten Fälle der Vergiftung durch das zum Färben der Porzellanmasse verwendete Chromblei sind seit dem Wegfalle der Verwendung gesundheitsschädlicher Farbstoffe nicht mehr bemerkt worden.

Daß die maschinellen Einrichtungen für die Arbeiterinnen gefährlich seien, wird nur von je einer Seite in Baden und Hessen besonders mit Rücksicht auf die weibliche Kleidung hervorgehoben.

Die Gesundheitsverhältnisse der Arbeiterfamilien werden als günstig bezeichnet, wenigstens sollen sich die Mißstände einer kürzeren Lebensdauer der Frauen, größeren Sterblichkeit der Säuglinge, Verkümmerung der Kinder in der späteren Jugend bei den Arbeiterfamilien in nicht höherem Maße, als in der übrigen Bevölkerung finden. Vereinzelt tritt in Hessen die Behauptung auf, daß bei den Säuglingen allerdings in Folge der mangelnden Pflege eine größere Sterblichkeit und bei den Kindern derjenigen Familien, deren Glieder in Glasfabriken arbeiten, überhaupt eine Verkümmerung zu bemerken sei.

Die sozialen Verhältnisse der Fabrikarbeiterbevölkerung sollen sich im Ganzen und Großen nicht wesentlich von denen der Arbeiter des Kleingewerbes, der ländlichen Arbeiter, Tagelöhner und anderer für den Vergleich naheliegenden Klassen unterscheiden. Neigung zur Trunksucht ist in Hessen nur bei den Arbeiterinnen einer Glasfabrik, wo während der Arbeit zur Stärkung Branntwein gereicht werden soll, bemerkt worden. Uneheliche Geburten kommen nicht häufiger, theilweise eher seltener, als bei den ländlichen Arbeiterinnen, Dienstboten u. s. w. vor (Baden). In einem Bezirke Hessens fallen 70 Prozent der unehelichen Geburten auf die Dienstboten, und in einer Fabrik, die durchschnittlich 35 bis 40 Mädchen beschäftigt, sind in einem Zeitraume von 5 Jahren nur 6 uneheliche Geburten zu verzeichnen gewesen.

Von einer Vernachlässigung des Familienlebens seitens der verheiratheten Fabrikarbeiterinnen ist im Allgemeinen nicht die Rede, wenn auch bemerkt wird, daß selbstverständlich die Beschäftigung der Mädchen nicht günstig auf deren Ausbildung zu Hausfrauen wirken könne, und daß ebenso die Abwesenheit der Frau vom Hause das Familienleben nicht gerade fördere. Von einigen Seiten in Baden wird den Fabrikarbeiterinnen sogar das Lob guter Wirthschaftsführung gespendet und bemerkt, daß durch den Verdienst in der Fabrik die Wohlstandsverhältnisse der Arbeiterfamilien ganzer Gemeinden sich gehoben haben. Auch in einem Bezirke Hessens wird gerade von den Kindern der Fabrikarbeiter behauptet, daß bei ihnen Schulversäumnisse besonders selten seien. Vielleicht ist der von einer Seite ausdrücklich hervorgehobene Umstand hierbei nicht ohne Einfluß, daß in Hessen die Arbeiter nur dann Fabrikmädchen zu heirathen pflegen, wenn sie noch einige Zeit Dienstboten gewesen sind und in der Haus- und Landwirthschaft etwas gelernt haben.

6. Mitteldeutsche Staatengruppe.

Als ein besonderer Mißstand wird es in Sachsen-Altenburg bezeichnet, daß die Größe der Arbeitsräume in den meisten Industriezweigen in einem ungünstigen Verhältnisse zur Zahl der in denselben beschäftigten Arbeiter stehe; es lasse sich dies daraus erklären, daß die letzteren häufig durch jugendliche Arbeiter, die nicht im Lohne des Fabrikanten, sondern der erwachsenen Arbeiter stehen, unterstützt werden, und daß deren Anwesenheit bei der Raumvertheilung nicht berücksichtigt worden sei. In Schwarzburg-Rudolstadt wird als der Abhülfe bedürftig der Uebelstand bezeichnet, daß die Trockenräume in einzelnen Porzellanfabriken zugleich als Arbeitsräume benutzt zu werden pflegen.

Daß die maschinellen Einrichtungen in einigen Fabriken Gefahren mit sich bringen, wird bestätigt in Sachsen-Weimar: „den hierdurch bedingten Gefahren wird durch den Erlaß besonderer Bestimmungen vorgebeugt, die in der Fabrik angeschlagen sind", in Anhalt: „in Zuckerfabriken, wo übrigens die Beschäftigung der Frauen seit Einführung des sogenannten Macerationsverfahrens erheblich abgenommen hat, Spinnereien, Tuch- und Papierfabriken, überhaupt da, wo maschinelle Einrichtungen mit Kamm- und Zahnrädern und Treibriemen vorhanden sind, ist die Beschäftigung für Frauen mit einiger Gefahr verknüpft, doch wird möglichst für deren Verringerung durch Anbringung schützender Barrieren, Deckel und Zusammenbinden der Kleider mit Riemen Sorge getragen", Schwarzburg-Rudolstadt und Reuß ä. L., während in Sachsen-Meiningen, Sachsen-Altenburg und Schwarzburg-Sondershausen versichert wird, daß bei Anwendung gehöriger Vorsicht eine besondere Gefahr für die Arbeiterinnen nicht vorhanden sei. Bei den Arbeiterinnen in den Porzellanfabriken von Sachsen-Meiningen und Schwarzburg-Rudolstadt wird theilweise zu Folge der Beschäftigung in überwarmen, zugleich zum Trocknen der Waaren benutzten Zimmern, deren Luft mit Niederschlag von Staub und Fabrikationsabfällen gefüllt ist, Neigung zur Tuberkulose („Fabrik"- oder Porzellankrankheit") wahrgenommen, während aus Sachsen-Koburg-Gotha mitgetheilt wird, daß in den dasigen Fabriken dieser Art überall mit Sorgfalt für Beseitigung des Staubes, Reinigung der Arbeitsräume und Ventilation gesorgt werde und nachtheilige Einflüsse der Arbeit auf die Gesundheit der bezüglichen Arbeiterinnen bisher nicht wahrgenommen seien.

Die Arbeiterinnen in den Fabriken für Kurzwaaren, Stahlfedern, Näh- und Stecknadeln sollen Erkrankungen an Bleikolik ausgesetzt sein, da die antheiligen Bestandtheile des Bleiweißes sich theils von den damit infizirten Kleidern dem Körper mittheilen, theils durch Außerachtlassung der Vorsichtsmaßregeln beim Genuß der Mahlzeiten innerhalb der Fabrik in die Speisen übergehen (Sachsen-Weimar). In den Spielwaarenfabriken von Sachsen-Meiningen und Sachsen-Koburg-Gotha zeigen die Arbeiterinnen, vermuthlich aus Anlaß der anhaltenden sitzenden Lebensweise, der zu langen, wenngleich nicht anstrengenden Arbeit und der überwarmen, mit Ausdünstungen der Farbe des schmelzenden Wachses und lästigem Staube gefüllten Luft der Arbeitsräume Neigung zur Bleichsucht. Die früher wahrgenommene Bleikolik scheint in neuerer Zeit theis in Folge des Versetzens des Bleiweißes mit Schwerspath, theils in Folge besserer Ventilationen weniger oder gar nicht aufzutreten.

Außerdem sind ungünstige Einwirkungen der Arbeit auf die Gesundheit der Arbeiterinnen in Streich- und Kammgarnspinnereien und Färbereien (Sachsen-Weimar, Sachsen-Meiningen, Reuß-Greiz), Tuchfabriken (Sachsen-Weimar), Papier- und Cigarrenfabriken (Sachsen-Meiningen, Sachsen-Altenburg, Sachsen-Koburg-Gotha, Schwarzburg-Rudolstadt) in Folge des unvermeidlichen Einathmens von Staub wahrgenommen worden, doch wird überall behauptet, daß diese Uebelstände in neuerer Zeit eher ab- als zunehmen.

Der Gesundheitszustand der Fabrikarbeiterfamilien wird im Großen und Ganzen als günstig geschildert, wenn auch für zuverlässige Beurtheilung desselben genügende Anhaltspunkte in den meisten Staaten fehlen.

Einzelne Aerzte in Sachsen-Meiningen wollen innerhalb der Porzellan- und Spielwaarenindustrie bei den Frauen kürzere Lebensdauer und bei den Säuglingen größere Sterblichkeit, aber nicht blos für den Bereich der eigentlichen Fabrikarbeit, sondern auch für den der Hausindustrie wahrgenommen haben; ebenso soll sich unter den Kindern der Porzellandreher Skrophulose und Tuberkulose bemerkbar machen. Die Ergebnisse der Aushebung zeigen sich hier und in Sachsen-Koburg-Gotha an Orten, wo die Glas-, Spielwaaren- und Porzellanindustrie betrieben wird, als nicht günstig, doch wird dies nicht der Beschäftigung der Arbeiterinnen (Sachsen-Koburg-Gotha), sondern dem Umstande zugeschrieben, daß die jungen Leute durch Tragen von Lasten auf hochgelegene Grundstücke an starken Hälsen leiden, und daß dieselben größtentheils schlecht genährt sind (Sachsen-Meiningen). Auch in Reuß ä. L. wird behauptet, daß wenn hier und da die Gesundheitsverhältnisse der Fabrikarbeiterbevölkerung nicht befriedigend seien, dies nicht auf die Arbeitsverhältnisse zurückgeführt werden könne, sondern auf die große Armuth und den geringen Verdienst der betreffenden Familien.

Nach statistischen Erhebungen in Anhalt sollen dort im Jahresdurchschnitte noch nicht 2,5 Prozent der Bevölkerung sterben: an allen den Orten, wo dieser Durchschnittssatz seit einer Reihe von Jahren überschritten worden, sei reiche Fabrikthätigkeit vorhanden, während allerdings auf der anderen Seite auch Ortschaften mit Fabrikbetrieb den Durchschnittssatz noch nicht erreichen.

Was die sozialen Verhältnisse der Fabrikarbeiterbevölkerung betrifft, so wird zum Theil über die Häufigkeit unehelicher Geburten unter derselben geklagt. In einer Garnfabrik in Sachsen-Weimar, in welcher 12 ledige Arbeiterinnen beschäftigt sind, haben 5 und von 205 in einer anderen Fabrik beschäftigten Arbeiterinnen 41 unehelich geboren. In Anhalt und Schwarzburg-Rudolstadt sind dieselben Klagen erhoben worden, ohne daß aber, wie bemerkt wird, für Orte mit größerer Fabrikthätigkeit bisher statistisch die Berechtigung der Klage hat nachgewiesen werden können. In der Stadt Zeulenroda (Reuß ä. L.) werden die unehelichen Geburten auf 10 bis 12 Prozent der jährlichen Geburten veranschlagt, und bemerkt, daß sich dieser Prozentsatz deshalb als ein verhältnißmäßig niedriger darstelle, weil die Verhältnisse dort noch vielfach zu einem schnellen Heirathen nach eingetretener Schwangerschaft treiben.

Diesen Erscheinungen gegenüber ist von anderer Seite auch wieder hervorgehoben, daß die sozialen Verhältnisse der in der Hausindustrie beschäftigten Bevölkerung nicht günstiger, und die in den Ackerbauorten, namentlich was außereheliche Geburten anlange, häufig weniger günstig seien: wo es früher an Arbeitsgelegenheit gefehlt habe, habe sogar die Einführung der Fabriken und der Beschäftigung von Arbeiterinnen darin unverkennbar günstig gewirkt; nur in den Cigarrenfabriken erweise sich die Abhängigkeit der Wickelmacherinnen von den Cigarrenarbeitern als besonders nachtheilig; die Uebertragung syphilitischer Krankheiten von letzteren auf die ersteren sei nicht selten wahrgenommen worden (Sachsen-Weimar, Sachsen-Meiningen). Auch in Sachsen-Koburg-Gotha ist von einer Seite wenigstens die Befürchtung ausgesprochen worden, daß das Zusammenarbeiten beider Geschlechter in solchen Fabriken mit der Zeit einen ungünstigen Einfluß auf die Sittlichkeitsverhältnisse ausüben werde.

Von auffälliger Vernachlässigung des Familienlebens seitens der Fabrikarbeiterfrauen will man nirgends wissen. Nur in Reuß ä. L. ist wohl über eine vernachlässigte Pflege und Erziehung der Kinder geklagt worden, und mangelhafter Schulbesuch der Arbeiterkinder soll zuweilen mit der Unmöglichkeit der Beaufsichtigung der Kinder entschuldigt werden (Sachsen-Weimar, Sachsen-Altenburg, Reuß ä. L). Auch in Sachsen-Meiningen wird zugegeben, daß Frauen, welche von Jugend auf in der Fabrik gearbeitet haben, in der Regel Kenntniß und Uebung in den häuslichen und landwirthschaftlichen Verrichtungen fehle und daß es nicht immer gelinge, solche nachzuholen: zuweilen möge auch die Lust dazu fehlen oder der verzärtelte Körper sich an schwerere Arbeit nicht mehr gewöhnen; es lasse daher häusliche Pflege, Erziehung der Kinder, Führung der Hauswirthschaft hier und da zu wünschen übrig. Doch pflegen in der Regel die Arbeiterinnen spätestens mit der Verheirathung oder doch bald darnach die Fabrik zu verlassen; die in Fabriken fortarbeitenden Frauen seien meistens kinderlos oder in der Lage, die Sorge für Haushalt und Kinder den bei ihnen wohnenden Eltern oder sonstigen Verwandten zu überlassen.

7. Norddeutsche Staatengruppe.

Die Gesundheitsverhältnisse der Fabrikarbeiterinnen und ihrer Familien werden durchgehends als günstig bezeichnet, wenn auch in Oldenburg ausdrücklich darauf hingewiesen wird, daß die Organisation der Geburts- und Sterblichkeitsstatistik noch keine derartige sei, daß speziell für die verschiedenen Berufsarten diese Frage näher erforscht werden könnte.

In Mecklenburg-Schwerin wird konstatirt, daß die Beschäftigung der Arbeiterinnen in der Nähe der Maschinen in Papier- und Tuchfabriken, etwaiger Schutzvorrichtungen ungeachtet, bei einiger Unvorsichtigkeit gefahrbringend sei. Dasselbe wird in Oldenburg und Hamburg von der Beschäftigung der Frauen an den Haspel- und Spinnmaschinen in den Spinnereien und von der Arbeit des Unterlegens der Baumwolle unter die Walzen in den Wattenfabriken erwähnt.

Die Arbeit an den Nähmaschinen in den Schirmfabriken Hamburgs, und zwar sowohl das Treten dieser Maschinen, als das Sitzen in gebückter Stellung soll regelmäßig Störungen in der Ernährung herbeiführen. Das Haspeln in Garnfärbereien (Hamburg) sowie das Arbeiten in Porzellanfabriken (Braunschweig) verursacht viel Staub, dem in den ersteren außer Wolltheilen doch auch gewisse Bestandtheile der nicht immer unschädlichen Farbstoffe beigemengt sind, und ist nach Ausspruch der Arbeiter und Aerzte der Gesundheit nachtheilig, wiewohl hiervon die Fabrikanten in Hamburg nichts bemerkt haben wollen. In Oldenburg haben dergleichen gesundheitsschädliche Einwirkungen des Niederschlags von Staub und Fabrikationsabfällen selbst in Glas- und Zeugstofffabriken nicht konstatirt werden können. In Lippe wird behauptet, daß bei dem Sortiren von Lumpen das Entstehen von Krankheiten in Folge der Staubniederschläge und Ansteckungsstoffe blos für brustschwache oder augenkranke Arbeiterinnen zu befürchten sei. In einer Zündwaarenfabrik in Schwerin ist bei zwei alten Arbeitern, welche Jahre lang das Anrichten der flüssigen Schwefel- und Phosphormasse in derselben besorgt haben, Nekrose konstatirt worden; auch die jetzt getroffenen Einrichtungen sollen gegen das Einathmen der dort erzeugten, die sämmtlichen Fabrikräume erfüllenden Dämpfe keinen genügenden Schutz gewähren. Bezüglich der in der Fabrik häufig wechselnden Arbeiterinnen haben die schädlichen Wirkungen dieser Dämpfe noch nicht festgestellt werden können.

Die Gesundheitsverhältnisse der in Tabacks- und Cigarrenfabriken beschäftigten Arbeiter und Arbeiterinnen erweisen sich in allen Städten, in denen dieser Industriezweig betrieben wird, als besonders ungünstig: vermuthlich aus Anlaß des Einathmens des scharfen Staubes, der sich aus den Cigarrenabfällen entwickelt (Hamburg, Oldenburg, Braunschweig), wohl auch wegen des Mangels an guter Luft in den meist schlecht ventilirten Fabriken (Braunschweig, Waldeck) und des Mangels an Bewegung in frischer Luft (Waldeck) neigen dieselben zur Tuberkulose und zu Brustleiden hin; die hier beschäftigten Arbeiterinnen erkranken weit häufiger, als die in anderen Industriezweigen beschäftigten Frauen (Braunschweig, Waldeck, Hamburg) und bei ihren Kindern sind vielfach Anlagen zur Schwindsucht, zu Skropheln und zu allgemeiner Körperschwäche bemerkbar (Waldeck), die Sterblichkeit dieser Kinder ist eine unverhältnißmäßig große (Braunschweig). Aus den Erfahrungen einer speziell für Cigarrenarbeiter bestimmten Krankenkasse in Hamburg lassen sich die häufigen Erkrankungen und der frühzeitige Tod auffallend vieler solcher Arbeiter — etwa 25 Prozent starben vor erfülltem 30. Lebensjahre — nachweisen.

Freilich wird hierbei hervorgehoben, daß gerade schwächliche Personen sich vorzugsweise dieser leicht zu erlernenden und nicht viel Körperkraft erfordernden Arbeit mit Vorliebe widmen, daß die in Cigarrenfabriken beschäftigten Arbeiter in der Regel frühzeitig geschlechtlichem Umgange sich hingeben, und daß bei schwächlichen Personen die Nachtheile einer solchen Lebensweise, verbunden mit ungesunder Beschäftigung, in ganz besonders hohem Maße zu Tage treten müssen (Braunschweig, Waldeck, Hamburg).

Aus Hamburg wird übrigens mitgetheilt, daß die Cigarrenfabrikation seit mehreren Jahren fast ganz in die Form der Hausindustrie übergegangen ist, da die Tabackhändler hierdurch einen größeren pekuniären Vortheil erzielen, als durch den Fabrikbetrieb: seitdem in Folge des seit einigen Jahren eingeführten Schulzwanges die Beschäftigung jugendlicher Arbeiter in den Tabackfabriken abgenommen hat, ist eine vermehrte Heranziehung weiblicher Arbeitskräfte zu bemerken gewesen.

Ueber die Sittlichkeitsverhältnisse unter der Fabrikarbeiterbevölkerung, wiederum mit Ausnahme der Cigarrenarbeiter, wird überwiegend günstig gesprochen. Nur in Waldeck sind mehrfache Klagen laut geworden; durch das Zusammenarbeiten, noch mehr aber durch das gleichzeitige Verlassen der Arbeitsräume seitens der männlichen und weiblichen Arbeiter werde der geschlechtliche Verkehr begünstigt, die Folge davon sei das häufige Vorkommen unehelicher Geburten, oder, um diese zu vermeiden, frühzeitiger unbesonnener Heirathen; der lockende Verdienst, das bequemere, geselligere Leben führe die Arbeiterinnen schon früh in die Fabrik, sie haben keine Gelegenheit, die Führung des Hauswesens zu erlernen, sie vernachlässigen daher dasselbe nach der Heirath, kümmern sich wenig um die Erziehung und Pflege ihrer Kinder, und nur der sorgfältigen Ueberwachung der Aufsichtsbehörden sei es zu verdanken, wenn der Schulbesuch dieser Kinder weniger vernachlässigt werde. Doch wird von anderer Seite, so in einem Fabrikorte Oldenburgs, den Arbeiterfrauen gerade das Gegentheil nachgerühmt.

Wenig tröstlich lauten die Schilderungen über die in Cigarrenfabriken beschäftigte Bevölkerung: in Mecklenburg-Schwerin wird darauf hingewiesen, daß die in den Rostocker Fabriken beschäftigten Arbeiterinnen der niedersten Klasse angehören, da deren Arbeit eine unangenehme und schlecht bezahlte sei: die Sittlichkeitsverhältnisse unter diesen Arbeitern seien besonders ungünstig. Aus einer in der Nähe Bremens in Oldenburg gelegenen Stadt wird ähnlicher Tadel laut, die Leute seien liederlich und leichtsinnig, unbesonnene Heirathen und uneheliche Geburten unter ihnen an der Tagesordnung: während im Herzogthum Oldenburg im Durchschnitt von 1869 bis 1873 unter 7875 Geburten 300 oder $3,_{81}$ Prozent unehelich gewesen seien, haben die letzteren in dieser Stadt $10,_{17}$ Prozent betragen. Aus Braunschweig wird berichtet, daß das Zusammenarbeiten von Personen verschiedenen Geschlechts als Arbeiter und Wickelmacherin Leichtfertigkeit im Verkehr erzeuge: die Unsitte der Feier des „blauen Montags" sei nirgends so weit eingerissen, als bei den Cigarrenarbeitern, sehr oft werde auch der Dienstag und der Mittwoch dem Wirthshausleben und der Völlerei geopfert; die Arbeiterinnen nehmen daran Theil und füllen namentlich Sonntags und Montags die öffentlichen Tanzlokale bis spät in die Nacht. Diese Lebensweise erzeuge Unwirthschaftlichkeit, die in den Ehen in der nachtheiligsten Weise hervortrete. Seit dem Wegfalle der Ehebeschränkungen seien die früher häufig vorgekommenen und unter den Berufsgenossen kaum schändenden unehelichen Geburten wesentlich seltener geworden, und man hoffe von der Ermöglichung früherer Eheschließung gerade bei dieser Arbeiterklasse vorzugsweise eine Hebung ihrer wirthschaftlichen und sittlichen Lage. Auch in Lippe werden die Sittlichkeitsverhältnisse unter diesen Arbeitern als ungünstig bezeichnet.

In Bremen wurde in Folge des unter den Arbeitern in den Cigarrenfabriken eingerissenen Unwesens im Jahre 1842 die Beschäftigung weiblicher Arbeiter ganz verboten. Das Verbot ist im Jahre 1864 wieder aufgehoben worden. Seitdem sind Mißstände nicht wieder hervorgetreten.

II. Abhülfe vorhandener Mißstände und Durchführbarkeit vorgeschlagener Maßregeln.

Die Abhülfe bestehender Mißstände kann in drei Richtungen versucht werden: durch eine Verbesserung der Einrichtungen innerhalb der Fabriken, durch größere Sorge für die Arbeiterinnen und ihre Kinder außerhalb der Fabriken, endlich durch Beschränkungen in der Beschäftigung der Frauen. Auf diese Gesichtspunkte sind die Erhebungen gerichtet worden, und zwar unter gleichzeitiger Prüfung des Einflusses, welchen etwaige zur Abhülfe bestimmte Maßnahmen auf die Lage der Arbeiterfamilien und auf die Verhältnisse der betheiligten Industriezweige voraussichtlich üben würden.

1. Preußen.

Insoweit überhaupt in den einzelnen Bezirken besondere Mißstände hervorgetreten sind, gehen die Meinungen überwiegend dahin, daß ihre Beseitigung nicht durch Einschränkung der Fabrikarbeit, sondern durch Verbesserung der Fabrikeinrichtungen zu erstreben und zu erreichen sei. Von einigen Seiten (Bezirk Erfurt) wird hervorgehoben, daß es hierbei mehr auf die geistige Entwickelung des Arbeiterstandes und auf den guten Sinn der Fabrikbesitzer ankommen werde, als auf neue in das Einzelne gehende Vorschriften, welche, wenn Arbeitgeber und Arbeitnehmer nicht selbst den richtigen Weg einschlagen, doch illusorisch bleiben würden. Von anderer Seite glaubt man indessen auch solcher Vorschriften nicht ganz entbehren zu können. In dieser Richtung ist die Düsseldorfer Regierung, obwohl sie den Fabrikbesitzern für die in den letzten Jahrzehnten aus eigenem Antriebe geschaffenen mannigfachen Verbesserungen der Fabrikeinrichtungen alle Anerkennung zollt, mit dem Erlaß einer für die Behörden bestimmten Anweisung vorgegangen, welche eingehende Vorschriften über die in gewerblichen Anlagen zur Sicherung der Arbeiter gegen Gefahr für Leben und Gesundheit zu treffenden Einrichtungen enthält. Der wesentliche Inhalt ist am Schlusse dieses Abschnittes mitgetheilt. Nach der Ansicht der Regierung ist die bestehende Gesetzgebung und insbesondere der §. 107 der Gewerbeordnung ausreichend, um das Erforderliche allmälig überall zu erzielen.

Im Nachstehenden sind die verschiedenen Vorschläge darüber, nach welchen Richtungen auf Verbesserung der Fabrikeinrichtungen und damit auf Beseitigung der hervorgetretenen Uebelstände hinzuwirken sein möchte, zusammengestellt.

1. Die Trennung der Geschlechter bei der Arbeit. Für eine weitergehende, strenge Durchführung derselben spricht man sich aus in den Bezirken Frankfurt, Breslau, Aurich, Lüneburg, Osnabrück, Hildesheim, Münster und Minden. Es wird bemerkt, daß ihre Durchführung überall ausführbar sei, wo bestimmte, in sich abgeschlossene und an einen besonderen Raum gebundene Arbeitsoperationen ausschließlich durch männliche oder weibliche Arbeitskräfte ausgeführt werden, allerdings aber nicht dort, wo die Manipulationen der beiden Geschlechter sich ergänzen und Männer und Frauen darauf angewiesen sind, sich gegenseitig in die Hand zu arbeiten (Bezirk Breslau). Aus letzterem Grunde wird in den Bezirken Berlin, Merseburg, Oppeln und Arnsberg die wenigstens theilweise Undurchführbarkeit des Vorschlages hervorgehoben und in dem Bezirke Trier noch insbesondere auf Glashütten und Steingutfabriken, im Bezirk Hildesheim auf die Zündwaarenfabriken und im Bezirk Schleswig auf die Garn- und Gewebefabriken als solche Etablissements hingewiesen, in denen aus Betriebsrücksichten seine Durchführung unthunlich erscheine. Dagegen wird er speziell für Cigarrenfabriken empfohlen in den Bezirken Posen, Magdeburg, Minden, Wiesbaden und Cassel, in dem letzteren Bezirke auch hervorgehoben, daß einzelne musterhaft geleitete Fabriken in Hanau den Beweis geliefert haben, daß eine solche Maßregel ohne Schwierigkeit durchführbar sei.

Als praktisch fast noch wichtiger wird es bezeichnet, daß Männer und Frauen die Fabrikräume nicht gleichzeitig verlassen (Bezirk Frankfurt) und daß ihnen für die Arbeitspausen gesonderte Aufenthaltsräume zugetheilt werden (Bezirk Hildesheim); auch auf Arbeitstrennung in den Nachtschichten wird hier und da besonderer Werth gelegt, da die größere Thätigkeit der Phantasie um die Nachtzeit und die durch mangelhafte Erleuchtung erschwerte Aufsicht die Gefahren für die Sittlichkeit erhöhe (Bezirke Aurich und Aachen). Weniger Gewicht legen auf diesen Vorschlag Stimmen aus dem Bezirk Hannover, welche das Zusammenarbeiten männlicher und weiblicher Arbeiter als für die sittliche Haltung der Fabrikarbeiterinnen irrelevant erachten, und aus dem Bezirk Potsdam, wo von einigen Seiten die Trennung der Geschlechter bei der Arbeit für wünschenswerth, von anderen für nicht ausführbar erklärt wird.

2. Die Einführung einer zweckmäßigen Arbeitskleidung. Man legt ihr besonderen Werth bei in den Bezirken Gumbinnen, Berlin, Liegnitz, Magdeburg, Merseburg, Hannover, Lüneburg, Osnabrück, Hildesheim, Münster, Cassel und Schleswig; in den Bezirken Arnsberg und Posen sollen entsprechende Anordnungen bereits bestehen. Es wird betont, daß eine besondere Arbeitskleidung, von der namentlich breite, enganliegende, die Kleider in der Kniegegend durch ein Band zusammenhaltende Schürzen einen Theil zu bilden hätten, als Schutzmittel gegen die Gefahren maschineller Einrichtungen vorzugsweise für diejenigen Industriezweige erwünscht sein werde, in welchen die Arbeiterinnen mit Treibriemen in Berührung kommen. Speziell für Zündholzfabriken wird im Bezirk Cöslin vorgeschlagen, durch die Fabrikverwaltungen die Arbeiterinnen anhalten zu lassen, daß sie für die Dauer der Arbeit ein ihre Kleidung umhüllendes Staubhembe anlegen, welches nach Schluß der Arbeit in besonders hierzu bestimmten Räumen aufzubewahren sein werde, und im Bezirk Schleswig wird von einigen Seiten darauf hingewiesen, daß hauptsächlich Arbeitskleidung aus Wollenstoff zu vermeiden sei. Von einer Seite wird freilich der Befürchtung Ausdruck gegeben, daß die Einführung besonderer Arbeitskleidung, sowohl auf Seiten der Arbeiterinnen, welche die Neigung zu haben pflegen, die Kleidung den individuellen Verhältnissen anzuschließen, um möglichst vortheilhaft zu erscheinen, als auch auf Seiten der Arbeitgeber wegen des daraus erwachsenden Kostenaufwandes erheblichen Widerstand finden werde (Berlin). Auch ist man zum Theil überhaupt der Meinung, daß die Arbeiter bereits jetzt in der für sie geeignetsten Kleidung in den Fabriken zu erscheinen pflegen und daß es daher überflüssig sei, die Anlegung einer zweckmäßigen Arbeitskleidung anzuordnen (Bezirk Frankfurt).

3. Die Herstellung einer vollkommenen Abschließung der Maschinen und die Beschaffung wirksamerer Ventilationseinrichtungen. Beide Maßregeln werden von vielen Seiten als dringend wünschenswerth hingestellt (Bezirke Gumbinnen, Potsdam, Frankfurt a. O., Posen, Oppeln, Magdeburg, Schleswig, Hannover, Lüneburg, Osnabrück, Hildesheim, Münster, Minden, Wiesbaden, Coblenz und Trier); hier und da unter spezieller Bezugnahme auf diejenigen Fabriken, in welchen der Staub und die Abfälle des Materials, sowie schädliche Dünste auf die Arbeiter und Arbeiterinnen nachtheilig einwirken, wie Spinnereien, Zündwaaren-, Cigarrenfabriken, auch die kleineren Bleiwerke. Von einer Seite wird zwar anerkannt, daß für die in Baumwollspinnereien beschäftigten Arbeiterinnen schon vielfache Verbesserungen eingeführt worden seien, wie Anschaffung von Respiratoren, Verabreichung von Leberthran und Einrichtung besonderer Eßräume: besonders anzuempfehlen sei aber, daß die Riemscheiben

an den Transmissionen nicht mit Stellschrauben oder hervorstehenden Keilen befestigt, sondern mit Keilbüchsen versehen werden (Bezirk Wiesbaden). Im Bezirk Hildesheim werden für Heedespinnereien die durch Maschinenkraft in Bewegung gesetzten Flügelventilatoren zur Beschaffung besserer Luft als besonders wirksam empfohlen. Nach den im Bezirk Trier geäußerten Ansichten sollte bei der Glas- und Steingutfabrikation die Frauenarbeit nur im Falle der sogenannten Aspirationsventilation gestattet werden.

Empfohlen wird außerdem im Bezirk Cöslin für Papierfabriken eine häufige Revision durch Medizinalbeamte, welche behufs Beseitigung der vorgefundenen Uebelstände Anzeige an die kompetente Behörde zu erstatten haben würden, im Bezirk Posen für die Cigarrenfabrikation der Erlaß von Vorschriften über die Maximalzahl der in einem bestimmten Raume beschäftigten Arbeiter, im Bezirk Cassel für die Glasfabrikation der Erlaß einer Anordnung, wonach die Schleiferinnen Respiratoren bei der Arbeit tragen müßten. Im Bezirk Aachen ist die Frage angeregt, ob nicht für die Arbeiterinnen in den Kunstwollfabriken öftere Revaccination vorgeschrieben werden könne.

4. Besondere Anstalten, welche die Lage der Arbeiterinnen sichern und erleichtern.

So wird insbesondere auf die Einrichtung von An- und Auskleideräumen Werth gelegt: in den Bezirken Posen und Breslau: „für Zündwaaren und solche Fabriken, in denen Nachtarbeit üblich ist", Magdeburg: „speziell für Zuckerfabriken mit Wascheinrichtung versehene An- und Auskleideräume", Merseburg und Lüneburg: „für alle Fabriken, in denen durch die Art und Weise der Beschäftigung ein Aus- und Umkleiden sich erforderlich macht", ferner in den Bezirken Hildesheim, Münster, Arnsberg, Coblenz und Aachen. Eine Behörde im Bezirk Arnsberg hebt das Bedürfniß solcher Einrichtungen namentlich für Spinnereien und Tuchfabriken hervor; sie erachtet aber §. 107. der Gewerbeordnung für ausreichend, um die Durchführung, wo nöthig, zu erzwingen. Im Bezirk Coblenz spricht man sich gleichzeitig für Einrichtung von Badeanstalten und gesonderten Lokalitäten zum Abtreten aus und im Bezirk Aachen wird darauf hingewiesen, daß, abgesehen vielleicht von dem Bergbau, überall solche Anstalten erforderlich sein würden. Andererseits erachtet man freilich auch die Einrichtung von An- und Auskleideräumen, sowie von Schlaf-, Koch- und Speiseanstalten nur für isolirt gelegene Fabriken als zweckmäßig, in denen eine größere Anzahl von Frauen beschäftigt werden, welche gleichzeitig ihre Wohnungen innerhalb der Fabrikkomplexe haben (Bezirke Danzig, Frankfurt, Trier).

Im Bezirk Oppeln wird für nothwendig erachtet, den Arbeiterinnen derjenigen Etablissements, in denen giftige Gase entwickelt werden, das Essen in den Arbeitsräumen zu untersagen und anzuordnen, daß dieselben vor dem Essen sich sorgfältig waschen und den Mund reinigen. In gleicher Weise soll nach den im Bezirk Hildesheim gemachten Vorschlägen in den Glasfabriken das Einnehmen der Mahlzeiten in den für das Mischen der Materialien und für das Schleifen von Hohlglas bestimmten Fabrikräumen verboten, sowie in Phosphorfabriken für Arbeiterinnen, welche nicht in der Nähe der Fabrik wohnen, in einem abgesonderten Gebäude ein Raum zum Einnehmen der Mahlzeiten hergerichtet werden.

5. Einrichtungen im Interesse der Familien der weiblichen Arbeiter.

Mehrseitig wird auf die Einrichtung von Kindergärten und Unterrichtsanstalten für weibliche Arbeiten Gewicht gelegt. Im Bezirk Breslau sind die segensreichen Wirkungen solcher Anstalten für die noch nicht schulpflichtigen Kinder der Arbeiter besonders wahrgenommen: „sie verhindern das Zurückhalten älterer Kinder vom Schulunterrichte, leisten Ersatz für die mangelnde elterliche Pflege und Erziehung, sichern die Kinder in höherem Maße vor Gefahren und gewähren den Müttern Gelegenheit, selbst während kürzerer Pausen ihre Kinder zu sehen. Einzelne humane Besitzer größerer Fabriken haben bereits derartige Einrichtungen getroffen und erhalten sie zum großen Segen für Mütter und Kinder auf ihre Kosten." Daran wird der Vorschlag geknüpft, für größere Fabriken die Errichtung solcher Anstalten vielleicht obligatorisch zu machen. Auch in den Bezirken Potsdam, Frankfurt a. O., Cöslin, Posen, Oppeln, Schleswig, Hildesheim, Münster, Minden, Coblenz und Trier, zum Theil auch im Bezirk Danzig, wird die Errichtung solcher Kindergärten besonders da, wo eine Beschäftigung verheiratheter Frauen außerhalb ihrer Behausung in einem solchen Umfange stattfindet, daß eine genügende Frequenz dieser Anstalten gesichert erscheint, oder in der Nähe derjenigen Fabriken, in denen eine größere Anzahl von Frauen beschäftigt sind, welche weite Wege bis zur Arbeitsstelle zurückzulegen haben, für ganz unentbehrlich oder doch sehr wünschenswerth erklärt. In dem Bezirk Cassel sollen an einigen Orten, in deren Nähe größere Ziegeleien sich befinden, bereits Kinderbewahranstalten und sogenannte Kindergärten mit bestem Erfolge thätig sein. In den Bezirken Magdeburg und Arnsberg geht man zwar auch davon aus, daß es erfreulich sein werde, wenn sich überall dergleichen Anstalten bilden, glaubt aber, daß sich deren Errichtung nicht erzwingen lassen und gesetzliche Vorschriften nach dieser Richtung wenig Erfolg versprechen werden.

Im Bezirk Düsseldorf spricht man sich dahin aus, daß in der Errichtung von Unterrichtsanstalten in weiblichen Hand- und häuslichen Arbeiten für die freiwillige Thätigkeit der Frauenvereine sich ein lohnendes, noch wenig kultivirtes Feld bieten würde: daß ebenso aber die Unterstützung und Förderung von Spar-, Darlehns-, Pensionskassen und Konsumvereinen, sowie die Vermehrung der gemeinnützigen Baugesellschaften, welche den Arbeitern die Möglichkeit eröffnen, ein eigenes Haus zu erlangen, von segensreichem Einflusse auf die Lebensverhältnisse der Arbeiterinnen und ihrer Familien sein dürfte. In ähnlicher Weise wird im Bezirk Osnabrück empfohlen, darauf hinzuwirken, daß gesunde Arbeiterwohnungen gebaut werden, welche die Arbeiter durch allmälige Kapitalabzahlung käuflich erwerben könnten. Von einer Spinnerei im Bezirk Breslau wird berichtet, daß daselbst eine Sparkasse eingerichtet sei, welche die Einlagen mit 5 Prozent verzinse und in welche jeder über 16 Jahre alte Arbeiter von jedem verdienten Thaler einen Silbergroschen anlegen und stehen lassen müsse; diese Einrichtung habe den Sinn der Arbeiter für Sparsamkeit wesentlich gefördert; viele Arbeiterinnen seien dadurch in die Lage gelangt, bei ihrer Verheirathung eine den Verhältnissen entsprechende Aussteuer zu erheben.

Aus dem Bezirk Aachen ist von einer Seite der Vorschlag gemacht, daß für alle Fabriken, welche über eine gewisse Anzahl Arbeiterinnen beschäftigen, die regelmäßige Uebung der unverheiratheten Arbeiterinnen in den weiblichen Handarbeiten für einige Stunden wöchentlich gesetzlich zur Pflicht gemacht werde. Dagegen hält man dort eine Einwirkung auf die Errichtung von Kinderbewahr- und ähnlichen Anstalten im gesetzlichen Wege nicht für angezeigt.

6. Im Bezirk Aurich gehen endlich besondere Wünsche dahin, daß durch

Erlaß geeigneter Bestimmungen den Arbeiterinnen, wie auch nicht minder den Arbeitern der Branntweingenuß während der Arbeit in den Fabriken erschwert werden möge.

Allen diesen wesentlich auf die Verbesserung der Fabrikeinrichtungen hinzielenden Vorschlägen gegenüber fehlt es auch nicht an Stimmen, welche sich dahin aussprechen, daß die Abhülfe der vorhandenen Uebelstände nur durch Einschränkung der Frauenarbeit zu ermöglichen sei; eine Ansicht geht sogar davon aus, daß lediglich die gänzliche Ausschließung der Frauenarbeit Abhülfe werde schaffen können (Bezirk Magdeburg). Ueber die Richtung, nach welcher diese Einschränkung zu erfolgen habe, gehen freilich die Ansichten weit auseinander.

1. Im Bezirk Minden wird der Vorschlag gemacht, die Frauenarbeit nach Maßgabe der englischen Gesetzgebung der Beschäftigung jugendlicher Arbeiter gesetzlich gleichzustellen.

2. Für gänzliches Verbot der Sonntags- und Nachtarbeit wenigstens für diejenigen Fabriken, in denen ununterbrochene Arbeit, wie bei der Glas- und Zuckerfabrikation, durch die Natur des Betriebes nicht geboten ist, erklären sich verschiedene Stimmen in den Bezirken Berlin, Posen, Breslau, Merseburg, Hannover, Aurich, Arnsberg und Aachen. Im Bezirk Liegnitz hält man es für genügend, wenn dieses Verbot nur für die verheiratheten Arbeiterinnen, sowie für solche Wittwen, welche für Kinder zu sorgen haben, im Bezirk Hildesheim, wenn dasselbe für die ledigen Arbeiterinnen unter 18 Jahren, sowie für die verheiratheten, erlassen würde. Außerdem wird mit Rücksicht darauf, daß ein Theil der Arbeiterinnen am Wochenschlusse die Reinigung der Fabrikräume zu verrichten hat, die bei gewöhnlichem Schlusse des Fabrikbetriebes nur des Sonntags besorgt werden könne, empfohlen, den Betrieb an den Sonnabenden bereits zu früher Nachmittagsstunde einstellen zu lassen (Bezirk Breslau und Liegnitz). Von einer Behörde im Bezirk Liegnitz wird ausdrücklich konstatirt, daß alle Arbeiter und Arbeiterinnen das gesetzliche Verbot der Sonntagsarbeit freudig begrüßen würden.

3. Die Einschränkung der Arbeitszeit, die nach Mittheilungen aus dem Bezirk Liegnitz zur Zeit 12, 13, sogar bis zu 16 Stunden täglich andauert, auf täglich 11 Stunden wird für erforderlich erachtet im Bezirk Münster. Im Bezirk Düsseldorf bezeichnen die Arbeitgeber eine 10 bis 11 stündige Arbeitszeit für Frauen als angemessen und zulässig, wogegen die Arbeitnehmer, besonders soweit sie der sozial-demokratischen Richtung angehören, die Frauenarbeit entweder grundsätzlich verwerfen oder doch die weitgehendste Einschränkung wünschen. Im übrigen wird von einigen Seiten die Ansicht ausgesprochen, daß eine solche Einschränkung sich nur bei allgemeiner Einführung eines 10 stündigen Normalarbeitstages werde durchführen lassen.

Die Fixirung des Arbeitstages auf 10 Stunden wird in Berlin für Frauen überhaupt, im Bezirke Posen unter Bezugnahme auf die dasigen Zündholzfabriken, im Bezirke Oppeln für die bei den Eisenerzförderungen, soweit diese Werke der Aufsicht des Königlichen Oberbergamtes nicht unterstehen, beschäftigten Mädchen unter 18 Jahren, für die verheiratheten Arbeiterinnen und für Wittwen, welche Kinder zu verpflegen haben, im Bezirke Liegnitz ebenfalls für verheirathete Arbeiterinnen sowie für diejenigen Wittwen, welche für Kinder zu sorgen haben, und im Bezirke Hannover: „für Verheirathete mit angemessener Unterbrechung durch eine zweistündige Mittagspause" vorgeschlagen. Im Bezirke Aachen wird der Wunsch ausgesprochen, die tägliche Arbeitszeit, abgesehen von der für die weiblichen Handarbeiten zu verwendenden Zeit, für verheirathete Arbeiterinnen auf 9, für unverheirathete auf 10 Stunden zu beschränken, ebenso beantragt im Bezirke Merseburg ein Magistrat Beschränkung der Arbeitszeit für alle Arbeiterinnen auf 9 Stunden täglich und Anordnung einer Mittagspause von 11 bis 1 Uhr. Im Bezirke Hildesheim wird ebenfalls für nothwendig erachtet, daß den verheiratheten Arbeiterinnen auf ihren Wunsch eine zweistündige Mittagspause gewährt werde; ein im Bezirke Magdeburg gemachter Vorschlag geht dahin, daß den verheiratheten Arbeiterinnen die Fabrikarbeit während der Vormittage ganz zu untersagen sei. Im Bezirk Aurich spricht man sich dafür aus, daß Frauen wenigstens ½ Stunde früher oder später als die männlichen Arbeiter, auch nicht während der Dunkelheit die Fabrik betreten oder verlassen sollen; daß sodann die Arbeitszeit derartig zu beschränken sei, daß den Arbeiterinnen Zeit bleibt, für den Haushalt zu sorgen, oder doch im Haushalte und für denselben noch etwas zu lernen und sich praktisch zu guten Hausfrauen auszubilden, und daß namentlich bei der Cigarrenfabrikation aus Gesundheitsrücksichten die tägliche Arbeitszeit auf 10 Stunden beschränkt werde. Im Bezirke Lüneburg wird vorgeschlagen, für Frauen nicht nur die „Ueberstunden" zu untersagen, sondern auch die tägliche Arbeitszeit allgemein um 1 oder 2 Stunden kürzer als für die Männer festzustellen. Ein Magistrat des Bezirkes Gumbinnen erachtet für Arbeiterinnen in Flachs- und Weißgarnspinnereien, wenngleich deren Thätigkeit nur eine mechanische sei und körperliche Anstrengung nicht erfordere, im allgemeinen eine Abkürzung der Arbeitszeit wenigstens als wünschenswerth.

4. Außerdem werden von mehreren Seiten noch besondere Einschränkungen für Schwangere und Wöchnerinnen, sei es im allgemeinen, oder doch in gewissen Industriezweigen als erforderlich erachtet. Im Bezirke Lüneburg gehen die Vorschläge dahin, Frauen wenigstens in der zweiten Hälfte der Schwangerschaft bis ½ Jahr nach der Niederkunft, im Bezirke Hildesheim, wenigstens bis zum zehnten Tage nach der Entbindung, von der Fabrikarbeit auszuschließen; im Bezirke Münster wird im allgemeinen gänzlicher Ausschluß der schwangeren und stillenden Frauen und im Bezirke Coblenz Verbot oder doch Einschränkung der Beschäftigung von Schwangeren in Fabriken gefordert.

Anträge auf Erlaß eines Verbotes der Beschäftigung schwangerer Frauen in Phosphorfabriken und solchen Fabriken, welche giftige Stoffe verarbeiten, werden in den Bezirken Posen, Breslau und Hildesheim damit motivirt, daß anzunehmen sei, daß der weibliche Organismus gerade in dieser Periode für Einwirkung derartiger schädlicher Einflüsse besonders empfänglich sei. Als Frist, auf welche das Verbot sich erstrecken soll, werden im Bezirke Breslau im Allgemeinen „mehrere Wochen bezw. Monate vor und nach der Niederkunft", im Hildesheimer Bezirke „die zweite Schwangerschaftshälfte bis zum Ablauf von 6 Wochen nach der Entbindung" bezeichnet. Außerdem empfiehlt man noch im Bezirke Oppeln, beim Bergbau Frauen von der 30. Schwangerschaftswoche bis zum Beginne der 7. Woche nach der Niederkunft nicht zu beschäftigen.

Dagegen wird im Bezirke Aachen betont, daß Vorschläge wegen besonderer Berücksichtigung der Wöchnerinnen bereits im Reichstage bei der Berathung der Gewerbeordnung gemacht worden, jedoch als nicht durch den Nachweis eines praktischen Bedürfnisses unterstützt unberücksichtigt geblieben seien: man halte diese Zurückweisung auch jetzt noch für richtig, denn während die Wöchnerin krank sei, gehe sie ohnehin nicht auf Arbeit, später wäre es zwar zum Schutze des Säuglings wünschenswerth, die Mutter bis zu dessen Entwöhnung zu Hause zu halten, dies lasse sich aber nicht durchführen; übrigens werde in den meisten Fabriken die wünschenswerthe Rücksicht auf Wöchnerinnen genommen.

5. Endlich werden vereinzelte Vorschläge gemacht, welche auf das Verbot der Zulassung der Frauen zu gewissen Arbeiten hinzielen. So wird im Bezirke Posen beantragt, die Beschäftigung der Arbeiterinnen unter 16 Jahren in den Zündwaarenfabriken auf gewisse unschädliche Operationen zu beschränken, im Bezirke Breslau, dieselben in solchen Fabriken, welche Gifte verarbeiten, gar nicht zuzulassen, im Bezirke Arnsberg, Frauen unter 20 Jahren von der Beschäftigung in Färbereien und Nadelschleifereien auszuschließen, im Bezirke Trier, die Verwendung der weiblichen Arbeiter, ganz besonders der Verheiratheten, in Glashütten und Steingutfabriken nur als Tagelöhnerinnen bei Verpackung der Waaren und ähnlichen Arbeiten, nicht aber innerhalb der Fabriklokale zu gestatten; endlich in Oppeln, die Beschäftigung unter Tage in Bergwerken für alle weiblichen Arbeiter zu untersagen. Im Bezirke Osnabrück halten einige der vernommenen Sachverständigen zwar die Beschäftigung verheiratheter Frauen volkswirthschaftlich für durchaus nachtheilig, meinen aber, daß eine dahin zielende Beschränkung mit dem Selbstbestimmungsrechte des Einzelnen vollständig im Widerspruche stehen werde und deshalb davon Abstand zu nehmen sei.

Was insbesondere die Mißstände in der Cigarrenfabrikation anlangt, so erachtet man es im Merseburger Bezirke nicht für thunlich, dieselben durch Einschränkungen der Frauenarbeit zu bekämpfen; ein Verbot, daß die Akkordarbeiter Wicklerinnen in Unterakkord nehmen, oder die Einführung verschiedener Anfangs- und Endtermine für die Arbeit der männlichen und weiblichen Arbeiter sei bedenklich, da die Gesetzgebung in solche Details sich nicht einlassen und sittlichen Mängeln und Mißständen durch direkt eingreifende Maßregeln nicht abzuhelfen versuchen solle. Ein gänzliches Verbot der Frauenarbeit würde diese Industrie zur Hausindustrie umwandeln, wo dann eben solche Mißstände sich entwickeln müßten und besonders eine starke Verwendung eigener und fremder Kinder zur Wickelarbeit stattfinden würde.

An die Durchführung der einzelnen vorerwähnten Vorschläge sind im allgemeinen weder für die wirthschaftliche Lage der Arbeiterfamilien noch für die davon betroffenen Industriezweige Befürchtungen geknüpft. Dagegen wird die Frage, ob das gänzliche Verbot oder doch eine erhebliche Einschränkung der Frauenarbeit durchführbar sein werde, von der überwiegenden Mehrzahl derjenigen, welche dieselbe in den Kreis ihrer Erwägungen ziehen, verneint. Man ist der Ansicht, daß das nach Wegfall dieser Arbeit den Frauen verbleibende Einkommen eine genügende Subsistenz nicht mehr gewähren werde (Bezirke Königsberg, Gumbinnen, Berlin, Danzig, Marienwerder), daß auch die weiblichen Familienglieder auf eine Gewinn bringende Thätigkeit angewiesen seien und zum Unterhalte der ganzen Familie erheblich beitragen müssen (Frankfurt a. O.), daß zur Ernährung einer Durchschnittsfamilie bei den gegenwärtigen Lohnsätzen auf den Arbeitsverdienst der Frau nicht Verzicht geleistet werden könne (Bezirke Breslau, Erfurt, Schleswig, Hannover, Münster, Minden, Wiesbaden, Cassel, Coblenz). Insbesondere würden manche alleinstehende ältere Frauen und Wittwen, die unfähig sind, eine andere Arbeit zu verrichten, der Armenpflege anheimfallen (Berlin, Arnsberg).

Daß den Arbeiterinnen überhaupt Gelegenheit zu einem den Lohnverlust ausgleichenden Verdienst nicht geboten sein werde, wird behauptet in den Bezirken Königsberg: „höchstens auf dem platten Lande während der Erntezeit", Gumbinnen: „nur im Sommer bei gutem Wetter auf dem Felde und mit anderen schweren Arbeiten, wodurch das Familienleben der Arbeiter in Folge der späteren Rückkehr der Frauen in den Familienkreis, der sich entwickelnden Neigung zum Trunke und der ungünstigen Einflüsse der Witterung nur noch mehr geschädigt werden würde", Frankfurt: „ganz abgesehen davon, daß die Handarbeit erheblich beschränkt ist, könnte eine große Zahl schwacher oder verkrüppelter Arbeiterinnen dieselbe gar nicht verrichten", Stettin: „namentlich im Winter bei dem Mangel sonstiger lohnender Beschäftigung", Breslau: „da die Industrie in der Regel auf enge Bezirke konzentrirt ist, würde, selbst wenn ein Ersatz der weiblichen Arbeitskräfte durch männliche möglich wäre, die Zahl der Arbeiterfamilien auf beschränktem Raume sich wesentlich erhöhen, die Aussicht der Frauen auf einen nur annähernd angemessenen Verdienst außerhalb der Fabriken nur sehr gering sein, und die Schmälerung des Verdienstes bei Verheiratheten zu Nahrungssorgen, bei Unverheiratheten zur Vermehrung der Prostitution führen", Merseburg: „auch wenn hier und da die Frauen andere Beschäftigung finden sollten, würden doch viele Wittwen, Frauen und Mädchen, ja ganze Familien unersätzliche Schädigung erleiden", Schleswig: „im Winter würden die Frauen anderweite lohnende Beschäftigung nicht finden" und ähnlich Danzig, Berlin, Erfurt, Minden, Arnsberg, Wiesbaden, Cassel und Düsseldorf. Daß die Nothwendigkeit eines Ersatzes für den Ausfall des Frauenlohnes eine den Ausfall deckende Erhöhung des Lohnes der Arbeiter nach sich ziehen würde, wird zum Theil mit Rücksicht darauf, daß die diesfallsige Lohnregulirung wohl mehr von allgemeinen Konjunkturen abhängig sei, vielfach ausdrücklich in Zweifel gezogen; so in den Bezirken Königsberg, Gumbinnen, Marienwerder, Frankfurt und Münster.

In einigen Bezirken sind dagegen allerdings die Ansichten über die Folgen, welche die Abdrängung der Frauen von der Fabrikarbeit haben würde, getheilt; so im Bezirke Stettin: „diese Fragen lassen sich bestimmt nicht beantworten, da die Zahl der Familienglieder, deren Alter u. s. w. maßgebend ist: bei kinderlosen wird der Verdienst der Frauen zu entbehren sein, Familien mit viel Kindern unter 14 Jahren sind dagegen wohl auf den Mitverdienst der Frau angewiesen". So auch im Bezirk Hildesheim: hier wird einerseits von einer Handelskammer betont, das bei Wegfall der Frauenarbeit verbleibende Einkommen des Mannes gewähre eine genügende Subsistenz bei den dermaligen hohen Lohnsätzen, die Frau dürfe, wenn sie geschickt in Handarbeit sei, annähernd, wenn auch nicht vollständig den Verlust durch anderen Verdienst ausgleichen können; ferner spricht sich hier ein älterer Arbeiter einer mechanischen Baumwollspinnerei dahin aus, daß, sollte es auch Einzelnen unmöglich sein, ohne den Verdienst der Frauen zu existiren, doch im Ganzen und Großen durch rationellere Führung der Wirthschaft, rechtzeitige Ausbesserung der Wäsche u. dgl. im Haushalte soviel erspart werden könnte, daß der Ausfall des Frauenlohnes wenigstens zum Theil gedeckt werden würde. Von anderer Seite wird hier dann behauptet, daß die Arbeiterbevölkerung einen gänzlichen Wegfall des Verdienstes der Frauen und Mädchen nicht würde ertragen können. In den Bezirken Trier und Magdeburg wird hinsichtlich des Bergbaues zwar in Abrede gestellt, daß ein Verbot der Beschäftigung weiblicher Arbeiter die wirthschaftliche Lage der betroffenen Arbeiter schädigen würde, da die Frauen durch anderweite Arbeit innerhalb wie außerhalb ihrer Familien leicht Gelegenheit zur Erwerbung der erforderlichen Subsistenzmittel finden würden, dagegen hinsichtlich der übrigen Industriezweige im Gegentheil behauptet, daß der verheirathete Fabrikarbeiter bei den hohen Preisen der Lebensmittel nicht im Stande sei, mit seinem Lohne und ohne hinzutretenden Verdienst seiner Frau eine aus der Frau und zwei Kindern bestehende Familie zu ernähren.

Auch für die Industrie selbst würde nach der überwiegenden Meinung die ganze oder theilweise Beseitigung der Frauenarbeit von nachtheiligem Einflusse sein. Es ist in dieser Beziehung hervorgehoben:

a) nach Aeußerungen aus den Bezirken Königsberg, Gumbinnen, Danzig, Berlin, Frankfurt, Stettin, Cöslin, Merseburg, Erfurt, Hannover, Arnsberg, Cassel: die den Frauen entzogenen Arbeiten würden für Männer in vielen Fällen nicht geeignet und ausführbar sein, bei gewissen Verrichtungen erlangten die Frauen eine größere Geschwindigkeit und Fertigkeit, als die Männer; so namentlich in den Spinnereien (Anknüpfen der Fäden), Kunstwollfabriken (Garniren der Hüte), Papierfabriken (Sortiren der Lumpen, Anfertigung von Kuverts, Eisenbahnbillets und ähnliche Manipulationen), in der Band- und Eisengarnindustrie.

b) Der Mehrbedarf an Arbeitern würde nur schwer sich decken lassen und auch nur mit Nachtheil für andere Erwerbszweige, insbesondere für die Landwirthschaft (Bezirke Königsberg, Gumbinnen, Frankfurt, Arnsberg, Wiesbaden, Cassel, Coblenz und — unter Bezugnahme auf die Verhältnisse des Bergbaues — Oppeln.

c) Schon eine Einschränkung in der täglichen Arbeitszeit der Frauen würde den Betrieb empfindlich stören; so namentlich im Bezirke Frankfurt a. O.: „eine solche Maßregel würde für viele Zweige der Fabrikthätigkeit die weiblichen Arbeiter unverwendbar machen, da sie mit den Männern an einem Stücke, einer Maschine zusammen arbeiten und deshalb die Arbeit nicht früher, als diese verlassen können"; Posen: „die Einschränkung der Arbeitszeit der Frauen würde den Versuch zur Folge haben, mehr als bisher männliche jugendliche Arbeiter heranzuziehen, und jedenfalls den Betrieb stören"; Hildesheim: „eine partielle Einschränkung der Arbeitszeit würde nur für wenige Industriezweige durchführbar sein, weil gewöhnlich der Fabrikbetrieb so eingerichtet ist, daß das zu bearbeitende Material von Hand zu Hand und von Maschine zu Maschine wandert"; Arnsberg: „die Arbeiterinnen sind meist nicht mit selbstständigen Manipulationen beschäftigt, sondern arbeiten an Maschinen, welche gleichzeitig und in Verbindung mit anderen Maschinen ausgenutzt werden müssen"; Wiesbaden: „einschränkende Vorschriften würden den gänzlichen Fortfall der Frauenarbeit im Gefolge haben". Entsprechende Anschauungen herrschen in den Bezirken Königsberg, Berlin, Stettin, Breslau, Erfurt, Münster, Düsseldorf, Coblenz, Trier und Aachen.

d) Die für den Betrieb erforderliche Arbeitskraft würde eine Vertheuerung erfahren, welche entweder überhaupt die Preise der Fabrikate in einer den Absatz hemmenden Weise erhöhen, oder wenigstens die Konkurrenz mit anderen Orten, insbesondere des Auslandes gefährden würde: so in den Bezirken Königsberg: „nur bei Ziegeleien stehe eine Konkurrenz des Auslandes nicht zu befürchten, dagegen auch hier eine den Absatz hemmende Preissteigerung der Fabrikate"; Gumbinnen: „wenn beispielsweise in einer Spinnerei die 300 Arbeiterinnen, welche dort beschäftigt sind, täglich nur eine Stunde weniger arbeiten, würde jährlich bei 300 Arbeitstagen 675 Schock Garn weniger geliefert, und da die Arbeiterinnen in der Stunde 7 Pfennig verdienen, dieselben jährlich 6300 Mark weniger Arbeitslohn erhalten. Für die entzogenen weiblichen Arbeiter würde die gleich große Anzahl männlicher anzunehmen sein; diese erhalten aber durchschnittlich einen um 80 Pfennig täglich höheren Arbeitslohn, als die Arbeiterinnen, mithin würden dieselben in einem Jahre 72.000 Mark mehr an Arbeitslohn erhalten müssen. Aus diesem Beispiele dürfte zur Genüge erwiesen sein, daß die erforderliche Vertheuerung der Arbeitskraft wohl mit Recht als eine solche bezeichnet werden muß, welche den Absatz der Fabrikate hemmt und die Konkurrenz mit dem Auslande unter Umständen gefährdet. Eine solche Maßregel würde daher nur dann sich rechtfertigen lassen, wenn sich ein Ersatz durch Heranziehung von mehr Arbeiterinnen schaffen ließe: der geringere Verdienst der einzelnen Arbeiterinnen würde alsdann vollständig aufgewogen durch wirthschaftliche und gesundheitliche Vorzüge der kürzeren Arbeitszeit, und die hieraus für den Betrieb entstehende Unbequemlichkeit dürfte weder eine Steigerung der Preise herbeiführen, noch den Absatz der Fabrikate hemmen". So ferner in den Bezirken Posen: „einschränkende Vorschriften würden für die mit geringerem Kapitale arbeitenden Tuchfabriken sehr üble Folgen haben, und bei der Cigarrenfabrikation würde die ausschließliche Verwendung erwachsener Männer die Produktionskosten erhöhen, den Betrieb stören und die Konkurrenz mit dem Auslande unmöglich machen"; Breslau: „einige Industriezweige, wie die Leinenspinnerei, Rübenzuckerfabrikation, welche schon jetzt eine harte Konkurrenz mit dem Auslande zu bestehen haben, würden die weibliche Arbeitskraft nicht entbehren können, ohne in ihrer Existenz gefährdet zu sein"; Oppeln: „bei dem Mangel an ebenso billigen Arbeitskräften würde unzweifelhaft sofort eine nicht unerhebliche Erhöhung der Produktionskosten eintreten, welche die Montanindustrie gefährden und vielleicht zur Folge haben dürfte, daß die ohnehin sehr schwache Eisenerzförderung, welche die Konkurrenz mit dem Auslande schon jetzt nicht ertragen kann, ganz eingehen würde"; Münster: „die Baumwollenfabrikation würde mit Holland nicht mehr konkurriren können"; Arnsberg: „eine solche Maßregel würde sogar vollständige Einstellung des Fabrikbetriebes in den Industriezweigen, für welche Frauenarbeit absolut unentbehrlich ist, zur Folge haben"; Düsseldorf: „die Textilindustrie würde schwer geschädigt, vielleicht sogar deren Fortbestand in Frage gestellt werden"; Coblenz: „die Konkurrenz in der Cigarrenfabrikation würde mit solchen Orten unmöglich sein, an denen Regiefabriken mit ausschließlicher Frauenarbeit bestehen, ebenso mit Holland, welches durch seine billigen Tabacksbezüge schon jetzt eine schwer zu erreichende Konkurrenz bildet"; Trier: „der Absatz, insbesondere der feineren, sogenannten Luxuswaare würde vermindert und derjenigen auswärtigen Konkurrenz Vorschub geleistet werden, für welche solche einschränkende Vorschriften nicht bestehen"; Aachen: „die Erschwerung der Konkurrenz mit anderen Orten, insbesondere denen des benachbarten Belgiens, wäre die unausbleibliche Folge und es könnte fraglich sein, ob unsere Industrie im Stande sein wird, solche Uebelstände zu ertragen. In etwas könnten die letzteren vielleicht durch einen langsamen Uebergang und ausgedehnte Dispensationsbefugnisse der Bezirksregierung gemildert werden". Auf ähnlichem Boden fußen die Meinungen in den Bezirken Berlin, Frankfurt, Stettin, Magdeburg, Merseburg, Erfurt, Hildesheim und Cassel. In den Bezirken Hannover, Hildesheim und Minden wird zwar eine Einschränkung der Arbeitszeit der Frauen nicht für so bedenklich gehalten; ausdrücklich wird dagegen betont, daß die Industrie ein gänzliches Verbot der Frauenarbeit nicht würde ertragen können. Insbesondere sei zu berücksichtigen, daß namentlich in Belgien und Oesterreich ein solches Verbot nicht bestehe, und daß daher die Durchführung desselben in Deutschland für die Textilindustrie die schon jetzt so schwer zu tragende Konkurrenz der belgischen und böhmischen Spinner aus naheliegenden Gründen erheblich erschweren würde. Auf diesem Gebiete wenigstens müsse, so wird ferner im Bezirk Düsseldorf hervorgehoben, das Streben nach dem idealen Ziele des gänzlichen Verbotes mit internationalen Vereinbarungen beginnen; dringender als solche Bestrebungen sei es aber, gegen die viel bedenklicheren Uebelstände in der Hausindustrie einzuschreiten. In den meisten Industriezweigen würde vielleicht die Beseitigung der Frauenarbeit ohne eigentliche Vernichtung der betreffenden Fabrikation schon um deswillen ausführbar sein, weil die Mehrzahl der jetzt in den Fabriklokalen vollführten Arbeiten sodann in kleinen Werkstätten bezw. als Hausindustrie ausgeführt werden würden. Ohne erhebliche Benachtheiligung der Industrie könnte freilich auch dies nicht geschehen, während die für die Arbeiterinnen dadurch anscheinend erzielte Verbesserung nicht nur ganz illusorisch bleiben, sondern vielfach sogar in das Gegentheil umschlagen würde.

Im Bezirke Breslau wird es als eine Verletzung natürlicher Verhältnisse bezeichnet, wenn man das weibliche Geschlecht von Arbeiten, welche es Jahrzehnte, ja Jahrhunderte lang außerhalb der Fabriken betrieben hat, für die Zukunft ausschließen wollte, sobald sie innerhalb der Fabriken geleistet würden. Es sei unpraktisch und unökonomisch, betont man in den Bezirken Posen und Oppeln, zu Arbeiten, für welche weibliche Kräfte nicht allein völlig ausreichen, sondern auch mehr als hinreichend vorhanden seien, Männer zu verwenden, obwohl dann eine angemessene Beschäftigung für die Frauen fehle und die Arbeitskraft der Männer nur eine ungenügende Ausnutzung finden könne. Im Auricher Bezirke wird endlich besonders hervorgehoben, daß in einer Zeit wie der jetzigen, wo die Industrie an sich in ungünstiger Lage sei, durchgreifende Neuerungen überhaupt als bedenklich sich darstellen.

Anhang.

Polizei-Verordnung der Königlichen Regierung zu Düsseldorf,

betreffend die in gewerblichen Anlagen und Fabriken zur Sicherung der Arbeiter gegen Gefahr für Leben und Gesundheit zu treffenden Einrichtungen.

I. Gewerbliche Anlagen und Fabriken, in welchen eine größere Anzahl Arbeiter beschäftigt wird, oder in welchen feuergefährliche Gewerbe betrieben oder in denen leicht brennbare Stoffe bei Licht verarbeitet werden, sind mit Treppen von Stein oder Eisen zu versehen. Zu den Arbeitsräumen in den oberen Stockwerken solcher Fabriken müssen wenigstens zwei Treppen führen, welche in einem von feuerfesten Mauern umgebenen Raume anzulegen sind.

II. Die Arbeitsräume müssen trocken, der Zahl der in denselben beschäftigten Arbeiter entsprechend geräumig und hinlänglich mit Licht und Luft versehen sein.

III. Die Höhe der Arbeitsräume darf in der Regel nicht unter 3,5 M. betragen und es wird überall da, wo eine erheblichere Anzahl Arbeiter beschäftigt wird, oder wo sich bei der Arbeit Staub, üble Ausdünstungen u. dgl. entwickeln, von vornherein auf eine Höhe von 4 M. zu halten sein. Für große Arbeitssäle, z. B. in Spinnereien, Webereien, Druckereien rc., wird je nach Umständen eine lichte Höhe bis zu 5 M. und mehr gefordert werden müssen.

Die Arbeitsräume müssen jedem in demselben beschäftigten Arbeiter mindestens 5 Kub.-M. Luftraum gewähren.

IV. Alle Arbeitsräume sind mit einer ausreichenden Zahl gehörig großer Fenster zu versehen. Ueberall da, wo feuergefährliche Gewerbe betrieben oder leicht brennbare Stoffe bei Licht verarbeitet werden, ist in den oberen Stockwerken eine genügende Anzahl Fenster so einzurichten, daß sie mit Leichtigkeit geöffnet werden können, um den Ein- und Austritt eines Menschen zu gestatten.

V. Behufs Abführung des in den Arbeitsräumen sich ansammelnden Staubes, übler Dünste und der verdorbenen Luft, sowie behufs der erforderlichen Lufterneuerung sind in denselben ausreichende und zweckentsprechende Ventilations-Vorrichtungen — stellbare Fenstervorrichtungen, Luftzüge und Luftkamine, Dachreiter ꝛc. — anzubringen. Räume, in welchen eine größere Anzahl Arbeiter beschäftigt wird, oder in welchen sich bei der Arbeit bedeutendere Mengen Staub, üble Ausdünstungen, Gase u. dgl. entwickeln, erfordern in der Regel die Einrichtung einer wirksamen künstlichen Ventilation. Dieselbe wird auch überall da angebracht werden müssen, wo erfahrungsgemäß die Temperatur in den Arbeitsräumen schon bei gewöhnlichen Witterungsverhältnissen 17 bis 18° R. zu überschreiten pflegt, was z. B. in größeren Spinn- und Websälen in der Regel der Fall ist.

Die Wahl des Ventilationssystems richtet sich je nach der Art des Gewerbebetriebes, der Beschaffenheit und Größe der Räume, der Heizmethode ꝛc., und können deshalb allgemeine Vorschriften nicht gegeben werden. Es bestehen aber bereits in manchen Fabriken derjenigen Industriezweige, bei welchen die Anlage künstlicher Ventilations-Vorrichtungen erforderlich ist, recht zweckentsprechende und nachahmungswerthe Einrichtungen, worüber unser Fabrikinspektor Auskunft zu geben angewiesen ist.

In Arbeitsräumen, in denen sich erfahrungsgemäß in Folge des Betriebes eine schädliche Trockenheit der Luft entwickelt, wie z. B. in manchen Spinnsälen, ist in geeigneter Weise für Herstellung einer angemessenen Luftfeuchtigkeit Sorge zu tragen.

VI. Die Lagerräume für leicht brennbare Materialien dürfen nur zur Seite und nicht unter den Arbeitsräumen angelegt werden und sind außerdem durch Brandmauern gehörig abzuschließen.

VII. Ebenso sind die Räume und Gelasse, welche zur Lagerung oder Aufbewahrung faulender oder schädliche Ausdünstungen verbreitender Stoffe dienen, von den Arbeitsräumen thunlichst zu trennen.

VIII. Sofern sich bei einem Gewerbebetriebe oder in einer Fabrik flüssige Betriebsabgänge bilden, welche durch faulende Stoffe verunreinigt sind oder gesundheitsschädliche Beimischungen — z. B. Säuren, Laugen, Metallsalze ꝛc. — enthalten, ist für eine angemessene Abführung derselben aus den Fabriklokalen mittelst dichter Rinnen oder Rohrleitungen Sorge zu tragen. Sollen diese Flüssigkeiten in Senkbrunnen geleitet werden, so ist, sofern diese Art der Beseitigung in Anbetracht der örtlichen Verhältnisse überhaupt statthaft ist, darauf zu halten, daß die Senkbrunnen isolirt und verschlossen, namentlich aber von den Trinkbrunnen gehörig entfernt angelegt werden.

IX. Jede gewerbliche Anlage und Fabrik muß mit einer ausreichenden Zahl angemessen eingerichteter und in gehöriger Ordnung zu haltender Aborte versehen sein und zwar da, wo auch Arbeiterinnen beschäftigt werden, für die Geschlechter getrennt. Die direkte Verbindung der Aborte mit den Arbeitsräumen, so daß in letztere üble Ausdünstungen einzudringen vermögen, ist unstatthaft.

Da, wo die Arbeiten in verhältnißmäßig warmen Räumen und bei leichter Bekleidung stattfinden, ist darauf zu achten, daß die Aborte zugfrei sind und von den Arbeitsräumen aus ohne besondere Gefahr vor Erkältung erreicht werden können.

X. In allen größeren Fabriken, wo die Arbeiter während der Arbeit einen Theil der Kleider abzulegen oder besondere Arbeitskleider anzulegen gezwungen sind, müssen geeignete und angemessen eingerichtete Räume hergestellt werden, in welchen die Kleider abgelegt und aufbewahrt werden; ganz besonders ist hierauf zu halten, wenn auch weibliche Arbeiter und Kinder beschäftigt werden.

Diese Räume sind für die Geschlechter zu trennen und müssen überall da, wo die Arbeiter in erheblicherem Maße dem Staub oder Erhitzung ausgesetzt sind, mit ausreichenden Waschvorrichtungen versehen sein.

XI. Können in größeren Fabriken die Arbeiter während der Mittagsstunde sich nicht nach Hause begeben, so sind für dieselben ausreichende, heizbare und angemessen eingerichtete Speiseräume herzustellen, während gleichzeitig geeignete Vorkehrungen zum Erwärmen der mitgebrachten Speisen einzurichten sind.

Die sub X. erwähnten Räume können bei angemessener Größe und Einrichtung auch als Speiseräume verwandt werden.

Ein gesundes Trinkwasser muß in allen Fabriken den Arbeitern zu Gebote stehen.

XII. Wo neben den Arbeitern auch Frauen und Mädchen beschäftigt werden, ist darauf zu halten, daß die Geschlechter während der Arbeit thunlichst getrennt sind. In großen gemeinsamen Arbeitssälen — Spinn- und Websäle — ist darauf zu halten, daß die Arbeiter und Arbeiterinnen in gesonderten Abtheilungen angestellt werden.

XIII. Sofern in Fabriken die Arbeiterinnen wegen der in den Arbeitsräumen herrschenden Wärme oder in Folge der speziellen Betriebsart die Oberkleider abzulegen genöthigt sind, sind dieselben mit anschließenden, bis an den Hals reichenden Arbeitsschürzen zu versehen. Wo gleichzeitig auch Arbeiter in denselben Arbeitsräumen beschäftigt sind, haben dieselben ebenfalls Arbeitsschürzen zu tragen.

XIV. Betreffs der für die Arbeiter im gesundheitlichen Interesse erforderlichen Ruhepausen empfiehlt sich der Erlaß allgemeiner Bestimmungen nicht. In den meisten gewerblichen Anlagen und Fabriken sind diese Verhältnisse bereits in ausreichender Weise geregelt und bei einigen Industriezweigen ist die Anordnung bestimmt einzuhaltender Pausen wegen der während des Betriebes sich von selbst ergebenden Unterbrechungen ganz unthunlich.

Im allgemeinen ist dahin zu wirken, daß bei 12stündiger Arbeitsdauer eine Mittagsfreistunde und Nachmittags eine ½stündige Ruhepause gewährt wird; wo die Arbeit bereits Morgens um 6 oder 5 Uhr beginnt, ist in der Regel auch Vormittags eine ¼—½stündige Ruhepause erforderlich. Wird die Mittagsfreistunde auf die Dauer von 1½ Stunden ausgedehnt, so erscheint eine Verkürzung resp. das Ausfallen der sonstigen Pausen zulässig. Wo erfahrungsgemäß die in dieser Beziehung bestehenden Einrichtungen nicht genügend sind oder in Anbetracht der besonderen Art des Fabrikbetriebes sich als nachtheilig herausgestellt haben, ist durch Lokal-Verordnung das Erforderliche anzuordnen.

Die für die jugendlichen Arbeiter in §. 129 der Gewerbeordnung vom 21. Juni 1869 betreffs der Freistunden und Pausen gegebenen Bestimmungen bleiben hiervon unberührt.

XV. Gehören zu einer Fabrik besondere Arbeiterkasernen behufs Unterbringung unverheiratheter oder nicht am Ort wohnender Arbeiter, so ist der Unternehmer gehalten, für ausreichende und gesunde Schlaf- resp. Wohnräume, gehörige Lagerstätten und Handhabung der erforderlichen Ordnung, Reinlichkeit und Aufsicht Sorge zu tragen. Sollen die Kasernen auch zur Unterbringung von Arbeiterinnen dienen, so sind die von letzteren benutzten Räume mit besonderem Eingang zu versehen.

Für jede derartige Kaserne ist eine von der Ortsbehörde zu genehmigende Hausordnung zu entwerfen, in den Wohn- und Schlafräumen anzuschlagen und jedem Arbeiter bei seinem Eintritt einzuhändigen. Der Hausvater oder Aufseher ist für die Befolgung verantwortlich zu machen.

2. Bayern.

Während von einer Seite die Ansicht vertreten wird, daß nur durch Forderung allgemeinerer Bildung den vorhandenen Mißständen abgeholfen werden könne (Oberbayern), hält man auf anderer Seite eine Abhülfe mittelst der Verbesserung der Fabrikeinrichtungen für möglich, auch ohne daß eine Beschränkung der Fabrikarbeit selbst stattzufinden hätte.

Eine räumliche Sonderung der Männer- und Frauenarbeit wird nur in der Pfalz im allgemeinen als wünschenswerth hingestellt und empfohlen: überwiegend hält man eine solche Maßregel wenigstens in gewissen Industriezweigen, wie z. B. Spinnereien und Webereien, wo an einer und derselben Maschine die schwereren Arbeiten von den Männern, die leichteren von den Frauen besorgt werden müssen, ferner in Zuckerfabriken, Glasbelegen u. s. w. für nicht durchführbar, glaubt übrigens, daß die sittlichen Gefahren für die Arbeiterinnen innerhalb der Arbeitsräume viel geringer seien als außerhalb derselben. Mit Leichtigkeit soll sich jene Sonderung dagegen bei der Metallschlägerei herbeiführen lassen und auch hier den Vortheil bieten, daß der durch das Schlagen des Metalls entstehende Metallstaub in seiner schädlichen Einwirkung wenigstens auf die männlichen Arbeiter beschränkt würde (Mittelfranken).

Einführung zweckmäßiger Arbeitskleidung wird speziell empfohlen für Papierfabriken in Niederbayern: „möglichst enganschließende Arbeitskleidung, welche in den Fabriken aufzubewahren ist", für die Quecksilberbelegen in Mittelfranken: „eine dichte Kleidung unter gleichzeitigem Vorbinden eines mit frischem Wasser genetzten Baumwollen- oder Schwammbausches vor Mund und Nase, nebst Verstopfen der Ohren mit Baumwolle". In Schwaben wird nur in einem Bezirke eine besondere Arbeitskleidung für die in Flachs- und Hanfspinnereien beschäftigten Arbeiterinnen als wünschenswerth erklärt, sie ist daselbst auch in einer mechanischen Bindfadenfabrik bereits in der Form von den ganzen Körper umhüllenden Schürzen nebst Holzschuhen mit Holzsohlen eingeführt. Im übrigen hat man sich wegen des Kostenpunktes, des bestehenden Widerwillens und des geringen Nutzens ablehnend gegen die Einführung einer solchen Kleidung verhalten.

Auch die Verbesserung der Ventilationseinrichtungen wird für einen großen Theil der Fabriken noch als Bedürfniß bezeichnet, nicht nur im allgemeinen (Oberbayern, Mittelfranken, Schwaben), sondern besonders auch für Zündholzfabriken (Niederbayern), Zuckerfabriken (Oberpfalz), Quecksilberbelegen und ähnliche Industriezweige (Mittelfranken). Für Papierfabriken wird in Niederbayern die Anlage eines Ableitungskamins empfohlen, welcher die Ausdünstungen der Hadern, die außerdem zur Verhütung ansteckender Krankheiten regelmäßig zu desinfiziren seien, entfernt.

Gedrungen wird ferner auf die Herstellung besonderer Arbeiterwohnungen: in denselben müssen beide Geschlechter getrennt wohnen, da das nahe Zusammenwohnen mehr Gefahr bringe, als das Zusammenarbeiten: doch trete das Bedürfniß hierzu nur in den größeren Etablissements in den Vordergrund und sei auch nur hier durchführbar. Ebenso wird gewünscht die Errichtung von Speiseräumen, damit die Mahlzeiten nicht in den staubgeschwängerten Arbeitsräumen eingenommen zu werden brauchen, für die Phosphorfabriken die Einrichtung von Waschanstalten mit spezifischen Reinigungsmitteln, Bestellung strengster Aufsicht auf die Reinlichkeit der Arbeiterinnen und Ausschluß jeder Mahlzeit während der Arbeit, endlich Trennung derjenigen Lokale, in denen die Zündmasse bereitet wird, von den übrigen Räumen; es wird damit zugleich der Vorschlag verbunden, daß die Besitzer von Quecksilberbelegen, wie es schon hier und da geschehe, anzuhalten seien, durch entsprechende Lohnabzüge für die nöthigen regelmäßigen Bäder ihrer Arbeiter zu sorgen, da erfahrungsgemäß diese selbst, sobald sie den Lohn in den Händen haben, zu derartigen Ausgaben sich nicht verstehen wollen. In Schwaben wird die Einrichtung besonderer An- und Auskleideräume mit Rücksicht auf die dort im allgemeinen betonte Ueberflüssigkeit einer eigenen Arbeitskleidung nur von einer Seite, allgemein aber die Einführung von Wasch- und Badeanstalten zur Benutzung während der Arbeitspausen als wünschenswerth bezeichnet.

Fast allseitig warm empfohlen werden Einrichtungen zur Beaufsichtigung und Beschäftigung noch nicht schulpflichtiger Kinder, insbesondere in Oberbayern: „solche Anstalten sind überall, wo eine größere Anzahl von verheiratheten und ledigen Arbeiterinnen beschäftigt ist, ein wahres Bedürfniß: bisher ist nur von dem Besitzer einer etwa 500 Arbeiter beschäftigenden Baumwollenspinnerei die Errichtung einer solchen Anstalt in die Hand genommen worden, es könnte dieselbe für alle größeren Fabriken vielleicht angeordnet werden", in Niederbayern: „es müßten aber gleichzeitig den Müttern ohne Schmälerung des Arbeitslohnes abwechslungsweise bestimmte Arbeitspausen behufs Führung der Aufsicht über die Kinder gewährt werden, wodurch nebenbei die jetzt allmälig eintretende Entwöhnung der Frauen von den häuslichen Arbeiten ferngehalten würde," in der Pfalz: „solche Anstalten sind von großem Werthe für Fabrikorte: der in Oggersheim bestehende Kindergarten wird fast von sämmtlichen noch nicht schulpflichtigen Arbeiterkindern besucht," in Schwaben: „von einer Seite wird beantragt, die Benutzung der zu errichtenden Kinderbewahranstalten den Arbeitern zur Pflicht zu machen, nach dem Vorschlage einer Behörde wären derartige Anstalten auf Kosten der Arbeitgeber bei einer Anzahl von wenigstens 20 Kindern zu errichten, nach dem eines Bezirksarztes sollen für das Stillen der Kinder Prämien ausgesetzt werden", ähnlich in Ober- und Mittelfranken.

Unentgeltlich zu benutzende Unterrichtsanstalten für weibliche Arbeiterinnen werden in Mittelfranken empfohlen, auch in Oberbayern; nur wird hier hinzugefügt, daß nicht allzu große Hoffnung bestehe, daß dieselben ohne Zwang zahlreich besucht werden, zumal die besseren Elemente der verheiratheten Arbeiterinnen ihre freie Zeit, namentlich an Sonntagen, zur Besorgung häuslicher Arbeiten verwenden. In Schwaben wird von keiner Seite ein besonderes Gewicht auf die Errichtung solcher Unterrichtsanstalten gelegt.

Einschränkungen der Fabrikarbeit sind nur vereinzelt das Ziel der Vorschläge; so wird in Mittelfranken und Schwaben übereinstimmend empfohlen, die Nacht- und Sonntagarbeit für die Frauen allgemein zu verbieten und nur in Nothfällen zu gestatten. Die tägliche Arbeitszeit der Arbeiterinnen soll nach Ansicht eines Magistrats 11 Stunden nicht überschreiten: da dieselbe aber besonders in Spinnereien und Webereien wegen des Ineinandergreifens der Frauen- und Männerarbeit keine kürzere sein dürfe, als die der letzteren, sei die Einführung des elfstündigen Normalarbeitstages anzustreben. Ein Verbot der Fabrikarbeit wird für die Arbeiterinnen auf 3 bis 4 Wochen vor und nach der Entbindung als nöthig bezeichnet: von einer Seite wird empfohlen, die Einstellung der Arbeiterinnen von ärztlicher Prüfung abhängig zu machen und die Frauen eine Zeit lang vor der Niederkunft unter ärztliche Kontrole zu stellen, zu diesem Behufe sei bei einer bestimmten Anzahl von Arbeiterinnen ein Geschäftsarzt zu bestellen; für angemessene Unterstützung während des Ausschlusses von der Fabrikarbeit müßte freilich Sorge getragen werden. Gegen den letzteren Vorschlag wird seitens einiger Arbeitgeber geltend gemacht, daß bei Erlaß einer gesetzlichen Vorschrift über die Fortzahlung des Lohnes an eine wegen Schwangerschaft von der Arbeit ausgeschlossene Frauensperson zu besorgen sei, daß dergleichen Personen schon vorher aus der Fabrik entlassen werden.

Auch Beschränkungen innerhalb gewisser Industriezweige sind nur ausnahmsweise angeregt. So wird in Mittelfranken von einer Seite empfohlen, die Beschäftigung in Quecksilberbelegen für Arbeiterinnen, wenigstens für die unter 20 Jahre alten, da diese doch im allgemeinen körperlich und geistig noch in der Entwickelung stehen, ganz zu untersagen; von anderer Seite wird wenigstens für nothwendig erachtet, Arbeiterinnen, welche drei Monate lang in solchen Fabriken gearbeitet haben, auf gewisse Zeit von dieser Arbeit auszuschließen; eine entsprechende Vorschrift habe schon früher bestanden; ihre Umgehung könne dadurch verhütet werden, daß die Arbeiterinnen Arbeitsbücher zu führen hätten, in denen der Eintritt in die Fabrik und der Austritt amtlich zu vermerken sein würde. In Phosphorzündholzfabriken soll nach den in der Pfalz erhobenen Ansichten die Frauenarbeit ganz beseitigt werden, da alle Vorsichtsmaßregeln und die Anordnung aller von verschiedenen Seiten vorgeschlagenen Vorbeugungsmittel und Gegengifte die Arbeiter unmöglich vor der absolut schädlichen, von einer solchen Fabrikation unzertrennbaren Einathmung von Phosphordämpfen schützen können: am besten würde daher ein gänzliches Verbot der Fabrikation von gewöhnlichen Phosphorzündhölzchen oder wenigstens eine hohe Besteuerung dieser Fabrikation wirken; dies sei um so mehr angezeigt, als die Fabrikation von Zündhölzchen mit amorphem Phosphor erwiesenermaßen unschädlich sei. Uebrigens haben auch die Regensburger Fabrikanten für den Fall der Erschwerung der Fabrikation der gewöhnlichen Phosphorzündhölzer sich bereit erklärt, fernerhin nur noch s. g. schwedische Zündhölzer zu liefern.

Fast allgemein ist man der Ueberzeugung, daß die Durchführung der vorgeschlagenen Maßregeln werde vor sich gehen können, ohne die wirthschaftliche Lage der Arbeiterfamilien erheblich zu benachtheiligen und die einzelnen Industriezweige empfindlich zu schädigen: ebenso allgemein hält man aber eine weitergehende Beschränkung oder gar eine vollständige Beseitigung der Frauenarbeit für in hohem Grade bedenklich. In Oberbayern weist man darauf hin, daß doch gerade jetzt auf anderen Wirthschaftsgebieten der Versuch gemacht werde, der weiblichen Arbeitskraft weiteren Spielraum zu eröffnen; und statistisch nachweisbar sei, daß der Ueberschuß des weiblichen Geschlechts über das männliche sich steigere, während durch die bestehende Heeresverfassung gerade die besten und zahlreichsten männlichen Arbeitskräfte der wirthschaftlichen Arbeit entzogen werden. Es wird als zweifellos hingestellt, daß die Frauenarbeit für viele Industriezweige geradezu unersetzlich sei, daß ihr Wegfall den ökonomischen und sittlichen Ruin einer großen Anzahl von Arbeiterfamilien zur Folge haben, also zum Nachtheile derjenigen sich gestalten würde, denen man eine Wohlthat damit erweisen wolle Das den Familien nach Wegfall der Frauenarbeit verbleibende Einkommen werde denselben keine genügende Subsistenz mehr gewähren (Oberbayern, Pfalz, Oberfranken, Schwaben); den Arbeiterinnen würde anderweit Gelegenheit zu einem den Lohnverlust ausgleichenden Verdienst nur in Städten und auch da nur ausnahmsweise (Oberbayern) geboten sein; jedenfalls würde die Lage der Arbeiterinnen durch Ausschließung von der Fabrikarbeit und Heranziehung zu anderen Arbeiten nicht verbessert werden (Schwaben). Durch die Minderung des Angebots an Arbeit würde zwar nothwendigerweise die Nachfrage nach männlicher Arbeit sich vermehren und in Folge dessen auch der Lohn der Arbeiter sich steigern; jedoch keineswegs in dem Maße, daß hierdurch der ausfallende Frauenlohn gedeckt würde (Schwaben), namentlich würden die vielen ledigen Frauen, die auf sich allein angewiesen seien, zum größeren Theile ihre

Subsistenz verlieren oder den Dienstboten eine für beide Theile lästige Konkurrenz zu machen gezwungen sein (Mittelfranken).

Daß zu der Arbeit, zu welcher Frauen gegenwärtig in Fabriken beschäftigt sind, theilweise auch Männer verwendet werden könnten, wird nicht bezweifelt, doch wird darauf hingewiesen, wie manche Frauenarbeit so leichter und mechanischer Art sei, daß eine Manneskraft damit gar nicht ausgenützt werde, z. B. das sogenannte Spiegelpatschen in den Spiegelfabriken, welches in dem Verkleben der geschnittenen Spiegelgläser und der Holzgehäuse mit Papier bestehe (Mittelfranken), das Legen der gebleichten Tücher in den Bleichereien (Schwaben). Die in den Glasfabriken, den Baumwollspinnereien, Papierfabriken, Stickereien, Strohwaaren-, Cigarren- und Zuckerfabriken den Frauen zugewiesenen Arbeiten könnten von Männern wenigstens nicht mit der gleichen Gewandtheit, Leichtigkeit und Sicherheit verrichtet werden, wie von den Frauen (Oberbayern, Schwaben). Der Mehrbedarf an Arbeitern ließe sich nur schwer beschaffen, da die Klagen über Arbeitermangel auch im Kleingewerbe und in der Landwirthschaft seit Jahren allgemeine seien (Oberbayern, Oberfranken, Mittelfranken) und der weitaus größte Theil der Arbeiterfamilien würde wegen Mangels ausreichender Subsistenz dorthin sich wenden, wo solche Beschränkungen nicht bestehen (Mittelfranken). Schon eine Einschränkung der täglichen Arbeitszeit würde hauptsächlich in den Spinnereien und Webereien und überall da, wo nach der Natur des Betriebes Frauen und Männer sich in die Hand arbeiten und daher nothwendig eine gleiche Arbeitszeit haben müssen, den Betrieb empfindlich stören (Oberbayern, Oberfranken, Mittelfranken, Schwaben). Ein gänzliches Verbot würde eine erhebliche Verschiebung der Konkurrenzverhältnisse denjenigen Ländern gegenüber zur Folge haben, welche ein solches Verbot nicht kennen und daher mit billigeren Arbeitskräften rechnen können; sogar in der inländischen Industrie würde es darauf ankommen, ob in gleichen Industriezweigen verschiedener Bezirke bisher eine annähernd gleiche oder erheblich verschiedene Anzahl von Frauen beschäftigt gewesen sei, letzterenfalls würden Fabrikanten, welche weibliche Arbeiter hervorragend beschäftigt haben, durch ein desfallsiges Verbot wenigstens vorübergehend hart betroffen werden (Oberbayern Oberfranken, Mittelfranken, Schwaben). Eine Konkurrenz der deutschen Textilindustrie mit dem Auslande, namentlich mit England, Oesterreich und der Schweiz wird bei bedeutender Einschränkung der Frauenarbeit von einer Seite unter Hinweis darauf als unmöglich bezeichnet, daß schon jetzt einzelne Fabriken, besonders in Augsburg unter schwierigen Verhältnissen arbeiten und die deutschen Fabrikate auf neutralen Märkten nur schwer mit dem Auslande konkurriren können. Eine andere Ansicht (Fürth in Mittelfranken) geht freilich davon aus, daß es eine schwer zu beantwortende Frage sei, inwieweit derartige Maßregeln auf den Weltmarkt überhaupt Einfluß haben würden, da man zuvor, außer den Preisunterschieden zwischen den männlichen und weiblichen Arbeitskräften, den Zoll- und Transportkosten des Produktes bis auf den Verkaufsplatz, vor allem die nie auch nur mit annähernder Genauigkeit zur Verfügung stehenden Preise der inländischen und ausländischen Rohprodukte und fertigen Waaren kennen müßte: es sei namentlich zu erwägen, daß nur bei wenigen Industriezweigen der Arbeitslohn einen Haupttheil der Kosten des Produktes bilde; in dem größten Theile der Fabrikation seien das Rohprodukt und die maschinellen Einrichtungen die Hauptelemente der Preissätze, eine Erhöhung der Arbeitslöhne würde daher nicht ohne weiteres die Konkurrenz untergraben.

3. Sachsen.

Die Mehrzahl der Vorschläge, welche auf die Abhülfe der vorhandenen Mißstände sich richten, betreffen Verbesserungen der Fabrikanstaltseinrichtungen und Veranstaltungen zur Förderung der Verhältnisse der Arbeiterfamilien außerhalb der Fabriken. In letzterer Beziehung wird, trotzdem der Unterricht in den weiblichen Handarbeiten in den sächsischen Volksschulen vom 3. bis 8. Schuljahre obligatorisch ist, von vielen Seiten empfohlen, Unterrichtsanstalten für weibliche Handarbeiten, vielleicht obligatorische Fortbildungsschulen für das weibliche Geschlecht mit Unterricht im Kochen und häuslichen Arbeiten zu errichten, um einem der dringenst empfundenen Uebelstände, der Unfähigkeit der Fabrikarbeiterinnen, einer einfachen Wirthschaft vorzustehen, abzuhelfen. Zum mindesten sei die Einrichtung von Volksküchen anzustreben, da die bessere Ernährung der niederen Klassen ein nicht zu unterschätzendes Moment bilde. Fast allgemein wird ferner der Begründung von Krippen und Volkskindergärten das Wort geredet und der Wunsch ausgesprochen, die hier und da bereits bestehenden Anstalten dieser Art nicht nur den Kindern wohlsituirter Eltern, sondern auch solchen der unteren Volksschichten zugänglich zu machen. Nach der Ansicht eines Geistlichen würde die Gründung und Unterhaltung dieser Anstalten, abgesehen von der Betheiligung der Privatwohlthätigkeit, in erster Linie denjenigen Fabrikbesitzern, welche verheirathete Frauen beschäftigen, obliegen, „da diesen der Ertrag der Fabrikarbeit reichlich zu Gute gehe", in zweiter Linie aber der Gemeinde, da diese verpflichtet sei, für ihre Armen zu sorgen. Ein Lehrer hebt freilich hervor, der Gesetzgeber dürfe die Errichtung von Kindergärten nur als einen Nothbehelf ansehen, denn für die Dauer würden diese Anstalten nur dazu beitragen, die ohnehin sehr losen Bande, durch welche viele Arbeiterfamilien noch zusammengehalten werden, noch mehr zu lockern und die Eltern mehr und mehr ihrer wichtigsten Pflichten zu entheben; es werde gar nicht selten beobachtet, daß Frauen nur in die Fabrik gehen, um daheim die Wirthschaft nicht führen und die Kinder nicht warten und reinigen zu müssen; sie seien hierzu zu bequem und ziehen die leichtere Fabrikarbeit vor, wenn sie auch oft ihren ganzen Verdienst aufwenden müssen, um ihre Kinder einstweilen nothdürftig unterzubringen. In einem gewissen Widerspruche damit wird im Bezirk Leipzig von vielen Seiten an der Hand der Erfahrung behauptet, daß Anstalten dieser Art von den Arbeitern nur ungern benutzt werden, vielleicht weil den Müttern die Anforderungen an Reinlichkeit, Pünktlichkeit und Ausstattung der aufzunehmenden Kinder zu streng und das tägliche Hin- und Herschicken zu beschwerlich erscheine: Thatsache sei, daß dergleichen Anstalten in zahlreichen Orten, wo solche bestanden, wegen der Theilnahmlosigkeit der Arbeiter eingegangen seien.

Daß zur Wahrung der Sittlichkeit Trennung der Geschlechter bei der Arbeit von großem Nutzen und deshalb auch möglichst anzustreben sei, wurde mehrseitig anerkannt. Wie ein Arbeitgeber erklärte, nöthigt schon das eigene Interesse den Fabrikbesitzer, diese Maßregel so streng als möglich durchzuführen, da in den Räumen, wo mit Rücksicht auf den Betrieb zugleich männliche und weibliche Arbeiter beschäftigt werden müssen, die geleistete Arbeit nach Quantität und Qualität erheblich geringer als da sei, wo die Geschlechter getrennt seien. Größere Schwierigkeiten sollen sich allerdings der Durchführung dieser Maßregel in solchen Industriezweigen entgegenstellen, in denen Frauen die Vorarbeiten für Männer an denselben Maschinen besorgen und hierbei durch

Männer schwer ersetzt werden können. In Cigarrenfabriken erscheint nach dem fast einstimmigen Gutachten der vernommenen Sachverständigen die Trennung der Geschlechter vorzugsweise wünschenswerth, ob auch ausführbar, wird vielseitig bestritten, andererseits aber behauptet, daß es bereits Fabriken gebe, in denen die Cigarrenarbeiter, die Wickelmacherinnen und die jugendlichen Abripper in getrennten Räumen arbeiten. Nur hier und da taucht die Ansicht auf, eine solche Maßregel sei nicht nur undurchführbar und würde den Ausschluß der weiblichen Arbeiter aus den Fabriken zur Folge haben, sondern auch unzweckmäßig, da die Erfahrung lehre, daß männliche und weibliche Arbeiter, welche zusammen arbeiten, fast nie in ein unsittliches Verhältniß zu einander treten. Aus einer Stadt des Dresdener Bezirks wird sogar berichtet, daß man absichtlich die Trennung der Geschlechter bei der Arbeit nicht weiter durchgeführt habe, da man die Erfahrung gemacht habe, daß den Arbeiterinnen durch die Gegenwart von Männern in der Unterhaltung ein gewisser Zwang auferlegt werde, ganz abgesehen davon, daß in gut geleiteten Fabriken Unsittlichkeiten selbst bei vereinter Beschäftigung männlicher und weiblicher Arbeiter nicht vorkommen können.

Besondere Arbeitskleidung ist nur vereinzelt als Bedürfniß anerkannt worden. Für die Spinnereien, Webereien und ähnliche Fabriken empfiehlt ein Fabrikinspektor die Anschaffung besonderer dem männlichen Anzuge ähnlicher Kleidung, die für die Dauer der Arbeit über die gewöhnliche Kleidung anzulegen sei, wie dies bereits in England in mehreren Spinnereien und Webereien geschehe. Für Zündwaaren- und ähnliche Fabriken wird die Anschaffung von Beinkleidern und Filzschuhen, von anderer Seite aber der Erlaß und die sorgfältige Ueberwachung einer allgemeinen Kleiderordnung empfohlen, welche die Ansammlung und Verschleppung von Pulver verhüte. Außerdem wird hier und da in Vorschlag gebracht, die mit Vulkanisiren von Gummiwaaren, sowie die in den Haderräumen, Strohstoffbleichen, an den Scheermaschinen in den Appreturanstalten u. s. w. beschäftigten Arbeiterinnen mit Respiratoren zu versehen.

Der Erlaß von Anordnungen behufs vollkommener Abschließung der Maschinen wird fast allseitig als nicht nothwendig bezeichnet, da hierfür bereits ausreichend gesorgt sei. In einigen Städten des Bezirks Zwickau wird die Beibehaltung und Instandhaltung der Schutzvorrichtungen sogar durch den Inspektor der Unfallversicherungsgesellschaft überwacht, welche die Fabrikanten seit dem Erlaß des Haftpflichtgesetzes unter einander gebildet haben. Dagegen wird mehrseitig die Herstellung wirksamerer Ventilationseinrichtungen, besonders in denjenigen Fabriken, in denen viel Staub entsteht, für dringend nothwendig erklärt. Auch über die grundsätzliche Behandlung der Neu- und Umbauten von Fabriklokalitäten sind manche Vorschläge gemacht, wenngleich dieselben über die zunächst für die Frauenarbeit gebotenen Rücksichten hinausreichen. Ein Geistlicher meint, es solle doch möglich sein, gleichwie für Schulhäuser auch für Fabrikgebäude allgemeine baupolizeiliche Vorschriften zu erlassen und namentlich genügende Ventilationseinrichtungen im Detail anzuordnen. Ein Fabrikinspektor empfiehlt, über die Einrichtung und den Betrieb neuer Fabriken besondere Normativbestimmungen zu erlassen, in welchen namentlich auf die Geräumigkeit, Helligkeit, Erleuchtung und Ventilation der Arbeitsräume, sowie auf die Anlegung zweckmäßiger von den eigentlichen Fabrikgebäuden getrennter Aborte gesehen werden müßte. Bezüglich der Tabak- und Cigarrenindustrie insbesondere wird von einer Seite der Erlaß von Vorschriften über Umfang und Höhe der Arbeitsräume nach Verhältniß der darin beschäftigten Arbeiter befürwortet.

Die Einrichtung eigener An- und Auskleideräume, sowie besonderer Veranstaltungen zur regelmäßigen Reinigung der Kleider ist namentlich dort empfohlen, wo auf eine besondere Arbeitskleidung Gewicht gelegt wird: andererseits wird versichert, daß es erfahrungsgemäß besser sei, jeder Arbeiterin in der Nähe ihrer Maschine ein verschließbares Behältniß anzuweisen, in welchem die Arbeitsbedürfnisse und Kleidungsstücke aufbewahrt werden können.

Nur vereinzelte Stimmen sprechen sich für Errichtung von Wasch- und Baderäumen, Schlafanstalten, Logirhäusern, Koch- und Speiseanstalten aus. Ein Industrieller beklagt, daß die Fabrikbesitzer meist nicht vermögend genug seien, für ihre weiblichen Arbeiter Logirhäuser zu gründen, in denen sie nach vollendeter Arbeit ein behagliches Heim finden können; er würde dem gesetzlichen Zwange hierzu gern das Wort reden, wenn nicht durch diese Mehrausgabe die Konkurrenzfähigkeit der deutschen Fabrikation gegenüber der des Auslandes in Frage gestellt würde. Die Herstellung geeigneter Speiseräume sei ebenfalls dringend wünschenswerth: es sei ein Mißstand, daß in vielen Fabriken die Arbeiter während der Mittagszeit überall nach Plätzen und Winkeln herumsuchen müssen, um ihr einfaches Mahl einzunehmen. Ein anderer Arbeitgeber weist freilich darauf hin, daß er in seiner Fabrik mit einer Speiseanstalt schlechte Erfahrungen gemacht habe: trotzdem die Speisen zum Selbstkostenpreise geliefert worden seien, habe man sich seitens der Arbeiter dieser Einrichtung doch nur ungern bedient, und wer sich davon habe befreien können, habe es gethan; ein Zug nach Ungebundenheit sei in der Arbeiterbevölkerung vorherrschend, sie ertrage lieber Mangel, als daß sie sich einer gewissen Ordnung füge. Doch wird auch wohl auf Seiten der Arbeitgeber die Schuld gefunden; eine Menge von Uebelständen, denen Staat und Gesetzgebung machtlos gegenüberstehen, würden bald ihre Erledigung finden, wenn die Arbeitgeber etwas mehr von dem Bewußtsein der Verpflichtungen durchdrungen wären, welche Stellung und Besitz ihnen auferlegen; daran ist der Vorschlag geknüpft, in ähnlicher Weise, wie in neuester Zeit Arbeiter für Treue in der Arbeit ausgezeichnet worden seien, denjenigen Arbeitgebern Zeichen der staatlichen Anerkennung zu verleihen, welche sich durch musterhafte Fabrikeinrichtungen hervorragende Verdienste um das leibliche und geistige Wohl ihrer Arbeiter erworben haben.

Irgend welche gesetzliche Einschränkung der Frauenarbeit in den Fabriken wird meist von den Arbeitgebern und Arbeitnehmern dringend widerrathen. In anderen Kreisen sind die Anschauungen dagegen verschieden. Einige Aerzte empfehlen den Erlaß von Bestimmungen, nach welchen den Frauen die Beschäftigung in Fabriken untersagt werden kann, sobald dies im einzelnen Falle aus Rücksichten auf gesundheitliche Verhältnisse sich nöthig erweist: in den Zündwaarenfabriken insbesondere wollen sie nur gesunde Arbeiterinnen mit guten Zähnen beschäftigt sehen und verlangen die Entlassung, sobald Erkrankungen des Zahnfleisches und der Zähne sich zeigen. Es solle ein öfterer Wechsel der Arbeiterinnen in diesen Fabriken stattfinden, die Fabrikation der Phosphorhölzer mit blauer Masse aber gänzlich untersagt werden, da nachgewiesenermaßen diese durch Zusatz von Ultramarin hergestellten Hölzer mehr Phosphordämpfe verbreiten, als die aus brauner Masse bereiteten. Es wird auch darauf hingewiesen, daß das sächsische Berggesetz eine ganz zweckmäßige Bestimmung enthalte, nach welcher die unterirdische Beschäftigung der Frauen untersagt sei. Nach Ansicht eines Bezirksarztes sollen Frauen von der zweiten Hälfte der Schwangerschaft ab nach näherer Anordnung des Fabrikarztes nur mit leichten Arbeiten beschäftigt werden dürfen.

Auch der allgemeinen Beschränkung der Arbeitszeit verheiratheter Frauen wird von einigen Seiten das Wort geredet. Die Sonn- und Feiertagsarbeit sollte darnach schon in Rücksicht auf das äußere Wohl der Arbeiterinnen unbedingt niemals gestattet, die Arbeit am Sonnabend aber bereits um 4 Uhr geschlossen werden, letzteres, damit jene häuslichen Arbeiten, die jetzt zum größten Theil den Sonntag der verheiratheten Arbeiterinnen ausfüllen, noch am Abende des letzten Wochentages besorgt werden können. Für das Verbot der Nachtarbeit spricht sich selbst ein Industrieller mit Wärme aus: dieselbe habe stets einen ungünstigen Einfluß auf die Arbeiter, gebe ihnen Gelegenheit zu Unsittlichkeiten und veranlasse zum Genusse von Branntwein, durch den viele Arbeiter sich Kräfte für die Nachtwache zu schaffen suchen. Zum mindesten sei die Nachtarbeit in der Textilindustrie eine unnütze Quälerei für die Arbeiter und gewähre dem Arbeitgeber nur einen eingebildeten Nutzen, da die gelieferte Waare an Quantität und Qualität gegen die zur Tageszeit gefertigte zurückstehe. In der Blumenfabrikation müsse die Nachtarbeit schon wegen der daraus für das Augenlicht entspringenden Nachtheile beseitigt werden. Von anderer Seite wird für Frauen, welche Kinder zu erziehen haben, das Verbot der Nachtarbeit und eine Beschränkung der Tagesarbeit auf acht Stunden empfohlen. Für wünschenswerth wird es hier und da wenigstens gehalten, die Frauen 1 bis 2 Stunden früher als die Männer aus den Fabriken zu entlassen und ihnen eine zweistündige Mittagspause zu gewähren, damit sie im Stande seien, in Ruhe das Mittagsbrot für ihre Familie zu bereiten und nicht „wie ein gehetztes Wild“ auf weiten Wegen aus der Fabrik zum Mittagsbrote und wieder zurückeilen müßten.

Ganz vereinzelt wird auch von Arbeitern dem Wunsche nach allgemeiner Beschränkung der Frauenarbeit Ausdruck gegeben: einer derselben motivirt diesen Wunsch damit, „daß in Zukunft die weiblichen Arbeiter den männlichen keine Konkurrenz mehr sollen machen können“. Ein anderer beantragt Beschränkung auf eine zehnstündige Arbeitszeit unter Hinweis auf eine Fabrik, in welcher die zehnstündige Arbeitszeit eingeführt sei und gerade soviel Waare geliefert werde, als dies sonst in elf- bis zwölfstündiger Arbeitszeit geschehen sei. Dagegen konstatirt ein Arbeitgeber aus der Webindustrie, daß er eine Zeit lang seine Fabrik bereits um 6 Uhr Abends habe schließen lassen, diese Einrichtung aber bald wieder habe aufgeben müssen, weil seine Arbeiter in der verkürzten Arbeitszeit nicht fleißiger gearbeitet, in Folge dessen weniger verdient und daher erklärt haben, in Fabriken mit längerer Arbeitszeit übertreten zu wollen. Eine Arbeiterin spricht sich dahin aus, daß mit einer gesetzlichen Beschränkung der Arbeitszeit alle Arbeiterinnen einverstanden sein würden, welche im Akkord arbeiteten, weniger jedoch diejenigen, welche auf Tagelohn arbeiteten und bei verkürzter Arbeitszeit weniger Lohn erhalten würden.

Im Leipziger Bezirke wird mehrfach empfohlen, statt mit gesetzlichen Beschränkungen der Frauenarbeit vorzugehen, die den verheiratheten Frauen zu verstattenden Vergünstigungen einfach in die Hand des Fabrikherrn zu legen, bezw. der freien Vereinbarung zwischen diesem und seinen Arbeiterinnen zu überlassen: es fehle nicht an Beispielen, daß die Arbeitgeber in der wohlwollendsten Weise freiwillig dergleichen Erleichterungen ihren verheiratheten Arbeiterinnen gewährt haben. Einige der bedeutendsten Industriellen des Leipziger Bezirkes befürworten gesetzliche Beschränkungen der Frauenarbeit nur unter der Voraussetzung gleicher Maßnahmen „in den übrigen Hauptproduktionsstaaten“: man solle ein internationales Arbeitergesetz anstreben, anstatt [illegible] und selbstständig vorzugehen und dadurch die eigenen Landesinteress[illegible] schädigen.

auch wohl den Sonnabendnachmittag freizugeben (Jaxtkreis), die Sonntagarbeit aber jedenfalls zu verbieten. Von der zweiten Hälfte der Schwangerschaft bis 14 Tage nach der Niederkunft sollen Frauen zum mindesten nicht in Fabriken, die giftige Stoffe verarbeiten, beschäftigt werden dürfen (Neckarkreis). Das gänzliche Verbot der Frauenarbeit in Fabriken verlangt der sozial-demokratische Arbeiterbildungsverein zu Stuttgart in der Weise, daß an Stelle aller im Laufe der Zeit aus einer Fabrik austretenden Arbeiterinnen demnächst nur männliche Arbeiter sollen eingestellt werden dürfen. Ferner wird noch der Nichtzulassung aller Mädchen von schwächlichem und unentwickeltem Körperbau in der Textilindustrie, aller Frauen überhaupt in Räumen, die mit Schwefeldünsten gefüllt sind, wie Räuchereien bei der Wollwaarenfabrikation (Donau- und Jaxtkreis), sowie in Bleichereien, Gerbereien und Wichsfabriken (Arbeiterverein Göppingen) das Wort geredet.

Diejenigen Personen und Behörden, welche Maßregeln zur Abhülfe der vorhandenen Mißstände vorgeschlagen haben, sind fast alle der Ueberzeugung, daß dieselben durchzuführen sein werden, ohne die wirthschaftliche Lage der Arbeiterfamilien erheblich zu benachtheiligen oder die Industrie wesentlich zu schädigen. Man glaubt, daß der durch Einschränkung der Frauenarbeit entstehende Lohnverlust sich ausgleichen werde, theils indem den Frauen die Möglichkeit gegeben sei, den Haushalt im Stande zu halten, ihre Gesundheit zu schonen und in Folge dessen eine verlängerte Arbeitsfähigkeit zu behaupten, theils durch eine wahrscheinliche Erhöhung der Löhne der männlichen Arbeiter.

Wenn auch die vermehrte wirthschaftliche Thätigkeit der Hausfrau im eigenen Hauswesen nicht unmittelbar produktiver Art sei, so sei sie doch von großem Werthe; sie erhalte, was der Mann verdiene und könne durch geschickte Wirthschaftsführung mehr gewinnen, als durch die Arbeit in der Fabrik verdienen (Neckarkreis). Der Arbeiterverein in Göppingen ist der Ansicht, daß die wirthschaftliche Lage der Arbeiterfamilien durch Beschränkung der Frauenarbeit nicht auf die Dauer, sondern nur vorübergehend benachtheiligt werde. Ein Mensch der nur 8 bis 10 Stunden arbeite, brauche nicht so viel Nahrungsmittel, als derjenige, welcher 12 bis 16 Stunden arbeite, auch erzeuge das übermäßige Arbeiten Krankheiten und eine immer größere Schwächung des nachkommenden Geschlechtes. In der Weberei werden die Löhne der männlichen Arbeiter vielleicht etwas steigen, ohne aber diesen Industriezweig zu schädigen; in England sei längst eine kürzere Arbeitszeit eingeführt, und doch mache uns dieses Land Konkurrenz.

Anders urtheilen die Handelskammern und meist auch die übrigen Behörden und Sachverständigen. Sie halten schon eine Beschränkung, jedenfalls aber das Verbot der Frauenarbeit, welche ebenso für die Existenz der Arbeiterfamilien nothwendig als für die Industrie unentbehrlich sei, für in hohem Grade bedenklich, wenn nicht gar für undurchführbar. Die Handelskammer in Reutlingen bemerkt, daß die wirthschaftliche Lage der Arbeiterfamilien in ihrem Bezirke durch die Verwendung von Arbeiterinnen in Fabriken sichtlich gehoben worden sei; einige Gemeinden, welche vor der Errichtung von Fabriken zu den ärmsten des Landes gehörten, erfreuen sich jetzt eines zunehmenden Wohlstandes. Im Schwarzwald- und im Donaukreise wird behauptet, daß die Arbeiterinnen schwerlich anderweit Gelegenheit zu einem den Lohnverlust ausgleichenden Verdienste haben würden, und auch der Arbeiterbildungsverein zu Reutlingen äußert sich in ähnlichem Sinne. Ein Industrieller des Neckarkreises betont, daß die Gesetzgebung in dieser Hinsicht bei der Einwirkung auf industrielle Verhältnisse mit der allergrößten Vorsicht zu verfahren habe, da manches, was von oben herab zum Schutze der Arbeiter mit bester Absicht in das Werk gesetzt werde, sehr leicht seinen Zweck verfehlen und geradezu in das Gegentheil umschlagen könne. Was helfe es den Arbeiterfamilien, daß die Arbeit der Frauen in Fabriken verboten oder beschränkt wird, wenn dadurch das ohnehin spärliche Einkommen der Familie geschmälert ist und nun leibliche Noth, Hunger und Durst in derselben einkehrt? Die Folgen der Entbehrung seien zufolge langjähriger Erfahrungen nach allen Richtungen hin viel schlimmer, als die Folgen körperlicher Anstrengung. Wo der Hunger und überhaupt Mangel am Nothwendigsten herrsche, weiche allmälig alles andere, was dem Menschen seinen Werth verleihe, da gehe der Familienfriede, die sittliche wie die körperliche Kraft, der Sinn für Recht und Ordnung verloren, da greife Menschenhaß, Gesetzlosigkeit und Unsittlichkeit in bedauerlicher Weise Platz.

Im Neckarkreise wird betont, daß die Beschränkung der Frauenarbeit gleich nachtheilig für Arbeitgeber und Arbeitnehmer sein würde: erstere würden in ihren Dispositionen für den Fabrikbetrieb gestört, letztere weniger verdienen, mehr Zeit zum Müßiggange erhalten und voraussichtlich ihren Verdienst im Wege der Prostitution zu ergänzen suchen.

Was insbesondere den Einfluß einer solchen Maßregel auf die Industrie betrifft, so ist hervorgehoben, daß jede Einschränkung der Frauenarbeit den Betrieb der Fabriken stören müßte, da die Arbeiterinnen in der Regel die leichteren Vorarbeiten versehen, den männlichen Arbeitern in die Hand schaffen, oder geradezu Beihülfe bei den von denselben verrichteten Arbeiten zu leisten haben (Schwarzwaldkreis). Wenn ein Glied im Mechanismus einer Fabrik ruhe, können auch die anderen nicht fortarbeiten (Handelskammer Stuttgart). Es wird ferner darauf aufmerksam gemacht, daß die den Frauen entzogenen Arbeiten nur zum geringsten Theile für Männer geeignet sein würden, und besonders auf diejenigen Industriezweige Bezug genommen, welche die meisten Frauen, und zwar mehr Frauen als Männer beschäftigen, wie die Spinnereien und Webereien, die Papier-, Taback- und Cigarrenfabrikation (Neckar- und Schwarzwaldkreis). Es würde sich nicht verlohnen, erklärt eine Handelskammer, Männer an das Spulrad, an den mechanischen Webstuhl oder an den Wickeltisch zu setzen; die schwere Hand des Mannes würde nicht einmal die gleiche Geschicklichkeit dazu haben, wie die Hand der Frau. Außerdem handele es sich zum Theil um Arbeiten, deren Fortführung überhaupt nur bei den geringeren Kosten der Frauenarbeit sich lohne. Endlich bildet, wie von einem Industriellen des Neckarkreises bemerkt wird, die Uebertragung der Frauenarbeiten an Männer eine wirthschaftlich nicht zu rechtfertigende Kraftverschwendung; irgend leistungsfähige Männer würden zu jenen Geschäften selbst gegen gute Bezahlung sich nicht hergeben. Auch abgesehen von dieser Abneigung der Männer würde der Mehrbedarf an Arbeitern nur sehr schwer und mit größter Benachtheiligung sowohl der betreffenden Industriezweige als auch anderer Erwerbszweige sich decken lassen. Jenen würden größere Aufwendungen an Arbeitslohn für die größere Zahl der Arbeiter, ferner die Sorge für Einübung der neuen Arbeitskräfte und die Verpflichtung zu manchen weiteren Einrichtungen erwachsen; was diese angeht, so würde eine allgemeine Erhöhung der Löhne für männliche Arbeiter die nothwendige Folge sein (Handelskammer Heidenheim). Dadurch würden die Preise der Fabrikate in einer Weise erhöht werden, daß für viele Industriezweige, wie z. B. die Baumwollenfabrikation, die schon jetzt unter der Konkurrenz zu leiden habe, ernste Gefahren entständen (Neckar-, Schwarzwaldkreis). Das Verbot oder auch nur eine irgendwie erhebliche Beschränkung der Frauenarbeit würde gleichbedeutend sein mit dem Verzichte auf die Konkurrenz (Handelskammer Stuttgart) und viele Etablissements geradezu zum Stillstande bringen (Handelskammer Heidenheim).

Es ist berechnet, daß bei einem gänzlichen Verbote der weiblichen Fabrikarbeit und bei Besetzung sämmtlicher zur Zeit durch Arbeiterinnen ausgefüllten Plätze durch Arbeiter in einer Baumwollenspinnerei, welche 270 und zwar 62 männliche, 130 weibliche und 78 jugendliche Arbeiter beschäftigt, der zeither in einem Monat gezahlte Lohnbetrag von 8535 Mark auf 10.225 Mark oder um etwa 19 Prozent sich steigern würde, wenn man auch nur den seitherigen täglichen Lohn von 1 Mark 80 Pf. für Männer und 1 Mark 30 Pf. für Frauen zu Grund legt.

5. Baden, Hessen.

Im Interesse einer Besserung der bestehenden Verhältnisse wird von vereinzelten Stimmen in Hessen die Trennung der Arbeitsräume für Männer und Frauen empfohlen: überwiegend aber diese Maßregel für unzweckmäßig und undurchführbar erklärt. Auch in Betreff der Einführung zweckmäßiger Arbeitskleidung wird lediglich von einer Seite eine Anordnung dahingehend empfohlen, daß in den Zündholzfabriken die Arbeitskleider, welche von Schwefel- und Phosphordünsten so durchdrungen zu sein pflegen, daß dieser Geruch in allen von den Arbeitern besuchten Lokalen sich verbreitet, täglich nach Beendigung der Arbeit gewechselt werden.

Einer Anordnung wirksamerer Ventilationseinrichtungen und dem Erlaß bestimmter Vorschriften über Größe und Höhe der Arbeitsräume nach Verhältniß der beschäftigten Arbeiter wird in Baden und Hessen von mehreren Seiten das Wort geredet, ebenso der Errichtung von An- und Auskleideräumen besonders für diejenigen Fabriken, in denen die Kleider der Arbeiter Staub und Gerüche aufnehmen, von Speisehäusern und — um dem Uebelstande des gemeinschaftlichen Heimwegs wirksam zu steuern — von Logirhäusern für die ortsfremden Arbeiterinnen.

Von Unterrichtsanstalten für weibliche Handarbeiten verspricht man sich in Baden wenig Erfolg, während nach den Mittheilungen aus Hessen durch den in den Volksschulen ertheilten bezüglichen Unterricht im allgemeinen dem Bedürfnisse genügt sein soll; nur von einer Seite ist in Anregung gebracht, obligatorische Industrieschulen für Mädchen bis zum 16. Lebensjahre zu errichten. Kleinkinderbewahranstalten finden sich vielfach: es wird aber in Anerkennung des wohlthätigen Einflusses, welchen gerade solche Anstalten auf die Lebensverhältnisse der Arbeiterfamilien ausüben, von einer Seite in Hessen empfohlen, deren Errichtung für Gemeinden, in denen eine größere Anzahl Arbeiterfamilien lebt, obligatorisch zu machen.

Einschränkungen der Fabrikarbeit hält die Majorität weder für nothwendig noch für zweckmäßig; nur hier und da wird Beschränkung oder Verbot der Sonntag- und Nachtarbeit befürwortet, gleichzeitig aber zugegeben, daß dieselbe abgesehen von der Cichorien- und Rübenzuckerindustrie nur selten vorkomme (Baden), im übrigen ihre Korrektur in sich selbst finde, da sie für den Arbeitgeber in der Regel theurer sei, als die Tagearbeit (Hessen). Von einer Seite wird Beschränkung der Arbeitszeit „für jugendliche Arbeiterinnen“ auf 10 Stunden täglich und Verkürzung derselben um je eine Stunde Morgens und Abends für verheirathete Arbeiterinnen empfohlen.

Während man darüber einig ist, daß solche Maßregeln durchgeführt werden können, ohne auf die Verhältnisse der Arbeiterfamilien und der Fabrikation nachtheilig einzuwirken, gelangt man zu einem verschiedenen Ergebniß bei Erwägung weitergehender Beschränkungen.

In Baden ist überwiegend, in Hessen vielfach der Befürchtung Ausdruck gegeben, daß die Frauen für den ihnen entgehenden Verdienst keinen Ersatz finden und die auf jenen Verdienst angewiesenen Familien in Noth und Sorge gerathen würden. Möglich wäre, daß die Zahl und der Lohn der männlichen Arbeiter stiege, möglich aber auch, daß die Industrie durch die Vertheuerung der Produktionskosten und insofern, als viele der den Frauen entzogenen Arbeiten, wie in Spinnereien und Webereien, Parfümerie-, Portefeuille-, Tapisserie-, Korsett- und Cigarrenfabriken für Männer gar nicht geeignet seien, derart litte, daß auch die Zahl der männlichen Arbeiter verringert werden müßte. Insbesondere wird von einer Seite in Hessen der Befürchtung Raum gegeben, daß die Fabriken für Portefeuille und feinere Parfümeriewaaren nicht mehr im Stande sein würden, mit England, Frankreich und Oesterreich in Konkurrenz zu treten. Sollte aber etwa der Mehrbedarf weiterer männlicher Arbeitskräfte aus den ländlichen Arbeitern gedeckt werden, so würde damit der Landwirthschaft bei dem schon herrschenden Mangel an Arbeitern ein erheblicher Schaden zugefügt werden (Baden).

Die Minorität, insbesondere aus den über die einschlagenden Verhältnisse in der Gegend von Kreuznach (Hessen) abgehörten Fabrikbesitzern bestehend, hat diesen Befürchtungen sich nicht angeschlossen; sie glaubt, der entstehende Lohnverlust werde dadurch reichlich aufgewogen werden, daß die Arbeiterfrauen zu Hause bleiben und das Hauswesen besser besorgen, ganz angesehen davon, daß sie in der Landwirthschaft, wo es vielfach an Arbeitskräften fehlt, lohnende Beschäftigung finden würden. Die von den Frauen zur Zeit verrichteten Arbeiten könnten eben so gut und ohne empfindliche Schädigung der Industrie den Männern übertragen werden und eine Verschiebung der Konkurrenzverhältnisse werde daraus noch nicht hervorgehen.

6. Mitteldeutsche Staatengruppe.

Verbesserungen der Fabrikeinrichtungen, welche vornehmlich den Arbeiterinnen zu gute kommen sollen, sind mehrfach in Anregung gebracht.

Zunächst die Trennung der Geschlechter bei der Arbeit. Sie wird befürwortet in Sachsen-Meiningen und Reuß ä. L., jedoch unter Vorbehalt einer männlichen Beaufsichtigung der Frauenarbeit. In Sachsen-Weimar und Sachsen-Altenburg wird dagegen eine solche Maßregel ohne weiterreichende Beschränkungen der Fabrikarbeit für nicht möglich gehalten, da „sämmtliche Fabrikzweige in einander greifen“; in Sachsen-Koburg-Gotha wird befürchtet, daß dieselbe ganz besonders für Besitzer kleinerer Cigarrenfabriken nicht unwesentliche Nachtheile haben werde, da die Beschaffung weiterer Arbeitsräume sowie die Vermehrung des Aufsichtspersonales sich nothwendig daraus ergebe. Die Einführung besonderer Arbeitskleidung, welche die Frauen innerhalb der Fabrik anzulegen hätten, wird empfohlen in Sachsen-Weimar und in Reuß ä. L., hier unter der Voraussetzung, daß die Fabrikbesitzer sie „als Fabriksuniform“ anzuschaffen hätten.

Auf die Verbesserung der Ventilationseinrichtungen in der Art, daß deren Wirksamkeit von den Arbeitern nicht willkürlich gestört werden könne, sowie auf eine Sonderung der Arbeitsräume von den Trockenstuben, namentlich für die

Porzellan- und Spielwaarenfabriken wird in Sachsen-Meiningen und Anhalt Werth gelegt. Für die letzterwähnten Fabriken wünscht man in Sachsen-Weimar außerdem ein Verbot, innerhalb der Fabrikräume ohne vorausgegangene Reinigung zu essen, für Papierfabriken in Sachsen-Koburg-Gotha die Anordnung, daß die Lumpen im Freien desinfizirt, ausgeklopft und nur in geräumigen, gehörig ventilirten Lokalen sortirt und getrennt werden.

Für die Abschließung der Maschinen soll nach den Erhebungen in Sachsen-Weimar und Sachsen-Meiningen ein Weiteres, als geschehen, nicht wohl zu verlangen sein; in Anhalt ist überdies bemerkt, daß das Vorkommen von Unglücksfällen, welche in der Regel durch eigene Unvorsichtigkeit der Arbeiterinnen veranlaßt werden, durch bezügliche Anordnungen kaum ausgeschlossen werden könne.

Die Errichtung von Anstalten zu Gunsten der Arbeiterinnen und Arbeiterfamilien ist mehrfach empfohlen, und zwar Wasch- und Baderäume (Reuß ä. L.), besonders für Fabriken, in denen Bleiweiß verarbeitet wird (Sachsen-Weimar, An- und Auskleideräume (Reuß ä. L.), besonders da, wo die Fabrikräume zu warm sind (Sachsen-Meiningen), Unterrichtsanstalten, in denen die jugendlichen Arbeiterinnen allwöchentlich einige Stunden lang an dem Unterrichte im Nähen und Stricken Theil zu nehmen haben (Sachsen-Weimar, Sachsen-Meiningen und Reuß ä. L.), Kinderbewahranstalten (Sachsen-Koburg-Gotha und Reuß ä. L.), während anderseits gegen deren zwangsweise Einführung in kleineren Industrieorten der Mangel geeigneter Lehrerinnen und andere aus den örtlichen Verhältnissen herzuleitende Schwierigkeiten geltend gemacht werden (Anhalt).

Als zweckmäßige Einschränkung der Frauenarbeit in Fabriken wird empfohlen in Anhalt eine Verkürzung der Arbeitszeit für Taback- und Cigarrenfabriken, in Sachsen-Weimar allgemein eine Verkürzung bis auf täglich 10 Stunden, von der Erwägung aus, daß die 12stündige Beschäftigung in den Fabriken nicht nur auf die Gesundheit durch Nervenabspannung rc. nachtheilig einwirke, sondern auch den Arbeiterinnen zur Verrichtung häuslicher Arbeiten keine Zeit lasse, in Sachsen-Meiningen der Ausschluß der Nachtarbeit für alle Arbeiterinnen bis zum zurückgelegten 18. Lebensjahre, und endlich in Reuß ä. L. die Abstellung der Sonntagarbeit für alle Arbeiterinnen.

Man ist nicht der Meinung, daß die Durchführung der vorgeschlagenen Maßregeln die wirthschaftliche Lage der Arbeiterfamilien beeinträchtigen oder die Industrie schädigen würde; nur in Sachsen-Meiningen ist der Besorgniß Ausdruck gegeben, daß die Arbeiterinnen in der Porzellan- und Spielwaarenindustrie zu ihrem eigenen Nachtheile mehr der Hausindustrie zugedrängt werden könnten.

Gegen weitergehende Beschränkungen bestehen dagegen allseitig Bedenken. Das zum Unterhalt der Familie erforderliche Einkommen werde dadurch in einer Weise geschmälert, daß die Familien in Noth und Sorge gerathen würden (Sachsen-Weimar, Sachsen-Meiningen, Sachsen-Altenburg, Sachsen-Koburg-Gotha), insbesondere werde auch der Wegfall des Erwerbes der ledigen einer Familie angehörigen Frauenspersonen empfunden werden, welcher den Familienvätern eine beträchtliche Unterstützung zur Unterhaltung der Familie gewähre (Reuß ä. L.). Anderweite Gelegenheit zu einem den Lohnverlust ausgleichenden Verdienst werde in den meisten Fällen fehlen oder die so gefundene Arbeit noch nachtheiligere Folgen als die Fabrikarbeit mit sich bringen (Sachsen-Weimar, Sachsen-Meiningen, Sachsen-Altenburg, Sachsen-Koburg-Gotha). Ob eine den Ausfall des Frauenlohnes ausgleichende Erhöhung des Lohnes der Arbeiter eintreten werde, namentlich gerade zu Gunsten der Familien, deren Einkommen durch die Beschränkung der Frauenarbeit geschmälert sei, erscheine zweifelhaft (Sachsen-Weimar, Sachsen-Meiningen, Sachsen-Altenburg, Sachsen-Koburg-Gotha, Reuß ä. L.).

Auch die Industrie selbst werde dauernd leiden, da die den Frauen entzogene Arbeit für Männer wenig oder gar nicht geeignet sei, namentlich in der Porzellan- und Spielwaarenindustrie (Sachsen-Meiningen), in Spinnereien und Cigarrenfabriken (Sachsen-Altenburg), so daß in Zukunft unter Umständen bei höheren Löhnen weniger produzirt werden würde. Der Mehrbedarf an Arbeitern werde nur unter großer Schädigung des Ackerbaues und des nicht fabrikmäßig betriebenen Gewerbes gedeckt werden können (Sachsen-Weimar, Sachsen-Meiningen, Sachsen-Altenburg, Sachsen-Koburg-Gotha, Reuß ä. L.). Im allgemeinen würde die Folge eine Vertheuerung der Produktion sein, welche die Konkurrenz mit dem Auslande, wo gleiche Beschränkungen nicht bestehen, gefährden und die schützenden Wirkungen der bestehenden Zollgesetzgebung illusorisch machen werden (Sachsen-Weimar, Sachsen-Meiningen, Sachsen-Altenburg, Sachsen-Koburg-Gotha, Reuß ä. L.).

7. Norddeutsche Staatengruppe.

Uebereinstimmend wird die Ansicht ausgesprochen, daß soweit überhaupt von vorhandenen Mißständen die Rede sein könne, diesen durch Verbesserung der Fabrikeinrichtungen oder Förderung der allgemeinen Lebensverhältnisse der Arbeiterfamilien entgegengewirkt werden müsse, daß dagegen eine Einschränkung der Fabrikarbeit zu diesem Behufe nicht nöthig erscheine: nur von einer Behörde in Braunschweig ist zur Erwägung gestellt, ob nicht eine kürzere Arbeitszeit gesetzlich festzusetzen sei für solche Arbeiterinnen, welche kleine Kinder haben, falls nicht für deren Verpflegung und Beaufsichtigung anderweit Fürsorge getroffen ist.

Die Trennung der Männer und Frauen bei der Arbeit wird in Waldeck, wenigstens für Cigarrenfabriken in Oldenburg und Braunschweig empfohlen: die bisherige Einrichtung, wonach die Wickelmacherin im Lohne des betreffenden Cigarrenmachers stehe, müsse beseitigt werden und die erstere in ein direktes Vertragsverhältniß zu dem Fabrikanten treten. Einem etwaigen Versuche der Arbeitnehmer, das paarweise Zusammenarbeiten in Form der Hausarbeit fortzusetzen, will eine Behörde in Braunschweig dadurch entgegengetreten wissen, daß die Verarbeitung von Taback in Wohn- und Schlafzimmern verboten werde. Von anderer Seite (Hamburg) wird freilich eine Trennung der Geschlechter gerade in der Tabackindustrie für undurchführbar erklärt.

Andere Maßnahmen sind nur vereinzelt in Anregung gebracht; so Verbesserungen der Ventilationseinrichtungen und Anstellung von Aufseherinnen für diejenigen Räume, in denen nur weibliche Personen beschäftigt sind, in Braunschweig und Waldeck, Errichtung von Kinderbewahranstalten an denjenigen Fabrikorten, wo solche noch nicht vorhanden sind, in Oldenburg, Desinfektion der in den Papierfabriken zu verarbeitenden Lumpen in Lippe. In Lübeck ist auf den wohlthätigen Einfluß hingewiesen, welche zwei von einer Privatgesellschaft errichtete Kleinkinderschulen auf die Verhältnisse der dasigen verheiratheten Fabrikarbeiter ausüben.

Im übrigen wird eine jede Beschränkung der Frauenarbeit bekämpft. Einmal würden durch solche Beschränkungen die Arbeiterfamilien ihr ausreichendes Auskommen verlieren, da den Frauen meist die Gelegenheit zu anderweitem Lohnerwerbe fehlen würde (Oldenburg, Braunschweig, Lippe), dann aber würde die Industrie erheblich geschädigt werden: viele jetzt von den Frauen verrichtete Arbeiten, z. B. in Spinnereien (Oldenburg), in Tapeten-, Strohhut-, Cigarren-, Cichorien-, Chokoladen und Rübenzuckerfabriken (Braunschweig), in Weißwaaren- und Posamentierwaarenfabriken (Hamburg) würden von Männerhänden nicht gut verrichtet werden können und die Erhöhung der Produktionskosten eine Preissteigerung herbeiführen, welche die Konkurrenz mit dem Auslande erschweren müßte (Braunschweig, Lippe). Insbesondere ist in Hamburg bemerkt, daß die leichte Arbeit in der Cigarrenfabrikation selbst alte und schwache Personen zu beschäftigen gestatte, daß zudem ohne Benutzung dieser billigen Arbeitskräfte die Fabrikation keinen Gewinn mehr bringen werde.

— —

Designation of the …

Bezeichnung des …

~~Kingdom of~~

Königreich Preu…

government-district Regierungsbezirk	Königsberg	.
"	Gumbinnen	. .
"	Danzig	. . . .
"	Marienwerder	.
City of Stadt Berlin	. . . .	
" Regierungsbezirk	Potsdam	. . .
"	Frankfurt a. O.	. .
"	Stettin	. . .
"	Cöslin [1])	. .
"	Stralsund	. . .
"	Posen	. . . .
"	Bromberg	. . .
"	Breslau	. . .
"	Oppeln	. . .
"	Liegnitz	. . .
"	Magdeburg	. .
"	Merseburg	. .
"	Erfurt	. . . .
"	Schleswig	. .
Bailiwick Landdrosteibezirk	Hannover	. . .
"	Aurich	. . . .
"	Osnabrück	. .
"	Hildesheim	. .

B

. . . .	78	—	96	4	91	47	92	4	185	15	63	105
. . . .	272	—	429	67	323	202	262	--	396	69	270	250
zusammen	921	—	1.230	130	1.011	562	772	5	1.154	133	618	562
. . . .	651	5	1.293	136	977	484	547	—	1.669	170	1.029	792
. . . .	61	—	59	4	30	36	68	—	146	13	29	20
…erin	—	—	—	—	—	—	—	—	6	—	2	6
…)	95	—	158	7	31	1	9	25	102	—	16	25
…lig	—	—	—	—	—	—	—	—	—	—	—	—
. . . .	49	—	66	5	45	18	5	—	25	4	17	24
…g	88	—	236	11	73	49	78	—	72	1	17	42
. . . .	109	—	70	2	25	—	28	—	60	11	15	20
. . . .	23	—	59	6	16	75	36	—	34	8	5	30
…z	12	—	15	—	—	9	10	—	10	4	2	12
. . . .	30	—	34	4	14	10	94	—	189	11	71	65
…shausen	—	—	—	—	—	—	38	—	44	—	1	—
…adt	20	—	32	3	13	23	21	1	2	—	—	—
…it	—	—	—	—	—	—	1	—	10	—	1	—
. . . .	4	—	70	—	2	—	103	—	421	29	39	56
. . . .	17	—	39	5	21	23	155	—	272	41	55	94
. . . .	—	—	—	—	—	—	—	—	—	—	—	—
. . . .	5	—	10	—	24	20	—	—	—	—	—	—
. . . .	—	—	—	—	—	—	—	—	—	—	—	—
. . . .	—	—	—	—	—	—	—	—	—	—	—	—
. . . .	—	—	—	—	—	—	—	—	—	—	—	—

VII und VIII zusammen 68
VII bis XI " 14.592
VII bis IX " 64

*) In den Industriegruppen VII und VIII zusammen . 6.881
*) Außerdem in den Industriegruppen VII bis IX noch 101
*) Außerdem in den Industriegruppen VII und VIII noch 51

b) Zahl der Arbeiterinnen

über 25 Jahre		VIII. 16 bis 18 Jahre		18 bis 25 Jahre		über 25 Jahre	
ledig.	verheir.	ledig.	verheir.	ledig.	verheir.	ledig.	verheir.
3	3	—	—	—	—	—	—
41	9	7	—	2	—	7	—
—	—	30	—	86	—	23	9
—	—	—	—	—	—	—	—
173	54	122	—	460	33	179	107
143	260	63	—	170	21	109	167
96	100	1.374	12	2.410	534	891	[illegible]
—	—	—	—	1	—	2	—
—	—	—	—	—	—	—	—
—	—	—	—	—	1	—	4
9	34	14	..	10	—	11	6
—	—	—	—	—	—	—	—
582	330	266	3	388	86	154	515
15	5	76	—	233	7	63	14
913	622	719	—	1.321	330	823	1.111
16	19	147	1	240	45	88	303
16	17	72	—	99	12	59	69
86	73	301	3	535	47	113	111
37	23	63	—	100	23	113	277
61	17	134	3	328	69	189	122
—	—	4	—	6	—	2	2
20	17	32	—	45	9	34	48
35	12	131	—	129	15	104	47
4	6	5	—	9	6	10	[illegible]
—	—	21	—	31	6	5	11
118	76	343	—	392	51	221	90
167	135	99	—	174	20	63	[illegible]
63	39	112	—	110	7	34	[illegible]
16	15	12	—	25	2	21	[illegible]
5	6	119	—	111	10	30	[illegible]
152	77	351	1	344	22	85	[illegible]
—	—	—	—	—	—	—	—
1	1	5	—	4	—	1	[illegible]
—	—	—	—	—	—	—	—
489	295	579	—	1.351	152	873	[illegible]
26	10	—	—	1	—	—	—

rding to the Group

nach den Industriegrupp

IX.

16 bis 18 Jahre		18 bis 25 Jahre	
ledig.	verheir.	ledig.	verheir.
—	—	—	—
6	—	15	—
20	—	13	—
—	—	—	—
63	—	164	17
28	—	39	—
21	—	26	2
—	—	—	—
—	—	—	—
—	—	3	—
—	—	—	—
—	—	—	—
86	—	169	26
—	—	—	—
69	—	197	35
7	—	9	—
12	—	39	—
7	—	17	3
1	—	—	—
1	—	5	—
—	—	—	—
—	—	—	—
4	—	5	—
1	—	7	2
[illegible]	—	—	—

Staat, Bezirk, Kreis ꝛc.

District

21. Bezirk Hildesheim . . . . .

22. „ Lüneburg . . . .

23. „ Stade . . . .

24. „ Osnabrück .

25. „ Aurich . . . . .

26. „ Münster . . . . .

27. „ Minden . . . . .

4 IV.	6	7; VIII.	4 IV.	5	6 VIII, XII.	[illegible] Mittags IV.	–	VII, VIII
6 I-III, V, VII, XII.	6	8 XI.	5 VII.	6	7 XI, XIV.	5 IV.	6	7 VII, XI.
5 VII.	6	7 I, III.	5 VII.	6	6 I-V, XII, XIV.	5 I, III.	6	7 V.

Daily working-Time

Tägliche Arbeitszeit								
Beginning Beginn am Morgen. in the morning						closing Ende am [illegible]		
Winter			Sommer			Winter		
am frühesten. earliest	im Durchschnitt. average	am spätesten. latest	am frühesten.	im Durchschnitt.	am spätesten.	am frühesten.	im Durchschnitt.	am spätesten.
5 II.	7	8 XI, XIII.	5 II.	6	8 XI.	3 II.	7	8 XIII
5 IV.	7	8 V, XIII.	5 IV.	6	7½ XIII.	3 IV.	7	7½ VI, XIII
6 IX, X, XII.	6	8 XIV.	5 IX.	6	7 XIV.	6 VIII, XII.	7	7 IV, V, IX, XIV.
7 VIII, XII.	7	7½ XIV.	6 VIII.	6	6½ XII, XIV.	6½ XII.	7	7¼ VII, VIII, XIV.
6 II, VIII, XV.	6	7 XIV, XVI.	5 XV.	6	7 XIV, XVI.	6 XV.	7	7 II, VIII, XI… XIV, XVI.
6 VII.	7	7¾ IX.	5½ VII.	6	6½ XIV.	5 I.	7	8 VII.
6½ IV, IX.	7	7½ XIV.	6 IV, VII, X, XII, XV.	6	7 XVI.	6 X.	7	7½ VII, … XII, X…
6 IX.	7	7½ XI, XII, XIV.	5½ IX.	7	7 IV, VII, XI, XII.	4¾ I.	7	7 XI.
5½ XII.	6	7 III, V, XIV.	5½ III, VIII.	6	6½ VI.	5¼ III.	6	7 V, VII, …
6 VII.	7	8 IX.	6 I, VII, XI, XIV.	6	7½ XIII.	5¼ I.	7	8 IX.
6 II.	7	7½ X, XIV.	6 II, VII, XI.	6	7¼ XIV.	5 I.	7	8 XI
7 II, IV, VII-XI, XII, XIV, XVI.	7	7¾ V	6 I.	7	7 II, IV, XV.	4½ I.	7	7½ II, VI-XI XIV.
6 II, X.	7	7¾ I.	5½ X.	6	7 XI.	5½ I.	7	8 V, VII, VI… XIII.
6 IV, IX.	7	7¼ VI, XIV.	5 III.	6	7¼ X, XIV.	5¾ X.	7	8 IX.
6 III, VII, IX, XIII.	6	7½ I.	5 III.	6	6¾ IV.	4½ I.	6	7½ VII-IX. XIV.

of the working…

der Arbeit…

– the Abend. evening…

Sommer		
am frühesten.	im Durchschnitt.	am spä[testen]
3 II.	7	III, V IX, XI
3 IV.	7	XI
6 IV, VIII, XII.	7	
6½ XII.	7	VII,
6 XV.	7	II, VI XIV
6 I.	7	

State, District, Circle
Staat, Bezirk, Kreis ꝛc.

Grand-duchy of Hesse
54. Großherzogthum Hessen . .

55. „ Mecklenburg-Schwerin .

56. „ Sachsen-Weimar

57. „ Mecklenburg-Strelitz . .

58. „ Oldenburg . .

6 II, VII, IX.	6	7 IV, XIV.	—	6	—	6 II.	7	7 IV, VII-IX, XIV.
—	7 IV.	—	—	6 IV.	—	—	5 IV.	—
6 X, XII.	6	7 VI, XIV.	—	6	—	6½ XII.	7	8 XIV.
7 IV, VI, XIV, XV.	7	8 XIII.	6 IV, VI, XIV.	6	8 XIII.	—	7	—
—	8 XIV.	—	—	7 XIV.	—	—	7 XIV.	—
6 IV.	7	9 XIII.	6 IV.	7	9 XIII.	6 XII.	7	8 XIII, XV.

Beginning Beginn am Morgen. in the morning.						Closing in Ende am		
Winter			Sommer			Winter		
am frühesten. earliest	im Durchschnitt. average	am spätesten. latest	am frühesten.	im Durchschnitt.	am spätesten.	am frühesten.	im Durchschnitt.	am spätesten.
6 VI.	7	8 I, II, IX.	5 III.	6	7 I, II, XII.	4 I, II.	6	7¾ X.
6 IV, VI, VIII, X, XIV.	6	7½ XII.	6 III-VI, VIII, X, XIV, XV.	6	7¾ XII.	6¾ V.	7	8 IX, XV.
6 III, XIV, XVI.	6	8 XII, XIII.	5¾ VII-XI.	6	7 XIII.	5¾ II.	6	7½ XII.
—	—	—	—	—	—	—	—	—
6 VIII, IX.	7	7½ II.	—	6	—	4½ II.	7	7¼ VII.
5 V.	7	8 XIII, XIV.	5 V.	6	7 XIII, XIV.	5 III.	7	8 XIII.
6 VII-XI, XIV.	6	7 IV-VI.	5½ VII-XI.	6	6 III-VI, XII, XIV.	7 IV, V, VII-XI, XIV.	7	7½ VI, XII.
6 I, VII, XII.	6	7½ XI.	5¼ III.	6	6 I, IV, VI-VIII, XI, XII, XIV.	6 I.	7	8 XI.
5¾ IV.	7	7½ III, VIII, XIV.	5 IV.	6	6 V-IX, XIV.	4½ III.	7	7½ VI.
5½ V, VII.	6	7 I, III, XII, XIV, XVI.	5 I.	6	6½ XIV.	4 I.	6	7½ VII.
6 VIII, XVI.	7	7½ VI.	6 VIII, XII, XV.	6	6½ VI.	6 XII, XV, XVI.	6	7 VI.
5½ XII.	7	7 IV-VI, IX.	5 XII.	6	6¾ VIII.	6 XVI.	7	8 VIII.
6½ VIII.	8	8 VI, XI, XIV.	6 XIV.	7	7 VI, XI.	7½ VIII.	8	8 VI, XI, XIV.
6 [illegible]	6	7 [illegible]	5½ VII.	6	7 VI.	6 VI.	7	7¾ XI.

der Arbeit		
Abend.		
Sommer		
am frühe-sten.	im Durch-schnitt.	am spät-sten
5 I, II.	7	III, V, IX, X,
6 V.	7	IX.
6 II.	7	VII-X XIII,
—	—	—
6½ II.	7	7 VII-X
[illegible]	7	7

[State, District, Circle etc]
Staat, Bezirk, Kreis 2c.

[District of]
28. Bezirk Arnsberg . . . .
29. „ Cassel . . . .
30. „ Wiesbaden . . . .
31. „ [Cologne] Cöln . . . .
32. „ Düsseldorf . . . .
33. „ Coblenz . . . .
34. „ [Aix la Chapelle] Aachen . . . .
35. „ [Treves] Trier . . . . . .

XV.	XV.			XV.	XV.
4,25 VI.	4,35 VI.	7,80	8,00	19,00 XI	19,00 XI.
3,70 XIV.	3,85 XIV.	6,60	7,20	13,20 VI.	13,30 VI.
3,75 V.	3,75 V.	7,50	7,00	13,00 VIII.	13,40 VII.
5,35 VI.	5,45 VI.	7,70	8,30	14,40 IX.	14,40 IX.
3,45 XV.	3,45 XV.	6,40	6,40	12,00 II.	12,00 II.
3,60 V.	3,60 V.	6,30	6,50	10,00 VI.	10,00 VI.
4,29 XV.	4,29 XV.	6,90	7,10	10,31 VIII.	11,64 III

Weekly Wages of the Working Women

Wochenlohn der Arbeiterinnen

At the lowest rate im niedrigsten Satz.		at a medium rate im Mittelsatz.		at the highest rate im höchsten Satz.	
Winter. Mark.	Sommer. Mark.	Winter. Mark	Sommer. Mark.	Winter. Mark	Sommer. Mark
5,25 VI.	5,25 VI.	8,60	8,80	14,00 IV.	14,00 IV.
3,50 VI.	3,50 VI.	6,20	6,40	9,40 VI.	9,63 XIV.
4,00 IV.	4,00 IV.	8,00	8,10	17,14 XIII.	17,14 XIII.
4,50 XIII.	4,50 XIII.	8,40	8,60	15,00 IV, XV.	15,00 IV, XV.
4,00 II.	4,00 II.	8,60	8,70	15,00 VII-XI, XV.	15,00 VII-XI, XV.
3,00 IV.	3,25 IV.	6,00	6,20	12,00 II.	12,00 II.
4,50 VI, XII.	4,50 VI.	7,60	8,00	14,00 XIV.	18,00 X.
4,08 XIV.	4,08 XIV.	6,40	6,60	10,80 II.	10,80 II.
3,50 VII.	3,50 VII.	6,30	6,70	12,00 VII.	13,00 XII.
4,60 XIV.	4,60 XIV.	8,30	8,50	14,50 III.	15,44 XIII.
3,10 V.	3,10 V.	6,30	6,70	15,45 XIV.	15,45 XIV.
3,45 XIII.	3,45 XIII.	7,00	7,20	12,00 V.	13,00 V.
3,06 IV.	3,17 IV.	6,50	6,50	8,81 IV.	9,35 IV.
3,43 XV.	3,43 XV.	6,60	6,90	11,97 VIII.	11,97 VIII.
4,00 XI.	4,00 XI.	7,10	7,10	11,39 VI.	11,39 VI.
3,00 XI.	3,60 XI.	6,00	6,40	11,00 XIV.	11,00 XIV.
5,72 V.	5,72 V.	8,40	8,90	13,04 VII, VIII.	13,27 VII, VIII.
1,[illegible] [illegible]	1,60 VI, XI, XIV.	5 [illegible]	6,[illegible]	[illegible]	[illegible]

6 | 6 | 7 | 5½ | 6 | 7 | 6 | 7

II.

Die jugendlichen Fabrikarbeiter.

Youthful Factory-Hands.

A. Allgemeine Ermittelungen.

Nach Ausweis der im Anhange beigefügten Tabelle I. sind in den in Frage kommenden Industriezweigen nahezu 88.000 jugendliche Arbeiter beschäftigt. Hiervon fallen auf Preußen 47.500, also mehr als die Hälfte der Gesammtzahl und etwa 1,8 Prozent der durch die Volkszählung vom Jahre 1871 in diesem Staate ermittelten 2.500.000 Personen im Alter von 12 bis 16 Jahren, auf Bayern 5600 oder 1,3 Prozent der Gesammtzahl von 437.000, auf Sachsen 17.000 oder 6,5 Prozent von insgesammt 257.000, auf Württemberg 3000 oder 1,8 Prozent von 164.500 Personen des entsprechenden Alters. Von den jugendlichen Arbeitern gehören 24 Prozent der ersten Altersklasse — 12 bis 14 Jahre — 76 der zweiten — 14 bis 16 Jahre — an, 60 Prozent sind Knaben und 40 Prozent Mädchen.

In der Textilindustrie sind 34.000, also nahezu 40 Prozent der gesammten jugendlichen Fabrikarbeiter beschäftigt, und zwar in Preußen 14.500 (in den Bezirken Düsseldorf 3900, Aachen 1900, Breslau 1050, Frankfurt, Liegnitz und Cöln je 900), in Bayern 3100, in Sachsen 10.500 (davon allein im Bezirke Zwickau nahezu 8000), in Württemberg 1850, in Baden 2300, in den übrigen Staaten zusammen 1750. In den Berg- und Hüttenwerken sind 14.800 beschäftigt, in den Taback- und Cigarrenfabriken ohngefähr die gleiche Anzahl. Von den in den Berg- und Hüttenwerken beschäftigten hat Preußen allein 80 Prozent, Sachsen 9 Prozent aufzuweisen, auf die übrigen Staaten zusammen fallen nur 11 Prozent. Anders gestaltet sich das Verhältniß betreffs der in den Taback- und Cigarrenfabriken verwendeten jugendlichen Arbeiter: von diesen fallen auf Preußen 43 Prozent, auf Baden 24, auf Sachsen 15, auf Hessen 6, auf alle übrigen Staaten zusammen nur 12 Prozent.

Die Zahl der in den Fabriken beschäftigten Arbeiter (566.500 Männer, 226.000 Frauen, 88.000 jugendliche Arbeiter) beträgt 880.500. Die jugendlichen Arbeiter bilden davon den zehnten Theil.

Der Wochenlohn der Arbeiter im Alter von 12 bis 14 Jahren schwankt nach Ausweis der Tabelle II. in sehr weiten Grenzen zwischen 1 und 9 Mark, bei der zweiten Altersklasse in nicht weniger bedeutenden Abständen zwischen 1,50 und 13,50 Mark; er ist durchschnittlich auf 3 Mark für die erste und auf 5 Mark für die zweite Altersklasse anzunehmen. Der höchste Lohn scheint den jugendlichen Arbeitern in den Ziegeleien gewährt zu werden.

B. Arbeitszeit.

Nach den Bestimmungen der Gewerbeordnung sollen Arbeiter zwischen 12 und 14 Jahren höchstens 6 Stunden, Arbeiter zwischen 14 und 16 Jahren höchstens 10 Stunden täglich in Fabriken beschäftigt werden. Zwischen den Arbeitsstunden muß ihnen Vor- und Nachmittags eine Pause von einer halben Stunde und Mittags eine ganze Freistunde, und zwar jedesmal auch die Möglichkeit der Bewegung im Freien gewährt werden.

Es galt festzustellen, ob diese Bestimmungen zur Ausführung gelangt sind und entsprechend beachtet werden, und ob sich Einrichtungen empfehlen, welche eine schärfere Kontrole ermöglichen und Umgehungen des Gesetzes verhüten, ohne daß dadurch ein Hemmniß für den Fabrikbetrieb entsteht.

1. Preußen.

Während in den Bezirken Königsberg, Berlin, Potsdam, Stettin, Cöslin, Bromberg, Merseburg, Erfurt, Lüneburg, Cassel, Cöln, Aachen und Sigmaringen Zuwiderhandlungen gegen die Bestimmung der Gewerbeordnung über die tägliche Arbeitszeit entweder überhaupt nicht oder doch nur ausnahmsweise beobachtet sein sollen, sind nach den Mittheilungen aus den Bezirken Frankfurt a. O., Breslau, Minden, Arnsberg, Coblenz und theilweise auch aus den Bezirken Danzig, Posen, Liegnitz, Magdeburg, Schleswig und Münster gegentheilige Wahrnehmungen gemacht worden. Aus dem Bezirke Arnsberg wird mitgetheilt, daß vom 1. Juli 1872 bis Mitte November 1874 in 252 Fabriken 673 Uebertretungen des §. 128 der Gewerbeordnung zur strafgerichtlichen Verfolgung gebracht worden seien, darunter 87 Fälle der Beschäftigung von Kindern unter 12 Jahren. Im Bezirke Coblenz hat sich bei den Erhebungen ergeben, daß in 39 Etablissements, nämlich einer Eisenhütte, drei Ziegeleien, zwei Papier- und einer Kartonnagefabrik, einer Streich- und Kammgarnfabrik, zwei Tuchfabriken, einer Fabrik für Strickwaaren, einer Strohhutfabrik, fünfundzwanzig Cigarrenfabriken, einer Tabackfabrik und einer Zündwaarenfabrik die gesetzlichen Bestimmungen noch nicht zur Ausführung gelangt waren.

Die meisten Zuwiderhandlungen sind in den Glasfabriken (nach den Mittheilungen aus den Bezirken Gumbinnen, Marienwerder, Posen, Liegnitz, Magdeburg, Hildesheim, Cassel und Trier), in den Ziegeleien (Bezirke Posen, Magdeburg, Hannover, Osnabrück, Hildesheim, Stade und Aurich), sowie in denjenigen Fabriken beobachtet worden, in denen die jugendlichen Arbeiter den erwachsenen Arbeitern als Gehülfen beigegeben zu werden pflegen, wie in Eisen- und Zinkhütten, Spielwaarenfabriken, Spinnereien, Papier- und Cigarrenfabriken. Hier pflegen zumeist die zwischen 14 und 16 Jahre alten Arbeiter gleichzeitig mit den täglich

10 bis 11 Stunden und noch länger arbeitenden Erwachsenen beschäftigt zu werden.

Bei der Glasfabrikation ist es, wie behauptet wird, überhaupt unmöglich, die Arbeit nach Zeit zu regeln, weil es bisher noch nicht gelungen sei, ein Verfahren zu erfinden, wodurch die Glasmassen in einer bestimmten Zeit brauchbar zum Verarbeiten hergestellt werden können. So finden z. B. in einer im Bezirk Hildesheim belegenen Glashütte, welche grünes Flaschenglas fabrizirt, wöchentlich vier Schmelzen statt, welche je 25 Stunden und vier Ausarbeitungen, welche je 11 bis 13 Stunden andauern. Während des Schmelzens haben die Arbeiter Ruhe, dagegen müssen die jugendlichen Arbeiter, welche das Eintragen der vor dem Schmelzofen gefertigten Flaschen in den Kühlofen und andere leichte Handlangerdienste verrichten, ebenso lange wie die Erwachsenen arbeiten; zeitweilig fallen diese Arbeiten auch in die Nachtstunden.

Ein ähnliches Verhältniß findet bei dem Bergbau und besonders in den Eisenhüttenwerken statt, wo die einzelnen Arbeiten nach den besonderen Schichten sich richten müssen.

Aus dem Bezirke Stralsund wird erwähnt, daß die Handwerkslehrlinge bei Feuerarbeitern in Eisen-, Zink-, Blei- u. s. w. Hütten die ganze Arbeitsdauer der erwachsenen Arbeiter hindurch thätig seien: doch sei, abgesehen davon, daß diese Handwerkslehrlinge im strengen Sinne des Wortes den Fabrikarbeitern nicht zugezählt werden dürfen, deren Beschäftigung in der Werkstätte, in Haus und Hof und auf der Straße eine so mannigfache, daß von einer elfstündigen eigentlichen Arbeit nicht wohl die Rede sein könne.

Auch in den Ziegeleien pflegen die jugendlichen Arbeiter ebenso lange wie die Erwachsenen und länger als 10 Stunden, bisweilen bis zu 13 Stunden täglich beschäftigt zu werden: in den Ziegeleien des Bezirkes Stade wird während der Sommermonate sogar von $3\frac{1}{2}$ Uhr Morgens bis $8\frac{1}{2}$ Uhr Abends gearbeitet. Im Uebrigen wird aus dem Bezirke Magdeburg mitgetheilt, daß die in den Ziegeleien beschäftigten jugendlichen Arbeiter, die sogenannten Ablegejungen, deren Thätigkeit in nothwendiger Verbindung mit der Arbeit der „Streicher" stehe, nicht für den Fabrikbetrieb angenommene Arbeiter seien, sondern ähnlich dem Gesinde in Lohn und Kost des Ziegeleibesitzers oder Ziegelmeisters zu stehen pflegen; in dem Bezirke Hannover ist bisher angenommen worden, daß der Ziegeleibetrieb überhaupt nicht zu dem Fabrikbetriebe im Sinne der Gewerbeordnung gehöre, und daß demnach die gesetzlichen Bestimmungen über die Beschäftigung jugendlicher Fabrikarbeiter nicht auf diesen Betrieb, bei dem die Arbeiten fast ausschließlich im Freien vorgenommen werden, Anwendung finden. Auch in den Ziegeleien des Bezirkes Cöslin beschränkt sich die Thätigkeit der jugendlichen Arbeiter auf Handlangerdienste und Arbeiten, wie sie in der Landwirthschaft von dergleichen Personen verrichtet zu werden pflegen, und finden dieselben in der Regel Beschäftigung in der Landwirthschaft, sobald der Betrieb der Ziegeleien aufhört.

In dem Bezirke Oppeln soll es nicht möglich gewesen sein, genau festzustellen, ob die gesetzlichen Bestimmungen über die Arbeitszeit der jugendlichen Arbeiter allenthalben beobachtet werden, da sich Ueberschreitungen der gesetzlichen Arbeitszeit der amtlichen Kontrole vielfach entziehen.

Die Ansichten darüber, ob sich gesetzliche Bestimmungen empfehlen, welche eine schärfere Kontrole hinsichtlich der Beobachtung der geltenden Vorschriften ermöglichen, gehen weit auseinander.

Von vielen Seiten spricht man sich für eine Bestimmung aus, wonach jugendliche Arbeiter unter 14 Jahren nur vor oder nur nach der Mittagspause oder einer gewissen Tagesstunde beschäftigt werden dürfen, indem man darauf hinweist, daß hierdurch die Aufsicht über Einhaltung der einschlagenden Vorschriften ungemein erleichtert, die Kraft der Kinder geschont und ihnen die erforderliche geistige Frische für den Schulunterricht bewahrt werde (Bezirke Danzig, Marienwerder, Breslau, Liegnitz, Magdeburg, Merseburg, Hannover, Osnabrück, Hildesheim, Lüneburg, Stade, Münster, Minden, Arnsberg, Coblenz, Trier, Aachen) und daß bei der Unlust der Fabrikanten zur Annahme von Arbeitern unter derartiger Beschränkung die Einführung der bestimmten Arbeitszeit dahin führen werde, daß Kinder überhaupt nicht mehr eingestellt werden (Berlin). Dabei wird, abgesehen von weitergehenden, später zu erwähnenden Anträgen fast durchgehends empfohlen, die Beschäftigung solcher schulpflichtiger Arbeiter nur nach der Mittagspause zuzulassen, um den wichtigsten Theil der Schulzeit, den Vormittag, unbedingt zu schützen. Im Anschlusse hieran wird von einer Seite für wünschenswerth erklärt, daß zu diesem Behufe in allen industriellen Orten der Schulunterricht auf die Morgenstunden verlegt werde (Bezirk Wiesbaden).

Auch der Erlaß einer Bestimmung für Arbeiter zwischen 14 bis 16 Jahren, wonach die Arbeitgeber gehalten sein sollen, Anfang und Ende der Arbeitszeit und der Pausen in der Fabrik anzuschlagen oder der Behörde anzuzeigen, wird überwiegend für zweckmäßig, zum Theil wenigstens für unbedenklich erachtet (Bezirke Danzig, Liegnitz, Magdeburg, Merseburg, Hannover, Osnabrück, Hildesheim, Münster, Arnsberg, Wiesbaden, Cassel, Cöln, Coblenz). Von einer Seite wird gewünscht, daß der Anschlag so eingerichtet sein müsse, daß Jeder denselben bequem lesen könne (Bezirk Aurich) und weiter wird vorgeschlagen, diesem Anschlage ein Namensverzeichniß der jugendlichen Arbeiter nach den Altersklassen beizufügen, weil auf diese Weise der revidirende Beamte von der Beobachtung der gegebenen Vorschriften am leichtesten sich überzeugen könne (Bezirk Schleswig). Ein anderer Vorschlag geht dahin, die Fabrikbesitzer zur Anzeigeerstattung darüber zu verpflichten, während welcher Stunden die einzelnen jugendlichen Arbeiter beschäftigt werden und in welchen Räumlichkeiten denselben der Aufenthalt während der Pausen ausschließlich gestattet ist. Zu letzterem Zwecke sollen aber nur solche Räume bestimmt werden dürfen, welche nach dem Urtheile der Polizeibehörde Gewähr dafür bieten, daß in ihnen nicht gearbeitet werde, auch sollen die Fabrikbesitzer oder deren Organe strafrechtlich verantwortlich gemacht werden, daß die jugendlichen Arbeiter während der Pausen nur in diesen Räumen sich aufhalten (Bezirk Aurich).

Dagegen wird von anderer Seite das Bedürfniß zum Erlaß verschärfter Kontrolbestimmungen in Abrede gestellt (Bezirke Königsberg, Potsdam, Stettin, Stralsund, Bromberg, Düsseldorf). Betreffs der für Arbeiter unter 14 Jahre zu erlassenden Bestimmungen wird darauf hingewiesen, daß nach §. 128 der Gewerbeordnung diese Arbeiter täglich einen mindestens dreistündigen Schulunterricht zu erhalten haben, woraus von selbst folge, daß die Kinder, je nachdem der Unterricht in die Vormittags- oder Nachmittagsstunden falle, auch nur Nachmittags oder Vormittags in der Fabrik arbeiten können (Bezirk Cöln). Andererseits wird bezweifelt, ob sich die Beschäftigung der Kinder lediglich auf den Nachmittag oder überhaupt auf bestimmte Tagesstunden einrichten lasse (Bezirk Minden) und für gewisse Industriezweige, wie Ziegel- und Hohlglasfabrikation, Bergbau u. s. w., nach deren Natur längere Unterbrechungen der Arbeit unthunlich seien, wird dies, ebenso wie die Einhaltung bestimmter Pausen, geradezu für undurchführbar erklärt (Bezirke Posen, Oppeln, Hannover, Hildesheim, Düsseldorf, Trier). Es ist ferner entgegengehalten worden, daß mitunter im Betriebe Störungen entstehen, welche die Verlegung der Pausen nothwendig machen (Hildesheim), und von anderer Seite hat man darauf hingewiesen, daß die Einführung derartiger höchst lästiger Kontrolmaßregeln die Arbeitgeber leicht dahin bringen werde, die Annahme von unter 16 Jahre alten Arbeitern zu beschränken oder ganz aufzugeben, was doch im Interesse weder der letzteren noch ihrer Eltern liege (Bezirk Breslau). Für Industriezweige der vorher angedeuteten Art sollen nach dem fast einstimmigen Urtheile der Sachverständigen verschärfte Bestimmungen nicht erlassen werden können, ohne die Dispositionen für den Fabrikbetrieb in der empfindlichsten Weise zu hemmen und sonstige Unzuträglichkeiten herbeizuführen, während bezüglich der übrigen Fabriken entweder im allgemeinen oder doch, soweit die Arbeiter von 12 bis 14 Jahren in Frage kommen (Bezirke Breslau, Merseburg), der Erlaß derartiger Vorschriften für unbedenklich erklärt wird; nur in den Bezirken Potsdam, Stettin, Hildesheim, Arnsberg ist man zum Theil gegentheiliger Meinung.

Zuwiderhandlungen gegen die Absicht des Gesetzes, wonach es jugendlichen Arbeitern nicht gestattet ist, in den Arbeitspausen aus freien Stücken fortzuarbeiten, sind in den Bezirken Königsberg, Danzig, Marienwerder, Potsdam, Stettin, Cöslin, Stralsund, Bromberg, Merseburg, Erfurt, Schleswig, Hannover, Osnabrück, Stade, Lüneburg, Aurich, Münster, Wiesbaden, Cassel, Coblenz, Aachen und Sigmaringen überhaupt nicht wahrzunehmen gewesen. Aus dem Bezirk Trier wird dementsprechend mitgetheilt, daß die Arbeitgeber der Ordnung wegen von selbst darauf bedacht seien, in den Pausen die Maschinen zum Stehen zu bringen, die Arbeitsräume zu schließen und vorkommende Zuwiderhandlungen gegen das Verbot des Fortarbeitens während der Pausen zu bestrafen. In den Bezirken Breslau, Cöln und Düsseldorf sind zwar dergleichen Uebertretungen ab und zu vorgekommen, jedoch nicht häufig und nicht in einem Grade, der verschärfte Maßregeln nothwendig erscheinen ließe. Im Bezirke Magdeburg ist Aehnliches nur in Watten- und Wollfabriken zufolge der üblen Einwirkung der Eltern auf ihre Kinder, hier und da auch in Cigarrenfabriken, ebenso im Bezirke Posen in denjenigen Cigarrenfabriken vorgekommen, in denen jugendliche Arbeiter auf Stücklohn beschäftigt sind. Im Hildesheimer Bezirke beschränken sich gleiche Vorkommnisse auf vereinzelte Fabriken für Zündwaaren, sowie ebenfalls auf Taback- und Cigarrenfabriken, im Mindener Bezirke auf Spinnereien und Webereien, und zwar soll sich diese Erscheinung hier dadurch erklären, daß die hohe Temperatur in den Spinn- und Weberäumen und die niedrige im Freien die Arbeiter besonders zur Winterzeit abhalte, die freie Luft aufzusuchen; thun sie dies nicht, so liege eben die Gefahr nahe, daß die jugendlichen Arbeiter gleichzeitig mit den erwachsenen meist ohne Wissen des Fabrikherrn, aber im Einverständnisse mit dem Aufseher, oft auch auf Veranlassung der Eltern zur Erzielung höheren Lohnes während der Pausen fortarbeiten. Im Bezirke Gumbinnen ist es in einer Flachs- und Weißgarnspinnerei und in einer Eisengießerei vorgekommen, daß Eltern ihre Kinder dazu gedrängt und auch jugendliche Arbeiter selbst um Verlängerung der Arbeitszeit und um Gestattung der Arbeit während der Pausen nachgesucht haben. In der dasigen Glasfabrikation pflegen überhaupt regelmäßige Pausen nicht stattzufinden. In Berlin hält man gleichfalls die Annahme für nicht unbegründet, daß der Bestimmung des Gesetzes häufig entgegengehandelt werde;

auch im Bezirke Liegnitz kommen Zuwiderhandlungen dieser Art nicht selten vor und im Bezirke Frankfurt a. O. wird darauf hingewiesen, wie es nicht nur Annahme, sondern feststehende Thatsache sei, daß jugendliche Arbeiter auch während der Pausen aus freiem Willen und im Einverständnisse mit ihren Arbeitgebern Beschäftigung finden.

Aus dem Arnsberger Bezirke wird erwähnt, daß die Arbeiter im allgemeinen zwar auf die gesetzlichen Pausen großen Werth zu legen pflegen, aber doch in den Fabriken, in denen Stücklohn gewährt werde, zum Theil wohl auf Drängen der Eltern zum Aufgeben der Mußestunden geneigter sich zeigen. In diesem Bezirke sind vom 1. Juni 1872 bis Mitte November 1874 in 30 Fabriken 129 Straffälle vorgekommen, in denen die gesetzlichen Pausen von den Arbeitgebern verkürzt oder überhaupt nicht gewährt worden waren.

Im übrigen wird hervorgehoben, daß die strenge Kontrolirung der gesetzlichen Vorschriften der Verwendung von jugendlichen Arbeitern innerhalb der Tiefbaugruben hindernd entgegentrete, da ein Anfahren jugendlicher Arbeiter während des Vor- und Nachmittags, um ihnen eine Ruhepause mit Bewegung in freier Luft zu gewähren, zugroße Störungen bei der Förderung und andererseits die mehrfache Ein- und Ausfahrt auch eine vermehrte Gefahr für die Arbeiter selbst herbeiführen würde.

Von den meisten Seiten werden Vorschläge zur Verhütung der fraglichen Gesetzesverletzungen nicht gemacht. Vielfach glaubt man, daß eine häufigere Kontrole und öftere Revisionen der Arbeitsräume genügen werden (Bezirke Gumbinnen, Berlin, Oppeln, Magdeburg, Münster, Cöln): außerdem wird noch empfohlen die Anordnung des Anschlages über die einzuhaltenden Pausen in den Fabrikräumen (Bezirke Liegnitz, Magdeburg, Münster), Befragung anderer Arbeiter über die einschlagenden Verhältnisse, namentlich solcher, welche mit jugendlichen Arbeitern zusammen beschäftigt sind (Bezirk Gumbinnen), Einführung von Fabrikordnungen, für deren Beobachtung nicht allein der Arbeitgeber, sondern das ganze Aufsichtspersonal verantwortlich sein müsse (Bezirk Posen), Verbot des Aufenthalts der jugendlichen Arbeiter in den Arbeitsräumen während der Pausen (Bezirk Hildesheim) und Erhöhung der zu niedrigen Strafsätze des §. 150 der Gewerbeordnung (Bezirk Breslau).

Im Bezirke Frankfurt a. O. spricht man sich dahin aus, daß lediglich die Einführung besonderer Kontrolbeamten geeignet sei, derartigen Umgehungen des Gesetzes vorzubeugen. Von einer Seite (Bezirk Arnsberg) wird es für zweckmäßig erachtet, auch die Eltern unter Strafe zu stellen, welche eine Verkürzung der Pausen veranlassen oder wenigstens damit sich einverstanden zeigen.

Die Frage, ob es sich rechtfertigen werde, den Arbeitgeber unbedingt, auch wenn sein Einverständniß nicht nachweisbar, für Umgehungen der bezeichneten Art verantwortlich zu machen, wird bejaht in den Bezirken Gumbinnen, Danzig, Berlin, Frankfurt a. O., Posen, Breslau, Oppeln, Liegnitz, Schleswig, Osnabrück, Hildesheim, Lüneburg, Minden, Arnsberg. Es sei dies dadurch gerechtfertigt, daß der Arbeitgeber der Natur der Sache nach zunächst selbst die Befolgung der gesetzlichen Vorschriften innerhalb seines Geschäftes zu überwachen habe und in der Androhung und Vollstreckung der Entlassung das kräftigste Zwangsmittel besitze (Bezirke Liegnitz, Minden). Jeder Arbeitgeber muß wissen, wie lange seine Arbeiter beschäftigt sind, er könne sich auch hiervon leicht Ueberzeugung verschaffen, dies auch schon aus den Lohnzahlungen ersehen, wenn es ihm ernstlich darum zu thun sei (Bezirk Gumbinnen); er müsse eben Einrichtungen treffen, die geeignet sind, Gesetzesumgehungen zu verhüten (Bezirk Frankfurt a. O.); denn die Eltern seien nicht immer im Stande, die nöthige Kontrole hierüber zu führen, und auch eine Bestrafung der zuwiderhandelnden Kinder empfehle sich nicht (Bezirk Danzig). Theils bejaht, theils verneint wird die Frage in den Bezirken Potsdam und Cassel: in dem letzteren Bezirke wird bezüglich der Hüttenwerke — insoweit in Uebereinstimmung mit den Mittheilungen aus den Bezirken Hannover und Hildesheim — bemerkt, daß die Verantwortlichkeit wohl nicht weiter erstreckt werden könne, als auf solche Arbeiten, welche in bestimmten Fabriks- oder Werksräumen vorgenommen werden, da bei anderen Arbeiten dem Arbeitgeber die Möglichkeit fehle, durch seine Kontrole Uebertretungen zu verhindern. Im Oppelner Bezirke bejaht man die Frage aus praktischen Gründen, obwohl streng genommen eine solche Haftbarkeit theoretisch und rechtlich zu verwerfen sei, im Bezirke Münster bedingungsweise, insofern der Arbeitgeber in dieser Beziehung z. B. sein Aufsichtspersonal mit strengerer Anweisung versehen könne.

Die derzeitigen Bestimmungen der §§. 150 und 151 der Gewerbeordnung werden für ausreichend befunden in den Bezirken Cöln, Coblenz, Trier, Aachen, zum Theil auch in Hannover und Wiesbaden. Im Düsseldorfer Bezirke glaubt man zwar, daß der Arbeitgeber bereits durch die Fassung des §. 150 der Gewerbeordnung absolut verantwortlich sei, hält aber doch eine klare diesbezügliche Bestimmung für erwünscht und völlig unbedenklich, namentlich im Gebiete des rheinischen Rechts, wo die Verantwortlichkeit für Handlungen Dritter ohnehin schon einen in ausgedehntem Umfang anerkannten und den Volksanschauungen durchaus zusagenden Grundsatz bilde.

Im Bezirke Arnsberg sind die Arbeitgeber einer solchen Bestimmung im ganzen abhold, und in dem Hildesheimer Bezirk hat ein Fabrikdirigent gegen die Zweckmäßigkeit derselben den Einwand erhoben, daß die Arbeiter dadurch veranlaßt werden könnten, aus Chikane gegen die Arbeitgeber das Gesetz zu umgehen. Das Kommunion-Bergamt zu Goslar ist der Ansicht, daß bei manchen Akkordarbeiten eine Kontrole der Arbeiter hinsichtlich genauer Innehaltung der Pausen nicht ausführbar sei und daß deshalb es nicht gerechtfertigt erscheine, den Arbeitgeber dafür unter allen Umständen verantwortlich zu machen. Im Bezirke Stralsund ist die Ansicht ausgesprochen, theoretisch könne nur der Fabrikvorsteher für Kontraventionen verantwortlich gemacht werden, und im Bezirke Stettin hat man die Anwendung einer solchen Bestimmung wenigstens dann als bedenklich bezeichnet, wenn die Kinder aus eigenem Antriebe oder auf Andrängen der Eltern fortarbeiten.

Auch in den Bezirken Königsberg, Marienwerder, Magdeburg und Stade hat man sich aus theoretischen und praktischen Bedenken gegen eine solche gesetzgeberische Maßregel ausgesprochen.

2. Bayern.

Im allgemeinen ist konstatirt worden, daß die gesetzlichen Bestimmungen vielfach nicht zur Ausführung gelangt oder doch nicht gehörig beachtet werden. In Oberbayern werden hauptsächlich in Zündholz-, Papierfabriken und Ziegeleien Kinder bereits vom 10. Lebensjahre ab beschäftigt, auch in Glas- und Papierfabriken pflegt die Dauer der Beschäftigung der über 12 Jahre alten jugendlichen Arbeiter nicht selten über das gesetzlich gestattete Maß hinauszugehen. In Oberfranken sind Zuwiderhandlungen gegen die einschlagenden Vorschriften vorzugsweise in Hüttenwerken, Kurzwaaren-, Tabackfabriken und Bleichereien zu beobachten gewesen. Was die Verhältnisse in der Glasindustrie angeht, so wird in Niederbayern hervorgehoben, daß es gar nicht möglich sei, die Bestimmungen streng durchzuführen, wenn man nicht überhaupt auf die Beschäftigung jugendlicher Arbeiter verzichten wolle. Uebrigens würden die Letzteren lediglich zur Bedienung der erwachsenen Arbeiter verwendet, und zwar pflegten die Kinder der Arbeiter ihren Vätern mit leichter körperlicher Arbeit an die Hand zu gehen, ohne in der Regel besonderen Lohn zu erhalten, welcher vielmehr in dem des Vaters enthalten sei. Wie in Oberbayern betont wird, sind die einschlagenden Bestimmungen zwar den Besitzern größerer Fabriken, in denen eine bedeutende Anzahl jugendlicher Arbeiter beschäftigt ist, genügend bekannt, werden von diesen auch überwiegend beobachtet, in den kleineren Etablissements dagegen sei von Durchführung dieser Bestimmungen noch keine Rede.

Der Erlaß gesetzlicher Vorschriften, welche eine schärfere Kontrole ermöglichen, wird mit Ausnahme der Sachverständigen in Oberfranken, ferner in der Oberpfalz, wo die Zahl der beschäftigten jugendlichen Arbeiter zu gering sein soll, als daß sich ein Bedürfniß zu Verschärfungen herausgestellt hätte, fast allseitig als empfehlenswerth bezeichnet. Für die Zweckmäßigkeit einer Bestimmung, wonach die nämlichen Kinder unter 14 Jahren nur vor oder nur nach der Mittagspause oder einer gewissen Tagesstunde beschäftigt werden dürfen, wird angeführt, daß dadurch, abgesehen von der Förderung des Schulunterrichts, zugleich dem Mißstande vorgebeugt werden würde, daß die Kinder über die sechsstündige Arbeitszeit hinaus in den Fabriken bei ihren Eltern bleiben, wobei das Fortarbeiten oft ganz von selbst sich einzustellen pflege (Oberbayern). Von einer Seite (Niederbayern) ist empfohlen worden, die Beschäftigung gleichzeitig auf die Vor- und Nachmittagszeit zu vertheilen, die Verwendung zur Nachtzeit und in sehr frühen Morgenstunden unbedingt zu verbieten, den Schwerpunkt dabei aber weniger auf die Zeitdauer, als die Art der Arbeit zu legen. Hier und da (Schwaben) ist angeregt worden, die Festsetzung der Arbeitszeit der Kinder unter 14 Jahren dem Ermessen der Ortspolizeibehörden zu überlassen, weil dabei vielfach auf örtliche Verhältnisse, namentlich Schulbesuch Rücksicht zu nehmen sei, zugleich müßten aber noch spezielle Bestimmungen wegen der Unterkunft dieser Kinder in den freien Stunden getroffen werden.

Der Erlaß einer Bestimmung, wonach die Arbeitgeber gehalten sein sollen, Anfang und Ende der Arbeitszeit und der Pausen in der Fabrik anzuschlagen oder der Behörde anzuzeigen, wird in Fürth mit dem Bemerken empfohlen, daß eine solche Bestimmung eine zweckentsprechende Ergänzung der in §. 130 Abs. 2 der Gewerbeordnung gegebenen Vorschriften bilden würde; in Oberbayern betont man, daß ein derartiger Anschlag zwar zunächst nur eine Formalität sei, die materiell gegen Mißstände nicht zu schützen vermöge, daß der dadurch erzielte Vortheil einer erleichterten Kontrole dagegen nicht zu unterschätzen sei. In Weißenburg (Mittelfranken) wird die Einführung solcher Kontrolbestimmungen zwar empfohlen, aber gleichzeitig als wahrscheinlich hingestellt, daß deren Erlaß den gänzlichen Ausschluß der jugendlichen Arbeiter von der Beschäftigung in Fabriken zur Folge haben werde, sowie auch aus Augsburg darauf hingewiesen wird, daß die Vorschrift über die sechsstündige Arbeitszeit der Arbeiter zwischen 12 und 14 Jahren so nachtheilig auf den Fabrikbetrieb eingewirkt habe, daß in neuester Zeit von der Verwendung jugendlicher Arbeiter dieses Alters mehr und mehr abgesehen worden sei.

Daß derartige Bestimmungen erlassen werden können, ohne die Dispositionen für den Fabrikbetrieb in empfindlicher Weise zu hemmen, wird nur in Oberfranken und zum Theil in Mittelfranken sowie in Niederbayern hinsichtlich der eigenartigen Beschäftigung in den dasigen Glasfabriken verneint, sonst fast allseitig bejaht: in Schwaben mit dem Gedanken, daß die Vortheile für die körperliche Entwickelung der jugendlichen Arbeiter die Nachtheile um Vieles überwiegen, die für den Fabrikbetrieb daraus vielleicht sich ergeben könnten.

In den Kreisen Niederbayern, Oberpfalz, Schwaben, theilweise auch in Oberfranken, soweit Bergwerke und Fabriken für Seidengarn und Seidenzeug, sowie Papierfabriken in Frage kommen, und in Mittelfranken nimmt man an, daß der Absicht des Gesetzes, wonach den jugendlichen Arbeitern nicht gestattet ist, in den Arbeitspausen fortzuarbeiten, häufig entgegengehandelt werde. In den Glasfabriken Niederbayerns giebt es überhaupt bestimmte Arbeitspausen nicht und in den Fabriken des Bezirksamtes Sonthofen (Schwaben) werden die Maschinen lediglich des Mittags abgestellt: sonst finden Pausen nicht statt, Erfrischungen werden während der Arbeit genommen. Die Uebertretung des Gesetzes erfolgt theils aus freiem Willen der jugendlichen Arbeiter, theils und wohl hauptsächlich auf Drängen der Eltern, fast stets aber im Einverständnisse mit den Arbeitgebern (Schwaben), welche sich bei ihrer Verantwortung in der Regel mit Gesetzesunkunde entschuldigen (Mittelfranken). In Oberbayern sind dergleichen Uebertretungen, wenn auch nur ausnahmsweise, in Spinnereien beobachtet worden, wo die Eltern namentlich dann die Arbeitskraft ihrer Kinder in der rücksichtslosesten Weise ausnützen und dieselben zum Fortarbeiten während der Pausen drängen, wenn die ganze Familie in Akkord arbeitet.

Dagegen hat man Wahrnehmungen dieser Art in Unterfranken überhaupt nicht gemacht.

Um den Umgehungen des Gesetzes entgegenzutreten, wird empfohlen: Anschlag der einzuhaltenden Pausen in den Fabriken und regelmäßige Revisionen der letzteren durch die Polizeibehörden (Niederbayern und Oberfranken), Festsetzung einer für alle Fabriken gleichmäßig zu bestimmenden Arbeitszeit mit Fixirung des Beginnes und Schlusses derselben (Schwaben), gesetzliche Verantwortlichkeit der Eltern für Zuwiderhandlungen ihrer Kinder (Oberfranken und Schwaben), Veröffentlichung der Namen der zuwiderhandelnden Arbeitsgeber, sowie regelmäßig wiederkehrende öffentliche Bekanntmachungen der betreffenden Bestimmungen der Gewerbeordnung (Mittelfranken). Von einer Seite (Schwaben) wird darauf hingewiesen, daß das einzige zweckmäßige Mittel in einer Vorschrift zu finden sein werde, wonach während der Pausen das Fabrikwerk stillzustehen und eine vollständige Räumung der Arbeitssäle stattzufinden habe, doch wird gleichzeitig darauf hingewiesen, daß dieser Vorschlag mit Rücksicht auf die durch das Stellen und Wiederanlaufenlassen der Maschinen bewirkte Verschwendung von Kraft und Material, sowie auf den Mangel geeigneter Räume zum Aufenthalte der Arbeiter während der Pausen kaum durchführbar sein werde.

Dem Arbeitgeber unbedingt, auch wenn sein Einverständniß nicht nachweisbar, für Gesetzesverletzungen verantwortlich zu machen, wird in Oberbayern, Mittelfranken, Schwaben, theilweise auch in Oberfranken von den Behörden für zweckmäßig erachtet und befürwortet. In Oberbayern geschieht dies selbst von betheiligter Seite und wird dazu bemerkt, daß eine solche Vorschrift um so unbedenklicher erscheine, als in mancher Beziehung Eltern, Pflegeeltern und Dienstherrschaften bereits jetzt in ähnlicher Weise für Handlungen ihrer Kinder, Pflegebefohlenen und Dienstboten haftbar seien. Außerdem ist hier der Vorschlag gemacht, daß neben der Strafe auch auf den Verlust der Befugniß zur Beschäftigung jugendlicher Arbeiter solle erkannt werden dürfen.

Dagegen erachtet man eine solche Haftbarmachung in Niederbayern für bedenklich, da völlig freiwillige Leistungen doch nicht bestraft werden könnten. In der Oberpfalz hält man dafür, daß eine diesbezügliche Bestimmung zwar dem beabsichtigten Ziele näher führen werde, durch das Bedürfniß aber nicht indizirt erscheine.

3. Sachsen.

Bei Gelegenheit der angestellten Erhebungen hat sich von neuem bestätigt, daß trotz aller einschärfenden Verordnungen der Regierungsbehörden die über die Arbeitszeit der jugendlichen Arbeiter in der Gewerbeordnung enthaltenen Bestimmungen bei den meisten Industriezweigen nur sehr mangelhaft haben durchgeführt werden können. Zu der im Publikum, sogar bei Lehrern, mitunter wahrgenommenen Unklarheit über die einschlagenden Bestimmungen gesellt sich wohl hier und da eine gewisse Indolenz der Ortsbehörden; hauptsächlich aber werden die Zuwiderhandlungen dadurch ermöglicht, daß an der Ausdehnung der Kinderarbeit außer den Arbeitgebern auch Arbeitnehmer erhebliches Interesse haben und daß daher die Durchführung der gedachten Vorschriften hauptsächlich auch bei den Eltern und Erziehern der Kinder auf großen Widerstand stößt.

Nach Angabe eines Schuldirektors im Zwickauer Bezirke giebt es Fabriken, in denen ununterbrochen Kinder unter 12 Jahren, ja sogar 7 bis 8 jährige Kinder beschäftigt werden; wird von der Behörde oder von dem Fabrikinspektor die Fabrik revidirt, so werden diese Kinder von einem Unterbeamten sofort auf einen der oberen Böden geführt, und zwischen Waarenballen versteckt gehalten. Ein Pfarrer spricht den dringenden Wunsch aus, daß auf die Befolgung der bestehenden Gesetze mit größter Energie gedrungen werden möge; aus seiner kleinen Parochie seien nach den von ihm angestellten Erhebungen allein 50 Kinder unter 12 Jahren, darunter 8 bis 9 jährige, in den umliegenden Fabriken beschäftigt. Von einer Behörde wird berichtet, daß nicht selten Eltern versucht haben, ihren noch nicht ganz 12 Jahre alten Kindern durch unwahre Angaben über deren Alter Eingang in den Fabriken zu verschaffen. Auch in der Blumenfabrikation scheinen hier und da Kinder von 9 bis 10 Jahren beschäftigt zu werden. In der Spielwaarenindustrie sollen bereits Kinder im Alter von 6 Jahren mit leichter Arbeit beschäftigt werden, allerdings in den elterlichen Wohnungen, nicht in Fabrikräumen. Gerade durch die Beschäftigung in der Hausindustrie werden aber nach der Erklärung eines Lehrers der Thätigkeit für die Schule die meisten Hindernisse entgegengestellt, da hier von einer bestimmten Arbeitszeit überhaupt nicht die Rede ist und bis in die sinkende Nacht fortgearbeitet zu werden pflegt.

Bewußt und grundsätzlich scheint das Gesetz in den Glashütten verletzt zu werden, wo man allerdings bestimmte Arbeitszeiten und regelmäßige Pausen nicht will einhalten und Nachtarbeit nicht will entbehren können. Von einer Verwaltungsbehörde im Dresdener Bezirke wird angegeben, daß, so oft auf ihre Anordnung in den Glasfabriken Revisionen stattgefunden haben, stets Verletzungen des Gesetzes entdeckt worden seien. Die Folge dieser Revisionen sei lediglich gewesen, daß um die Fabrikgrundstücke eine geschlossenere Umfriedigung hergestellt und für bessere Ueberwachung der Ein- und Auspassirenden Sorge getragen worden sei. Nach Angabe eines Lehrers aus dem Bautzener Bezirke sind früher die in den Glashütten beschäftigten schulpflichtigen Arbeiter wegen der Nachtarbeit wöchentlich 2 bis 3 Mal behindert gewesen, am Schulunterrichte theilzunehmen, der Lehrer habe denselben zur Nachholung des Versäumten auf Kosten der Arbeitgeber Nachunterricht ertheilt. Auf Einschreiten der Behörde sei die gesetzwidrige Beschäftigung dieser Kinder nun eingestellt.

Ueberschreitungen der 6stündigen Arbeitszeit für die 12 bis 14 Jahre alten Kinder sind ferner noch in der Cigarrenindustrie und hier und da auch in den Wolldruckereien ermittelt worden. In einigen Industriezweigen hat dagegen in Folge der Einführung der sechsstündigen Arbeitszeit für diese Altersklasse die Beschäftigung derselben ganz eingestellt werden müssen, so in den Serpentinsteinfabriken und in der Fabrikation des starkwolligen Vigognegarns im Zwickauer Bezirke. In den an der böhmischen Grenze gelegenen Fabrikorten werden meistens böhmische Kinder beschäftigt, in deren Heimath die Schulpflicht bereits mit dem 12. Jahre aufhört. Von einem Lehrer, der sich überhaupt darüber beklagt, daß die mit Fabrikarbeit beschäftigten Kinder die Schule vernachlässigen und weniger Interesse für den Unterricht zeigen, als die übrigen Kinder, wird hervorgehoben, daß besonders während der Ferien die Kinder in der Regel den ganzen Tag über in den Fabriken beschäftigt werden.

Bei den Kindern im Alter von 14 bis 16 Jahren scheint Zuwiderhandlung gegen das Gesetz geradezu die Regel zu bilden, dieselben arbeiten gewöhnlich ebenso lange, wie die erwachsenen Arbeiter. Einige Spinnereibesitzer gestehen zu, daß sie sämmtlich wegen derartiger Zuwiderhandlungen bestraft worden seien, trotzdem aber fort und fort gegen das Gesetz handeln müßten, da sich dessen Bestimmungen ohne große Nachtheile für ihre Industrie nicht einhalten ließen: es sei besser, die Beschäftigung jugendlicher Arbeiter gleich ganz zu verbieten, als derartige, doch auf dasselbe hinauslaufende Bestimmungen zu erlassen. In den Kartonnagefabriken haben nach Angabe einiger Arbeitnehmer die über 14 Jahre alten Arbeiter gleichwie im Handwerke eine bestimmte Lehrzeit zu bestehen; es wird als nicht angängig bezeichnet, dieselben vor Schluß der allgemeinen Arbeitszeit zu entlassen. Auch in fast allen übrigen Industriezweigen scheinen die Verhältnisse ähnlich zu liegen und nur vereinzelte Arbeitgeber die genaue Befolgung der gesetzlichen Vorschriften sich angelegen sein zu lassen. Einer derselben, dessen Wohlwollen für die Arbeiter bekannt ist, hat die Erklärung abgegeben, bei ihm werde die gesetzliche Arbeitszeit zwar strengstens eingehalten, er habe aber oft Gelegenheit gehabt, das fleißige Mädchen zu bedauern, welches gegen seinen Willen zwei Stunden an der Arbeitszeit einbüßen mußte, oder dem kräftigen aber faulen Burschen Strafe dafür zu wünschen, daß er die Arbeit zwei Stunden früher verlassen durfte, während schwächlichere Arbeiter, über 16 Jahre, denen eine verkürzte Arbeitszeit um ihrer Gesundheit willen anzurathen wäre, sich volle 12 Arbeitsstunden abmühen dürfen.

Hervorzuheben ist noch, daß der Fabrikantenverein einer Fabrikstadt des Dresdener Bezirkes diejenigen seiner Mitglieder, welche gegen die gesetzlichen Vorschriften über die Kinderarbeit handeln, auf Grund eines Vereinsbeschlusses jedes Mal mit 30 Mark Geldbuße belegt.

Eine gesetzliche Bestimmung, wonach die nämlichen Kinder unter 14 Jahren nur vor oder nach der Mittagspause beschäftigt werden dürfen, wird überwiegend für überflüssig gehalten, weil jene Verhältnisse bereits durch den Schulbesuch der Kinder entsprechend geregelt würden. Gegen Erlaß einer Bestimmung, wonach die Arbeitgeber gehalten sein würden, Anfang und Ende der Arbeitszeit und der Pausen in der Fabrik anzuschlagen oder der Behörde anzuzeigen, ist geltend gemacht, daß einmal eine solche Vorschrift die Dispositionen für den Fabrikbetrieb in vielen Industriezweigen empfindlich hemmen, dann aber auch ihren Zweck kaum erreichen werde, da bei dringender Arbeit doch länger gearbeitet werden müßte. Im Uebrigen aber würden die auch jetzt möglichen Kontrolen genügen, wenn sie strenger gehandhabt würden. Die einfachste und sicherste Kontrole könne durch Einsichtnahme der Lohnbücher geführt werden, aus deren Inhalt sich stets ersehen lasse, wieviel Stunden täglich jeder Arbeiter in der Fabrik gearbeitet habe. Auf der anderen Seite und zwar auch von einigen Fabrikinspektoren wird dagegen der Erlaß weiterer Kontrolbestimmungen für keineswegs überflüssig gehalten und außerdem empfohlen, die Arbeiter für die Durchführung des in ihrem Interesse erlassenen Gesetzes mit verantwortlich zu machen, in der Weise, daß die Eltern der Fabrikkinder in Uebertretungsfällen mit denselben Strafen zu belegen seien, wie die Arbeitgeber, da es von ihnen hauptsächlich mit abhänge, ob das Gesetz erfüllt werde oder nicht.

Die gesetzlichen Arbeitspausen scheinen im allgemeinen eingehalten zu werden: von vielen Seiten wird sogar versichert, daß dieselben bei den jugendlichen Arbeitern sehr beliebt seien, und häufig sich die Neigung zeige, dieselben möglichst auszudehnen; wenn Pause sei, bleibe selten Jemand im Saale. In denjenigen Industriezweigen, in denen es üblich ist, die Maschinen während der Arbeitspausen still stehen zu lassen, würde es gar nicht möglich sein, daß während dieser Zeit von einem Theile der Arbeiter fortgearbeitet würde. Bei der Cigarrenfabrikation dürfe während der Arbeit nicht gegessen werden, und verbiete sich daher das Fortarbeiten während der dem Einnehmen der Mahlzeiten gewidmeten Pause von selbst. Trotzdem scheinen aber auch in diesen Beziehungen Umgehungen des Gesetzes vorzukommen; besonders in denjenigen Fabriken, in denen ein ununterbrochener Betrieb stattfindet, sollen die Pausen zwar im Ganzen mindestens zwei Stunden täglich betragen, aber nicht auf bestimmte Zeiten fallen, sich vielmehr ganz nach dem Gange der Arbeit richten. Auch bei denjenigen Arbeitern, welche auf Stücklohn arbeiten, scheint nicht überall auf Einhaltung der Pausen Obacht genommen zu werden. In den Glasfabriken soll es nach Angabe der Arbeitgeber und Arbeitnehmer überhaupt nicht möglich sein, bestimmte Arbeitspausen einzuhalten, so lange die Glasmasse im flüssigen Zustande im Ofen sich befindet. Ein Arzt im Bautzener Bezirke behauptet, daß nach seinen Erfahrungen die Pausen weder zum Sistiren der Arbeit, noch zum Verlassen der Fabrikräume von den Arbeitern benutzt zu werden pflegen, und aus dem Leipziger Bezirke wird mitgetheilt, daß in denjenigen Etablissements, in welchen überhaupt 10stündige Arbeitszeit eingeführt sei, in der Regel besondere Frühstücks- und Vesperpausen für unnöthig gehalten und daher auch von jugendlichen Arbeitern meist nicht beachtet werden. Im übrigen erklärt ein Fabrikant, es gebe Fälle, in denen es eine Rücksichtslosigkeit sondergleichen sein würde, die Arbeiter zu zwingen, die Fabrik während der gesetzlichen Arbeitspausen zu verlassen und z. B. dieselben den Unbilden der Witterung auszusetzen. Von einem Fabrikinspektor wird als nachahmenswerth das Beispiel einiger Fabrikanten empfohlen, die Arbeitspausen zu Mittag während der Sommermonate auf mindestens 1½ Stunden zu erhöhen, um den

Arbeitern die zu ihrer Erholung nöthige Ruhe zu gönnen, und dafür Abends ½ Stunde länger arbeiten zu lassen.

Besondere Vorkehrung gegen die Umgehung des Gesetzes nach dieser Richtung werden fast von keiner Seite für nöthig erachtet: die Schließung der Arbeitssäle während der Pausen ist nach den Erklärungen einiger Arbeitgeber und Arbeitnehmer nicht überall durchzuführen; es werde sich höchstens empfehlen, die bezüglichen gesetzlichen Vorschriften wiederholt in öffentlichen Blättern oder durch Anschlag in den Fabrikräumen einzuschärfen, oder aber, wie von anderen Seiten befürwortet wird, den Arbeitgeber unbedingt, auch wenn sein Einverständniß nicht nachweisbar, für derartige Umgehungen verantwortlich zu machen. Dem wird nun freilich von den meisten Arbeitgebern als durchaus ungerechtfertigt widersprochen: es wird eine diesbezügliche gesetzliche Bestimmung als überaus hart bezeichnet, da sich Arbeiter, welche über 14 Jahre alt sind, in der Regel über Einhaltung der Pausen keine Vorschriften machen lassen, in vielen Fabriken ferner es hin und wieder nothwendig werde, die Arbeitspausen zu verlegen, wo dann der Chikane der Arbeiter Thor und Thür geöffnet sei. Der Arbeitgeber halte sich übrigens häufig gar nicht am Sitze der Fabrik auf, und in gewissen Industriezweigen, wie in der Glasindustrie und Maschinenstickerei, habe er mit den in seiner Fabrik beschäftigten jugendlichen Arbeitern gar nichts zu thun, da dieselben vielmehr im Lohne der erwachsenen Arbeiter, der Glasmacher und Maschinensticker stehen: in solchen Fällen sei es ebenso ungerecht als unbillig, ihn für Uebertretungen verantwortlich zu machen.

4. Württemberg.

Während im Schwarzwaldkreise neuerdings, zufolge der strafgerichtlichen Verfolgung einzelner Uebertretungen, Verletzungen des Gesetzes nur ausnahmsweise beobachtet sein sollen, während ferner im Donaukreise wenigstens hinsichtlich der unter 14 Jahre alten Kinder versichert wird, daß der Schulzwang die Möglichkeit einer längeren als sechsstündigen Beschäftigung ausschließe, wird im übrigen behauptet, daß die Bestimmungen des Gesetzes durchaus nicht genau beobachtet werden. Im Jaxtkreise glaubt man hervorheben zu sollen, daß hieran weniger die Arbeitgeber Schuld tragen, als die Eltern, welche ihre Kinder möglichst ausgiebig zum Miterwerbe zu benutzen suchen. In dem Neckarkreise wird hervorgehoben, wie die Fabrikanten, seitdem sie wegen Nichtbeachtung des Gesetzes bestraft worden seien, bei etwaigen Erhebungen ihre Angaben so einzurichten suchen, daß sie mit den gesetzlichen Bestimmungen nicht in Widerspruch gerathen. Nach den statistischen Ermittelungen gewinnt es den Anschein, als ob in der größeren Hälfte derjenigen Etablissements, welche jugendliche Arbeiter beschäftigen, diese Bestimmungen zur Zeit noch nicht durchgeführt sei.

Auch in den Gutachten der Handelskammern wird zugegeben, daß hier und da und zeitweise die gesetzlichen Vorschriften nicht beachtet würden. Die Handels- und Gewerbekammer zu Stuttgart glaubt, daß dies hauptsächlich in solchen Fabriken der Fall sei, wo eine Einhaltung ohne empfindliche Störung des Betriebes nicht möglich sei, und die zu Heidenheim befindet, daß dies nicht in einem Mangel an Gesetzesachtung bei den Arbeitgebern, sondern in der Unzweckmäßigkeit der gesetzlichen Bestimmungen seinen Grund habe: der Gesetzgeber habe sich offenbar auf einen zu idealen Standpunkt gestellt und dabei sowohl die in der einzig möglichen Betriebsweise einzelner Geschäfte gelegenen Hindernisse, die sich der Durchführung des Gesetzes entgegenstellen, außer Acht gelassen, als auch die Verhältnisse der die jugendlichen Fabrikarbeiter an Zahl weit übertreffenden jugendlichen Arbeiter im Kleingewerbe, in der Landwirthschaft und im gewöhnlichen Haushalte nicht berücksichtigt, Verhältnisse, welche in Bezug auf Art und Dauer der täglichen Arbeit und auf Beschaffenheit der Arbeitsräume größtentheils weit ungünstiger seien.

Die Einführung schärferer Kontrolbestimmungen wird von den meisten Handelskammern und einem großen Theile der Sachverständigen und Verwaltungsbehörden nicht befürwortet. Für Arbeiter unter 14 Jahren seien sie unnöthig, da dieselben in nicht zu großer Anzahl beschäftigt werden, im übrigen könne nur durch scharfe Beaufsichtigung Zuwiderhandlungen entgegengewirkt werden, alles andere sei wirkungslos (Neckarkreis). Eine Verfügung wegen des Anschlages der gesetzlichen Bestimmungen in den Fabriken werde sich bald als werthlos zeigen und nur zu gehässigen Denunziationen seitens der Arbeiter führen (Stuttgart); auch werden alle gesetzlichen Bestimmungen schon um deswillen wirkungslos bleiben, weil die jugendlichen Arbeiter um des größeren Verdienstes willen selbst die Verlängerung der Arbeitszeit wünschen.

Dagegen spricht man sich im Jaxtkreise dafür aus, daß schulpflichtige Kinder vor dem Beginn der Vormittagsschule nicht beschäftigt werden sollen. Nach Mittheilungen eines Lehrers aus dem Oberamt Heidenheim ist in seinem Orte dem Uebelstande, daß einzelne Kinder vor dem Beginn der Vormittagsschule 1 bis 2 Stunden in Fabriken beschäftigt wurden, von der Ortsschulbehörde nachdrücklichst und mit Erfolg entgegengewirkt.

Auch der Verpflichtung zum Anschlag des Anfanges und Endes der Arbeitszeit in den Fabriken oder zu entsprechender Anzeige bei der Behörde ist von mehreren Seiten (Neckar-, Schwarzwald- und Jaxtkreis) das Wort geredet, vereinzelt auch vorgeschlagen, beides, Anschlag und Anzeige zu verbinden.

Allerdings wird in derartigen verschärften Bestimmungen von den meisten Handelskammern eine empfindliche Störung der Dispositionen für den Fabrikbetrieb erblickt und nur seitens mehrerer Behörden und einzelner Sachverständigen das Gegentheil behauptet. Von einigen Seiten ist angeführt, daß der Erlaß derartiger Bestimmungen nur dazu führen werde, daß die Fabrikanten mit der Entlassung der jugendlichen Arbeiter vorgehen (Stuttgart). Dem gegenüber meint der Arbeiterverein in Göppingen, daß alsbald nach ihrem Erlaß auch die anderen Staaten sich bewogen finden würden, gleiche Einrichtungen zu treffen, und das dann von einer andauernden Hemmung des Fabrikbetriebes nicht die Rede sein werde.

Was die Arbeitspausen betrifft, so scheinen dieselben von den jugendlichen Arbeitern der Absicht des Gesetzes entsprechend eingehalten und zur Erholung benutzt zu werden. Gegentheilige Beobachtungen sind blos da, wo Akkordarbeit stattfindet, hauptsächlich in Fabriken für Seidengarn, Streich- und Kammgarn u. s. w., in Papierfabriken und theilweise in Cigarrenfabriken gemacht worden, und zwar ist dann gewöhnlich auf Drängen der Arbeiter oder ihrer Eltern das Fortarbeiten während der Pausen gestattet worden. In einer mechanischen Zwirnerei des Neckarkreises findet lediglich über Mittag eine einstündige Pause statt, das Frühstück- und Vesperbrot wird von den Arbeitern während der Arbeit verzehrt. Ein Arbeitgeber versichert, die jugendlichen Arbeiter fühlen gar kein Bedürfniß zur Einhaltung der Pausen, da die meisten von ihnen in der Umgegend wohnen und der Weg zu und von der Fabrik ihnen genügende

Gelegenheit biete, sich Bewegung zu machen: übrigens würden voraussichtlich die meisten der weiblichen jugendlichen Arbeiter die Pausen mit Stricken oder ähnlichen Beschäftigungen ausfüllen, und das werde wohl ebensowenig zu empfehlen sein, als das Fortarbeiten in der Fabrik. Aus dem Schwarzwaldkreise wird mitgetheilt, daß die jugendlichen Arbeiter von selbst und auf Anregung ihrer Eltern zum Fortarbeiten während der Pausen bereit seien: bei ungünstiger Witterung und zur Winterzeit namentlich sei früher zuweilen von einem Theile der Fabrikarbeiter sogar gegen den Willen der Arbeitgeber fortgearbeitet worden. Nachdem aber mehrere der letzten deshalb zur Strafe gezogen worden seien, befolgen dieselben das Gesetz und ziehen sogar vor, die jugendlichen Arbeiter während der Arbeitspausen durch die Aufseher aus den Arbeitslokalen herausbringen zu lassen.

Auch von anderer Seite wird versichert, daß, wo Zuwiderhandlungen vorkommen, dies nur in den seltensten Fällen mit dem Einverständnisse der Fabrikbesitzer geschehe, da diese sich hüten, auf solche Weise ihren Arbeitern gegenüber ihre Autorität bloszustellen.

Die Handels- und Gewerbekammer zu Reutlingen bemerkt bei diesem Punkte, daß die gesetzliche Vorschrift wegen der Vor- und Nachmittagspausen in manchen Fabriken die Verwendung jugendlicher Arbeiter wegen der dadurch verursachten Betriebsstörungen geradezu unmöglich mache, während doch ihre Herbeiziehung bei dem zunehmenden Mangel an anderen Arbeitskräften für viele Fabriken ein Bedürfniß sei; sie empfiehlt daher Zulassung einer Dispensation von der Befolgung dieser Vorschriften für solche Fälle, wo mit Rücksicht auf die Art der Beschäftigung und die Fabrikeinrichtungen eine Schädigung der Gesundheit durch eine, von der Mittagsfreistunde abgesehen, ununterbrochene Arbeitsdauer ausgeschlossen sei.

Als Maßregeln zur Beseitigung derartiger Umgehungen des Gesetzes werden hauptsächlich vorgeschlagen: die Anstellung von besonderen Aufsichtsbeamten, Fabrikinspektoren, zu denen ein Arbeiterbildungsverein namentlich Aerzte verwendet wissen will, und die Verpflichtung der Arbeitgeber, in den Fabriken die Arbeitspausen durch Anschlag bekannt zu machen. Im Neckarkreise wird von einer Seite vorgeschlagen, den Arbeitern den Aufenthalt in den Arbeiträumen während der Pausen zu verbieten: auch in dem Jaxtkreise wird von einer Seite dies als eine zweckmäßige Maßregel erklärt, freilich auch hinzugefügt, daß dieselbe mit sehr erheblichen Schwierigkeiten und mit großen Kosten für die Fabrikbesitzer verbunden sein werde. Von anderer Seite (Jaxtkreis) wird empfohlen, daß der Arbeitgeber bei Annahme des jugendlichen Arbeiters demselben sofort erklären solle, es müsse dem gesetzlichen Verbote der Beschäftigung während der Pausen genüge gethan werden, oder daß die Arbeitszeit einschließlich der zu beobachtenden Pausen gleichmäßig durch das Gesetz bestimmt werde. Endlich wird noch von einer Behörde des Schwarzwaldkreises vorgeschlagen, daß dem jugendlichen Arbeiter für etwaige während der Pausen gelieferte Arbeiten ein Lohn nicht bezahlt werden dürfe.

Ueber die Frage, ob der Arbeitgeber unbedingt, auch wenn sein Einverständniß nicht nachweisbar, für Umgehungen des Gesetzes verantwortlich zu machen sei, sind die Meinungen getheilt. Für die Bejahung wird angeführt, daß nur der Arbeitgeber die nöthige Autorität gegenüber den Arbeitern und den mit der unmittelbaren Aufsicht betrauten Fabrikpersonen habe, um die Einhaltung der Pausen zu erzwingen (Jaxtkreis), für die Verneinung, daß es bedenklich sei, den Arbeitgeber für den etwaigen Eigennutz der Eltern oder für den Muthwillen der jugendlichen Arbeiter haften zu lassen, daß geplanten Zuwiderhandlungen zu begegnen, derselbe oft gar nicht in der Lage sei (Neckarkreis) und daß durch eine solche absolute Verantwortlichkeit der Arbeitgeber der Chikane der Arbeiter Thor und Thür geöffnet werde (Schwarzwaldkreis).

5. Baden, Hessen.

In Baden wird im allgemeinen angenommen, daß die gesetzlichen Bestimmungen, soweit sie die Arbeitszeit für die 12- bis 14jährigen Kinder betreffen, zur Ausführung gelangt sind, während dagegen die für die 14- bis 16jährigen Arbeiter erlassenen Bestimmungen bisher allerdings vielseitig nicht beobachtet sein sollen. Als Grund dieser Nichtbeachtung wird angeführt, entweder daß es unter allen Umständen für den Fabrikbetrieb störend sei, wenn ein Theil der Arbeiter später komme oder früher gehe, als der andere, oder daß die jugendlichen Arbeiter, statt ½ oder 1 Stunde vor den übrigen Arbeitern aufzuhören, vorziehen, freiwillig bis zum allgemeinen Arbeitsschluß zu bleiben und zu arbeiten, um mit ihren Eltern oder Bekannten zusammen die oft weiten Heimwege antreten zu können. Auch in Hessen wird mehrfach eine Nichtbeachtung der gesetzlichen Bestimmungen konstatirt; es wird darüber geklagt, daß häufig auch Kinder unter 12 Jahren in den Fabriken beschäftigt werden und daß es meist schwierig sei, zu entscheiden, ob diese Verwendung als Annahme zu einer regelmäßigen, oder nur zeitweiligen Beschäftigung anzusehen sei: zuweilen arbeiten ferner die schulpflichtigen Kinder während der Ferien ebenso lange wie die älteren Arbeiter; in einer Spinnerei haben die jugendlichen Arbeiter mit Ausnahme von drei Stunden, welche sie in der Schule zubringen, gleiche Arbeitszeit mit den Erwachsenen, und von einer Seite wird behauptet, daß bei den über 14 Jahre alten Arbeitern eine 11- bis 12stündige Arbeitszeit die Regel bilde, allerdings noch mehr bei den Handwerkern, als in den Fabriken.

Der Erlaß gesetzlicher, eine schärfere Kontrole ermöglichender Bestimmungen, nach welchen die Arbeitgeber gehalten wären, Anfang und Ende der Arbeitszeit, sowie der Pausen in der Fabrik anzuschlagen oder der Behörde anzuzeigen, wird entweder als zweckmäßig anerkannt oder doch nicht beanstandet, dagegen findet der Vorschlag, Arbeiter unter 14 Jahren nur vor oder nach der Mittagspause beschäftigen zu lassen, in Hessen und von einigen Seiten auch in Baden lebhaften Widerspruch; man befürchtet, daß dadurch die Dispositionen für den Fabrikbetrieb in empfindlicher Weise gehemmt werden, nachdem schon die Ausführung der geltenden Bestimmungen vielseitig mit Schwierigkeiten verknüpft gewesen sei. Von einer Seite in Hessen wird dagegen darauf hingewiesen, daß erfahrungsgemäß durch die Arbeit in den Fabriken vor den Unterrichtsstunden und die hiermit verbundene körperliche und geistige Anstrengung das Denkvermögen und die Arbeitskraft der Kinder vollständig gelähmt und Kinder, die in den unteren Klassen aufgeweckt und lernbegierig gewesen seien, plötzlich theilnahmlos werden und im Lernen zurückbleiben, sobald sie später einige Zeit in den Fabriken beschäftigt worden; mit Rücksicht hierauf wird empfohlen, Kinder überhaupt nicht vor beendetem Nachmittagsunterrichte zur Beschäftigung in Fabriken zuzulassen. Mehrere Stimmen in Baden sprechen sich endlich dafür aus, bei den jugendlichen Arbeitern statt nach dem Alter nach der Schulpflichtigkeit zu unterscheiden und schulpflichtige Kinder entweder ganz von der Fabrikarbeit auszuschließen oder doch nur des

Nachmittags hierzu zu verstatten, dagegen aber alle Arbeitsbeschränkungen für die aus der Schule entlassenen jungen Leute aufzuheben.

Während in Hessen fast allgemein behauptet wird, daß es den jugendlichen Arbeitern gar nicht beikomme, aus freien Stücken fortzuarbeiten — nur von den Akkordarbeitern einer Cigarrenfabrik wird das Gegentheil gesagt — gehen die Mittheilungen aus Baden überwiegend davon aus, daß die Pausen vielfach nicht eingehalten werden, theils auf Drängen der Eltern, theils aus dem Grunde, weil bei ineinandergreifender Arbeitsweise der Betrieb gestört werden würde, theils, weil es an passenden Aufenthalts- und Spielräumen namentlich für den Winter mangele.

Zur Verhütung der Umgehung des Gesetzes wird nur ganz vereinzelt vorgeschlagen, die Beschaffung geeigneter Räume, in denen sich die jugendlichen Arbeiter während der Pausen aufhalten können, ohne den Einflüssen der Witterung ausgesetzt zu sein, ferner von Spiel- und Turnanstalten und endlich eine häufige und strenge Kontrole der Behörden. Ueberwiegend hat man sich außer Stande erklärt, geeignete Vorschläge nach dieser Richtung zu machen.

Die Frage, ob es sich rechtfertige, den Arbeitgeber unbedingt, auch wenn sein Einverständniß nicht nachweisbar, für die Uebertretung des Gesetzes verantwortlich zu machen, wird theils aus Billigkeitsrücksichten verneint, theils aus dem Grunde bejaht, weil gegen den erklärten Willen der Arbeitgeber Uebertretungen dieser Art nicht leicht vorkommen können, vorkommende Ungehörigkeiten daher auf sein Einverständniß oder wenigstens auf seine Gleichgültigkeit gegen die gesetzlichen Vorschriften schließen lassen.

6. Mitteldeutsche Staatengruppe.

Eine strenge Beobachtung der einschlagenden Bestimmungen findet fast nirgends statt: besonders sind es die Bestimmungen über die Arbeitszeit der Arbeiter von 14 bis 16 Jahren, denen vielfach zuwidergehandelt wird. In Zeulenroda (Reuß ä. L.) werden diese Arbeiter hinsichtlich der Arbeitsdauer den Erwachsenen gleich behandelt, ebenso ist es in verschiedenen Fabriken in Schwarzburg-Rudolstadt, sowie in den Braunsteinbergwerken und Glasfabriken Koburg-Gothas, wo dieselben bis zu 13 Stunden täglich beschäftigt werden. Aus Sachsen-Altenburg wird berichtet, daß die Arbeitszeit der 14- bis 16jährigen Arbeiter hauptsächlich im Sommer eine 11stündige sei, und wo sonst die gesetzlichen Bestimmungen noch nicht zur Ausführung gelangt, sei es der Wunsch der betreffenden Arbeiterklassen selbst gewesen, länger als 10 Stunden täglich zu arbeiten. In Sachsen-Weimar, wo die schulpflichtigen Kinder in den Ferien bis zu 12 Stunden täglich beschäftigt werden, ist die Beobachtung gemacht worden, daß bei der Anmeldung jugendlicher Arbeiter häufig ein unrichtiges, nämlich ein höheres Alter angegeben wird, um höheren Lohn beanspruchen zu können. In einer Wollspinnerei (Schwarzburg-Rudolstadt) werden Kinder von 10 bis 13 Jahren Vormittags von 10 bis 12 Uhr und Nachmittags von 4 bis 7 Uhr beschäftigt.

Fast allgemein wird eine verschärfte Kontrole der Kinderarbeit für zweckentsprechend und nothwendig erklärt. Betreffs der jugendlichen Arbeiter unter 14 Jahren sollte nach den in Koburg-Gotha und Schwarzburg-Rudolstadt geäußerten Wünschen nur außerhalb der Schulstunden die Beschäftigung gestattet sein. In Sachsen-Altenburg setzt man dabei als selbstverständlich voraus, daß diese Bestimmungen dann auch auf die „eigentlichen Lehrlinge“ ausgedehnt werden und in Anhalt wird empfohlen, gesetzlich zu gestatten, daß derartige weitergehende Beschränkungen und Kontrolmaßregeln unter besonderen Verhältnissen durch Ortsstatut vorgeschrieben werden.

Nur in Meiningen erklärt man sich gegen die für Arbeiter unter 14 Jahren vorgeschlagene Bestimmung theils in Rücksicht auf den ungestörten Gang des Betriebes, theils weil nicht immer zu angemessener Verwendung des übrigen Theiles des Tages Gelegenheit sein würde.

Daß durch den Erlaß derartiger Bestimmungen die Dispositionen für den Fabrikbetrieb erheblich gehemmt werden würden, wird fast nirgends behauptet: nur ein Fabrikant in Koburg-Gotha ist gegentheiliger Meinung; in Anhalt wird die Frage unter der Voraussetzung verneint, daß die Kontrolmaßregeln eben nur in Bedürfnißfällen durch Ortsstatut eingeführt werden.

Abgesehen von vereinzelten Fällen der Zuwiderhandlung, die in Sachsen-Meiningen bei Arbeiten auf Stücklohn, in Sachsen-Koburg-Gotha in einzelnen Thonwaarenfabriken und in der Stadt Zeulenroda beobachtet worden sind, sollen die Pausen regelmäßig ihrer Bestimmung gemäß der Erholung und Ruhe der jugendlichen Arbeiter gewidmet werden; besondere zur Verhütung von Umgehungen des Gesetzes bestimmte Einrichtungen werden daher nicht für angezeigt erachtet. Nur von einer Seite (Sachsen-Koburg-Gotha) spricht man sich für direktes Verbot des Fortarbeitens während der Pausen und entsprechenden Anschlag in den Fabrikräumen aus.

Daß der Arbeitgeber unbedingt für Gesetzesverletzungen verantwortlich zu machen sei, wird allseitig — mit Ausnahme einiger in Sachsen-Koburg-Gotha gehörter Arbeitgeber — befürwortet, in Sachsen-Altenburg mit dem Bemerken, daß ohne Einverständniß oder Lauheit der Fabrikbesitzer oder ihrer Aufseher Ungehörigkeiten überhaupt nicht vorkommen können, und in Anhalt mit dem Vorbehalte, daß auch die Werkführer oder Aufseher der Fabriken noch nebenbei verantwortlich sein müßten.

7. Norddeutsche Staatengruppe.

Soweit hier eine Beschäftigung jugendlicher Arbeiter überhaupt stattfindet, haben die Erhebungen verschiedene Ergebnisse geliefert. In Schaumburg-Lippe, Lippe und Hamburg werden die bestehenden Vorschriften über die Arbeitszeit eingehalten, und nur aus letzterer Stadt ist mitgetheilt, daß in einer der Tabackfabriken nach den statistischen Aufnahmen schulpflichtige Kinder überhaupt nicht beschäftigt werden sollten, während doch auf anderem Wege zur Kenntniß gelangte, daß das Gegentheil der Fall sei und die betreffenden jugendlichen Arbeiter gewöhnlich als Schüler einer Privatschule aufgeführt werden. In Braunschweig, Waldeck und Lübeck sind es besonders die Bestimmungen über die Arbeitszeit der zwischen 14 und 16 Jahre alten Arbeiter, denen vielfach zuwider gehandelt wird; so werden in Lübeck die Lehrlinge in Cigarrenfabriken von erfolgter Konfirmation ab den Erwachsenen gleich geachtet. In Oldenburg sind die Beobachtungen verschieden; im allgemeinen herrscht hier rücksichtlich der schulpflichtigen Kinder eine strengere Kontrole, als betreffs der der 2. Altersklasse angehörenden jugendlichen Arbeiter, doch wird in Cigarrenfabriken auch den hinsichtlich der ersteren erlassenen Vorschriften zeitweilig entgegengehandelt; in einer Glashütte müssen die jugendlichen Arbeiter an vier Tagen der Woche 12 Stunden, wenn auch mit gewissen durch den Geschäftsbetrieb gebotenen Unterbrechungen arbeiten.

Verschärfte Kontrolmaßregeln werden im allgemeinen nicht für erforderlich erachtet, wenn auch in deren Erlaß kein nennenswerthes Hemmniß für die

Dispositionen des Fabrikbetriebes erblickt wird. Nur der Arbeiter werde dadurch pekuniären Schaden erleiden, dafür aber seine Gesundheit mehr schonen und für spätere Jahre kräftigen (Waldeck). Für die Verpflichtung der Arbeitgeber, Anfang und Ende der Arbeitszeit und der Pausen in der Fabrik anzuschlagen sowie der Behörde anzuzeigen, erklärt man sich in Waldeck, ferner in Oldenburg und Braunschweig mit der Maßgabe, daß die Einführung einer solchen Verpflichtung bei der Montanindustrie bedenklich sei, weil Abweichungen von der allgemeinen Ordnung in den Arbeitsräumen gerade hier als störend und belästigend sich darstellen werden, auch in manchen Fällen der eigenthümliche Betrieb Unterbrechungen nicht zulasse.

Dagegen wird in Lübeck darauf hingewiesen, daß durch solche Bestimmungen kaum eine Besserung der jetzigen Zustände erwartet werden könne. Denn während der Zeit, in welcher die Kinder die Schule oder die Fabrik nicht besuchen, seien dieselben der Aufsicht gänzlich entzogen, treiben sich umher und verfallen auf Unfug zur Belästigung des Gemeinwesens; ohnehin würden z. B. für Tabackfabriken, wo gewisse Vorarbeiten in genügend rascher Weise nur durch jugendliche Arbeiter verrichtet werden können, dadurch empfindliche Unzuträglichkeiten entstehen. Der Anschlag über Anfang und Ende der Arbeitszeit aber sei nicht nur überflüssig, sondern sogar geeignet, Aufsätzigkeit und Widerspenstigkeit der Arbeiter zu begünstigen.

Die Einhaltung der Arbeitspausen angehend, so soll in Oldenburg, Schaumburg-Lippe und Lübeck der Absicht des Gesetzes fast durchgehend entsprochen werden: es ist sogar theilweise bei den jugendlichen Arbeitern die Neigung zu möglichster Ausdehnung der Pausen wahrgenommen. Dagegen sind in Braunschweig vereinzelte Fälle vorgekommen, in denen auf Drängen der Eltern auch in den Pausen fortgearbeitet worden ist; in Waldeck ist Gleiches nicht geradezu festgestellt, es wird aber als wahrscheinlich betrachtet.

Besondere Einrichtungen gegen solche Umgehungen des Gesetzes werden nicht in Vorschlag gebracht, auch nicht für erforderlich erachtet.

Die absolute Verantwortlichkeit des Arbeitgebers für Umgehungen der fraglichen Art wird überwiegend als gerechtfertigt hingestellt; nur in Oldenburg sind in dieser Frage die Meinungen getheilt und in Braunschweig haben sich die Industriellen sämmtlich, die Behörden theilweise dagegen ausgesprochen.

C. Verschärfung des Gesetzes.

Für den Fall, daß die über die Beschäftigung jugendlicher Arbeiter in Geltung befindlichen Bestimmungen zur Wahrung des Interesses derselben nicht ausreichend erscheinen sollten, würde in Frage kommen können, ob eine Verschärfung dieser Bestimmungen sich empfehle, insbesondere ob auch für weitere Altersklassen Beschränkungen in der Fabrikarbeit ohne Beeinträchtigung des Nahrungszustandes der Arbeiterfamilien und ohne Erschütterung der Betriebsverhältnisse einzelner Industriezweige durchführbar seien.

In Nachstehendem finden sich die hierüber erhobenen Ansichten zusammengestellt.

1. Preußen.

Eine Verschärfung der Bestimmungen über die Beschäftigung jugendlicher Arbeiter wird für kein Bedürfniß erachtet und deshalb widerrathen in den Bezirken Königsberg, Danzig, Potsdam, Stettin, Cöslin, Stralsund, Posen, Bromberg, Lüneburg, Wiesbaden, Cöln, Coblenz und Sigmaringen. Man hält dafür, daß die in der Gewerbeordnung zum Schutz der Arbeiter vorgesehenen Maßregeln ausreichend seien (Bezirk Danzig) und glaubt, daß eine solche Verschärfung so lange bedenklich erscheinen werde, als sie nicht allgemein auf alle Arbeiter ausgedehnt werden könne (Bezirk Posen). Im Bezirk Marienwerder ist nur seitens eines Landraths im Allgemeinen die Verkürzung der Arbeitszeit für erforderlich erachtet worden, damit die jugendlichen Arbeiter nicht über ihre Kräfte angestrengt werden, während von allen anderen Betheiligten das Bedürfniß hierzu bestritten worden ist; im Bezirk Aachen hat man sich lediglich darauf beschränkt, zu befürworten, daß Knaben unter 14 Jahren nur in der Zeit vor oder nach Mittag in Fabriken zu beschäftigen seien.

In den übrigen Bezirken sprechen sich dagegen verschiedene Stimmen für weitere Verschärfung der einschlagenden gesetzlichen Bestimmungen aus, und zwar beziehen sich die meisten nach dieser Richtung gemachten Vorschläge auf die Verhältnisse der unter 14 Jahre alten Arbeiter, während nur ganz vereinzelt auch eine Abänderung des Gesetzes hinsichtlich der Beschäftigung der älteren Arbeiter empfohlen wird.

Für den völligen Ausschluß der Kinder unter 14 Jahren von der regelmäßigen Beschäftigung in Fabriken erklärt man sich zunächst in den Bezirken Breslau und Liegnitz: der in §. 128. der Gewerbeordnung geforderte dreistündige Schulunterricht sei wenig genügend und die Wirkungen des kurzen Unterrichts gehen noch zum Theil verloren, wenn ihm eine sechsstündige Fabrikarbeit vorausgehe; außerdem sei es zum mindestens Pflicht der Gesetzgebung, dafür Sorge zu tragen, daß von einem in der Entwickelung begriffenen körperlich und geistig angestrengten Organismus Einflüsse abgehalten werden, deren Schädlichkeit von Aerzten vielfach behauptet worden sei; deshalb müsse zum mindestens die Beschäftigung der Kinder in Fabriken, in denen giftige Stoffe verarbeitet werden, verboten werden. Im Bezirk Posen empfiehlt man, die Beschäftigung schulpflichtiger Arbeiter in Zündholzfabriken, Flachsbereitungsanstalten, Papier- und Cigarrenfabriken an die Genehmigung der Ortsschulbehörde zu knüpfen oder letzterer doch einen Einspruch gegen die Verwendung solcher Arbeiter einzuräumen.

Im Bezirk Magdeburg wird vorgeschlagen, Kinder unter 14 Jahren in Ziegeleien überhaupt nicht, oder doch erst nach 1 Uhr Mittags oder, nachdem sie ärztlicherseits zu der betreffenden Arbeit für tüchtig erklärt worden sind, beschäftigen zu lassen. In den Bezirken Merseburg und Schleswig empfiehlt man Erlaß einer Bestimmung, wonach in der Textilindustrie und in den Taback- und Cigarrenfabriken schulpflichtige Kinder nur des Nachmittags beschäftigt werden dürfen; außerdem befürwortet ein Magistrat des ersteren Bezirkes die Beschränkung der täglichen Arbeitszeit auf 5 Stunden.

Im Bezirke Aurich spricht man sich dahin aus, daß schulpflichtige Kinder von der regelmäßigen Beschäftigung in Fabriken ganz auszuschließen, oder doch überhaupt, sowohl in der Schule, als mit häuslicher Schularbeit, als auch in der Fabrik zusammen nicht mehr als 9 Stunden täglich zu beschäftigen seien; die Schulbehörde solle das Weitere festzusetzen haben. Im Bezirke Hildesheim wird von mehreren Seiten die Kinderarbeit in Ziegeleien und Glasfabriken für so unentbehrlich erklärt, daß eher eine Milderung als eine Verschärfung des Gesetzes angezeigt erscheine, demgemäß wird nicht nur die Erweiterung der in §. 133. der Gewerbeordnung den Zentralbehörden beigelegten Dispensationsbefugniß, sondern auch der Erlaß einer Bestimmung gewünscht, nach welcher in Glasfabriken auch in den Nachtstunden und über die gesetzliche Arbeitszeit hinaus die Beschäftigung jugendlicher Arbeiter gestattet werde, wenn auch nur unter der Bedingung, daß die gesammte wöchentliche Arbeitszeit den Zeitraum von 30 oder 54 Stunden wöchentlich, je nachdem die Kinder unter 14 oder unter 16 Jahre alt sind, nicht übersteige. Von anderer Seite wird dagegen das Verbot der Beschäftigung jugendlicher Arbeiter in Zündholzfabriken bei der Bereitung und dem Zusammenrühren der Zündmasse und bei dem Eintauchen der Hölzer in dieselbe, ferner das Verbot der Beschäftigung mit dem Schleifen von Glassachen wegen deren Gesundheitsgefährlichkeit empfohlen. Vereinzelt ist sogar im allgemeinen für nothwendig erachtet, die Zulassung der Kinder unter 14 Jahren zur Fabrikarbeit von dem Nachweise mittelst Schulzeugniß abhängig zu machen, daß die Kinder soweit in den Kenntnissen vorgeschritten sind, um zu einem genügenden Abschlusse der Schulbildung durch den in §. 128. der Gewerbeordnung vorgeschriebenen dreistündigen Schulunterricht gelangen zu können.

Daß besonders schwächliche Kinder nur mit Genehmigung der Behörde und nach vorheriger ärztlicher Untersuchung in Fabriken angenommen werden dürfen, wird im Bezirke Münster von einer Seite befürwortet, von einer anderen wird dort die allgemeine Verkürzung der Arbeitszeit der jugendlichen Arbeiter unter der Bedingung empfohlen, daß dann der Unterricht in einer Fortbildungsschule oder einer Anstalt für weibliche Handarbeiten an die Stelle der Fabrikbeschäftigung zu treten habe.

Auch in den Bezirken Minden, Arnsberg, Cassel und Düsseldorf wird dem völligen Ausschlusse der Kinder unter 14 Jahren von der Fabrikbeschäftigung mehrfach das Wort geredet. Im Bezirk Arnsberg sprechen sich selbst größere Fabrikanten mit dem Hinweise darauf, daß der Arbeitswerth dieser Kinder in keinem Verhältnisse zu ihrer frühzeitigen erheblichen „Abnutzung" stehe, für eine solche Maßregel aus; es müsse aber, wie von einer Behörde hervorgehoben wird, nicht nur ihre Beschäftigung, sondern schon ihr Aufenthalt in der Fabrik untersagt werden. In Zink- und Glashütten, Puddlings- und Walzwerken müsse die Annahme jugendlicher Arbeiter zum mindesten von der Beibringung eines ärztlichen Zeugnisses abhängig gemacht werden, welches ihre körperliche Befähigung zu den Arbeiten bescheinige: jedenfalls aber sollen die Kinder zu dem Schleifen, Feilen und Poliren der Nadeln nicht verwendet werden dürfen. In zweiter Reihe sei die Beschränkung der täglichen Arbeitszeit auf 4 (Minden) oder 5 Stunden (Arnsberg) und ausschließliche Nachmittagsarbeit zu empfehlen. Im Bezirke Cassel wird von einigen Seiten das Verbot der Beschäftigung damit motivirt, daß erheblicher Vortheil von der Arbeit der Kinder nicht zu erwarten und außerdem z. B. in der Cigarrenfabrikation der tägliche Aufenthalt in den staubigen und überfüllten Räumen der körperlichen Entwickelung nachtheilig sei. Dazu wirke noch bei diesem Industriezweige der beklagenswerthe Gebrauch überaus nachtheilig, den Knaben neben ihrem Wochenlohne 12 Stück Cigarren zu gewähren, wodurch diese sich frühzeitig an das Rauchen gewöhnen. Im Düsseldorfer Bezirke wird der Ausschluß der Kinder selbst auf die Gefahr hin befürwortet, daß manche derselben von ihren Eltern des Erwerbes halber sodann in der jeder Aufsicht sich entziehenden, entschieden schädlicheren Hausindustrie untergebracht werden, wo Tausende von ihnen theils an dem Webstuhle selbst, theils mit den Nebenarbeiten von früh bis in die Nacht hinein in dumpfigen, überfüllten, schlecht gelüfteten und mangelhaft beleuchteten Wohnräumen schon jetzt beschäftigt seien. Auch in den Bezirken Gumbinnen und Berlin wird für diejenigen Industriezweige, bei denen besonders schädliche Einwirkungen auf die Gesundheit der Arbeiter vorherrschend sind und in welchen die Arbeit eine gewisse körperliche Anstrengung erheischt, der Ausschluß der Arbeiter unter 14 Jahren für wünschenswerth erklärt. Im Bezirke Danzig ist man der Ansicht, daß die Heranziehung der schulpflichtigen Kinder zu Fabrikarbeiten, insbesondere zu unpassender Beschäftigung und Nachtarbeit nach und nach zur Entnervung der ganzen Nation führen müsse und daß deshalb eine weitere Verschärfung des Gesetzes geboten sei; wenn auch nicht verkannt werden könne, daß die Kinderarbeit einerseits dem müßigen Umherlaufen und Betteln entgegenwirke, andererseits durch angemessene Vermehrung des Arbeitsverdienstes den Wohlstand der Arbeiterfamilien erhöhe.

Im Bezirke Erfurt ist noch darauf aufmerksam gemacht, daß zur Verhütung der Beschäftigung von Kindern unter 12 Jahren in Fabriken die Abänderung des §. 128. der Gewerbeordnung dahin sich empfehlen werde, daß diese Kinder überhaupt und namentlich auch dann nicht in Fabriken beschäftigt werden dürfen, wenn es sich um eine regelmäßige Beschäftigung nicht handle.

Für weitere Beschränkung der Beschäftigung jugendlicher Arbeiter von mehr als 14 Jahren erheben sich, wie bereits hervorgehoben, verhältnißmäßig wenig Stimmen.

Im Bezirke Gumbinnen befürwortet man für Fabriken mit anstrengender oder schädlicher Arbeit eine Verkürzung der Arbeitszeit für alle Arbeiter bis etwa zum 18. Lebensjahre, im Bezirke Breslau dagegen völligen Ausschluß der unter 16 Jahre alten Arbeiter von der Beschäftigung, und im Bezirke Liegnitz dasselbe, namentlich für Flachshecheleien, Chlorbleichen, Phosphorzündwaarenfabriken und Glasschleifereien; in zweiter Reihe ist in letzterem

Bezirke in Vorschlag gebracht, die jungen Leute nur auf Grund einer ärztlichen Bescheinigung der vollsten Gesundheitstüchtigkeit zuzulassen. Ebenso wird im Bezirke Aurich empfohlen, die Zulassung der Arbeiter bis zum 19. Jahre zu der Beschäftigung in geschlossenen Räumen von einem ärztlichen Zeugnisse über ihre hinlängliche körperliche Entwickelung und Gesundheit abhängig zu machen, und auch dann noch die tägliche Arbeitszeit auf höchstens 8 Stunden zu beschränken. Im Bezirke Hildesheim wird dem Erlasse einer Vorschrift das Wort geredet, nach welcher mit dem Schleifen von Glassachen nur über 18 Jahre alte Arbeiter beschäftigt werden dürfen; im Bezirke Cassel will man Arbeiter unter 16 Jahren zu dieser Arbeit nur unter der Bedingung herangezogen wissen, daß sie durch Anlegung von Respiratoren vor schädlichen Einflüssen geschützt werden. Von anderer Seite wird in demselben Bezirke befürwortet, daß in Glas- und Thonwaarenfabriken Arbeiter unter 16 Jahren nur 8 und Arbeiter im Alter von 16 bis 18 Jahren höchstens 10 Stunden täglich beschäftigt werden dürfen. Im Bezirke Düsseldorf wird das Verbot der Beschäftigung der unter 16 Jahren alten Arbeiter in Ziegeleien und Phosphorzündholzfabriken in Antrag gebracht, und im Bezirke Trier der Ansicht Ausdruck gegeben, daß im Interesse der Gesundheit der Lehrlinge in den Glasfabriken, wenn freilich auch nicht im Interesse des betreffenden Industriezweiges, zu wünschen wäre, den Beginn der Lehrzeit durchweg auf das 16. Lebensjahr festzusetzen, daß ferner in den Steingutfabriken und Glasschleifereien nur ganz gesunde Kinder zur Arbeit zuzulassen seien und nicht über 8 Stunden lang täglich beschäftigt werden dürften. Außerdem wird das gänzliche Verbot der Sonntag- und Nachtarbeit für „alle jugendlichen Arbeiter" empfohlen in den Bezirken Gumbinnen, Berlin, Posen, Oppeln, Osnabrück und Aurich. In dem letzteren Bezirke wird hervorgehoben, daß das Verbot der Nachtarbeit um deswillen besonders gerechtfertigt erscheine, weil es sich oft um die Beschäftigung in schlecht erleuchteten Räumen handle, wo das Auge dem Gegenstande der Arbeit näher geführt, die Brust zusammengedrängt und der Rücken gekrümmt werden müsse. Im Bezirke Münster endlich wird vorgeschlagen, in Tabackfabriken die Nacht- und Sonntagarbeit unbedingt zu untersagen, im Uebrigen aber von der Erlaubniß der Behörde abhängig zu machen. Die überwiegende Mehrzahl der Stimmen erklärt sich mit Entschiedenheit gegen jede weitere Verschärfung des Gesetzes hinsichtlich aller über 14 Jahre alten Arbeiter: eine solche Maßregel, wird aus dem Bezirk Arnsberg mitgetheilt, würde auf viele Industriezweige geradezu vernichtend wirken, und die Abkürzungszeit weniger der Erholung und Bildung der jugendlichen Arbeiter zu gute kommen, als vielmehr die Vermehrung der Hausindustrie im Gefolge haben, welche durchaus nicht Begünstigung verdiene, da sie einen die nachtheiligen Wirkungen der Fabrikarbeit weit überragenden schädlichen Einfluß auf die geistige und körperliche Entwickelung der jugendlichen Arbeiter ausübe.

Fast allseitig wird betont, daß, — einige Industriezweige ausgenommen, wie die Glasfabrikation, Zündwaarenfabrikation, die Hüttenwerke, bei denen die Kinderarbeit geradezu unersetzlich und ein Verbot oder eine weitere Beschränkung derselben ohne Gefährdung des ganzen Industriezweiges undurchführbar sein soll, sowie abgesehen von den Verhältnissen der Erzbergwerke und Steinkohlengruben, — die zur Erwägung gekommenen Maßregeln, soweit sie auf Kinder unter 14 Jahren Bezug haben, den Nahrungsstand der Arbeiterfamilien nicht erheblich beeinträchtigen, insbesondere nicht deren Einkommen unter das Bedürfniß herabdrücken, ebensowenig aber die Betriebsverhältnisse der Fabriken erschüttern würden. Es wird bemerkt, daß die von den jugendlichen Arbeitern verrichtete Arbeit wohl überall den Erwachsenen übertragen werden könne (Bezirke Danzig, Marienwerder); in der Wahrnehmung der Arbeit würde nur die jüngste Generation durch die nächstjüngere ersetzt und die technische Ausbildung um zwei Jahre hinausgeschoben werden: der Nachtheil einer um kurze Frist verspäteten Erwerbung mechanischer Fertigkeiten werde aber durch die auf diesem Wege ermöglichte gründlichere Schulbildung vollkommen aufgewogen (Bezirk Breslau). Der geringe Ausfall an Lohnverdienst — in der Regel werde ja nur ein Kind unter 14 Jahren auf die Familie gerechnet werden können (Breslau) — werde durch wirthschaftliche Thätigkeit im Hause, insbesondere bei den Mädchen, durch die Vermeidung von Ausgaben für Instandhaltung der Kleidung und Wäsche gedeckt werden (Berlin).

Dagegen sind die Meinungen darüber getheilt, welche Nachtheile weitere Beschränkungen der Beschäftigung jugendlicher Arbeiter über 14 Jahren für die Arbeiterfamilien und die Betriebsverhältnisse der Fabriken im Gefolge haben werden.

Auf der einen Seite ist die Befürchtung ausgesprochen, daß dadurch der Nahrungszustand der Familien auf das empfindlichste beeinträchtigt und in vielen Fällen deren Einkommen unter das Bedürfniß herabgedrückt werden könnte, da den jugendlichen Arbeitern Gelegenheit zu anderweitem Verdienst in den meisten Fällen fehlen würde (Bezirke Königsberg, Stettin, Bromberg, Münster, Arnsberg); sowie daß durch solche Maßregeln die Betriebsverhältnisse der in Frage kommenden Industriezweige erschüttert würden, theils, weil die von jüngeren Leuten bisher versehenen Arbeiten zur Wahrnehmung durch ältere Leute sich nicht eignen und die Ausbildung der Arbeiter, sowie die Erhaltung eines Stammes tüchtiger Arbeiter dadurch erschwert würde, (Bezirke Potsdam für die Glasindustrie, Cöslin für die Zündwaarenfabrikation, Oppeln und Trier für die Fabrikation von Thon- und Glaswaaren, Merseburg für die Textilindustrie, Hildesheim für die Spiegelglasfabrikation, ferner Bezirke Magdeburg, Erfurt, Hannover, Münster, Wiesbaden, Cöln), theils weil die Heranziehung älterer Leute eine Vertheuerung der Produktion und eine durch die Konkurrenzverhältnisse ausgeschlossene Preissteigerung der Fabrikate nach sich ziehen würde (Bezirke Danzig, Stettin, Cöslin, Bromberg, Merseburg, Münster, Wiesbaden, Cöln). Aus dem Bezirke Trier wird hervorgehoben, daß schon das Verbot der Nachtarbeit der jugendlichen Arbeiter in den dasigen Eisen- und Glashütten ähnlich gewirkt habe, wie ein Verbot der Beschäftigung überhaupt: beispielsweise seien in Folge jenes Verbots auf einer Hütte 127 jugendliche Arbeiter ganz entlassen worden und auf einer anderen an Stelle von etwa 200 jugendlichen Arbeitern 100 Frauen in Arbeit getreten. Auf das empfindlichste seien die Verhältnisse dieser Industriezweige dadurch erschüttert worden, daß in den Reichslanden andere und zwar weniger strenge Bestimmungen über die Beschäftigung jugendlicher Arbeiter gelten. Die aus einer Glashütte entlassenen Arbeiter haben sofort auf einer hart an der Grenze in Lothringen gelegenen Glashütte Beschäftigung gefunden, und man betont, daß, bevor nicht auf diesem Gebiete eine Uebereinstimmung der verschiedenen Staaten selbst außerhalb des Reichs erzielt worden sei, die Durchführung der Bestimmungen über die Beschäftigung jugendlicher Arbeiter auf die diesseitige Fabrikindustrie sehr nachtheilig wirken werde.

Dagegen werden in anderen Bezirken diese und ähnliche Befürchtungen für den Nahrungsstand der Familien und der Betriebsverhältnisse der Industriezweige — meist allerdings mit ausdrücklicher Ausnahme der Glasfabrikation — nicht getheilt (Gumbinnen, Berlin, Potsdam, Posen, Liegnitz, Magdeburg, Minden, Düsseldorf, und theilweise Hildesheim und Cassel).

Was speziell die Verhältnisse des Bergbaues anlangt, so spricht man sich fast übereinstimmend dahin aus, daß eine Verschärfung der Bestimmungen über die Beschäftigung der jugendlichen Arbeiter in diesem Industriezweige nicht anzurathen sei, da nach den bisher gemachten Erfahrungen die von dem 14. Jahre an beschäftigten Arbeiter fast durchweg körperlich sich gut entwickeln und nicht an Krankheiten leiden, welche in der Beschäftigungsweise während des 14. und 15. Jahres ihren Ursprung hätten. Von vielen Seiten wird behauptet, daß bereits die Durchführung der bestehenden Bestimmungen stellenweise mit erheblichen Unzuträglichkeiten verbunden gewesen sei, und empfohlen, im Wege der Gesetzgebung der Zentralbehörde die Befugniß beizulegen, für die Beschäftigung jugendlicher Arbeiter zwischen 14 und 16 Jahren über und unter Tage je nach der Natur des Betriebes und für die unumgänglich nothwendigen Arbeiten Ausnahmen zu gestatten (Bezirke Magdeburg, Merseburg, Erfurt, Arnsberg, Wiesbaden, Cöln, Coblenz, Trier). Es sei wünschenswerth, nach wie vor die Zulassung solcher Arbeiter zur Bergarbeit sofort nach dem Austritte aus der Schule zu gestatten, da nur auf diesem Wege die Heranbildung eines dauernd dieser Beschäftigung sich widmenden Bergmannsstandes ermöglicht werde. Die Erfahrung lehre, daß, wenn die Söhne der Bergarbeiter nach dem Austritte aus der Schule erst einen anderen Beruf gewählt haben, sie nicht so leicht zur Bergarbeit zurückkehren (Osnabrück).

Von dem Oberbergamte Dortmund wird dagegen, wenn schon unter lebhaftem Widerspruch der meisten Bergwerksinteressenten, welche eine sorgfältige ärztliche Prüfung der jugendlichen Arbeiter vor der Zulassung zu den Gruben und eine öftere Wiederholung derselben nach dieser Zeit für ausreichend erachten, die Wiedereinführung des bereits früher bestandenen, durch die Gewerbeordnung aber aufgehobenen Verbots der Beschäftigung jugendlicher Arbeiter von nicht 16 Jahren unter Tage befürwortet; es geschieht dies unter Hinweis darauf, daß der längere Aufenthalt in den Gruben auf die Entwickelung des jugendlichen Körpers zweiffellos ungünstig einwirke, auch bei diesen jugendlichen Arbeitern nicht diejenige Umsicht und ängstliche Sorgfalt vorausgesetzt werden könne, die nöthig sei und sogar bei älteren Arbeitern vermißt werde; die Verwendung dieser Altersklasse zu bergmännischen Förderungsarbeiten sollte überhaupt nur nach vorgängiger Erlaubniß der Bergpolizeibehörden statthaft, und für jugendliche Arbeiter weiblichen Geschlechts aus naheliegenden Gründen der Sittlichkeit und Gesundheit ganz untersagt sein.

Ein Grubendirektor im Bezirke Hildesheim befürwortet die gänzliche Ausschließung der Kinder unter 14 Jahren bei dem Eisensteinbergbau im Interesse der physischen und geistigen Entwickelung derselben und will nur in Fällen des Arbeitermangels in Gegenden mit umfangreichem Metallbergbau deren Beschäftigung als Ausnahme gestattet wissen.

Von einem Arzte in demselben Bezirke wird vorgeschlagen, die Zulassung aller Arbeiter unter 20 Jahren zur Nachtarbeit von einem ärztlichen Zeugnisse abhängig zu machen: es wird darauf hingewiesen, daß das Ergebniß der Aushebung in einem Bezirke, dessen männliche Bevölkerung größtentheils in fiskalischen Hütten- und Bergwerken ihren Unterhalt erwerbe, von jeher ungünstig und die Ziffer der wegen Schwäche oder Mindermaß Zurückgestellten eine sehr hohe gewesen sei, während Militärpflichtige, deren Körperbau den Anforderungen der bevorzugten Waffen (Garde, Artillerie ꝛc.) genügt, fast nie zur Gestellung gekommen seien. Freilich werden dabei die bedenklichen Folgen einer solchen Beschränkung nicht verkannt, insofern diejenigen Werke, welche mit regelmäßigen Nachtschichten arbeiten, sofort zur Entlassung eines Theiles ihrer jugendlichen Arbeiter veranlaßt sein würden. Ueberhaupt erkennt man fast ausnahmslos an, daß weitergehende Beschränkungen der Verwendung jugendlicher Arbeiter beim Bergbau auf die Betriebsverhältnisse von nachtheiligem Einflusse sein und vielfach die Konkurrenzfähigkeit ersticken würden. Sollten erwachsene Arbeiter ausschließlich, oder auch nur überwiegend, zu den Verrichtungen verwendet werden müssen, für welche die Kräfte jugendlicher Arbeiter vorzugsweise geeignet seien, so würde eine erhebliche Vertheuerung der Arbeit und damit die Nothwendigkeit eintreten, viele Erzmittel, welche unter den jetzigen Verhältnissen noch ohne Schaden verwerthet werden, ungenützt zu lassen; eine gleiche nachtheilige Rückwirkung würde auch für die im Bergbau ganz besonders wichtige Erziehung und Erhaltung eines tüchtigen Arbeiterstammes zu bemerken sein.

Ebenso befürchtet man, daß durch weitergehende Maßregeln eine empfindliche Beeinträchtigung in dem Nahrungszustande der Arbeiterfamilien herbeigeführt und der Müßiggang der nicht mehr schulpflichtigen Kinder in höchst unerwünschter Weise gefördert würde.

Abweichender Meinung ist auch hier nur das Oberbergamt Dortmund, welches zwar die Schwierigkeit in der Durchführung des gänzlichen Ausschlusses der jugendlichen Arbeiter von der Arbeit unter Tage nicht verkennt, denselben aber im Interesse der Heranbildung und Erhaltung eines kräftigen Bergarbeiterstandes und damit im Interesse der Knappschaftskassen, sowie der Rekrutirung des Heeres für dringend geboten erachtet. Die Bedenken, daß den jugendlichen Arbeitern der Verdienst geschmälert und der Werth ihrer Leistungen für die Arbeitgeber beschränkt werde, erscheinen ihm den zu verhütenden Nachtheilen gegenüber nicht als so gewichtig, um schwer in die Wagschale zu fallen.

2. Bayern.

Die Zweckmäßigkeit einer Verschärfung der gesetzlichen Bestimmungen wird im allgemeinen bestritten in der Pfalz, der Oberpfalz, in Oberfranken, Mittelfranken und Unterfranken, wo nur vereinzelte Stimmen für beschränkende Maßregeln sich aussprechen. So wird in Oberfranken von einer Seite empfohlen, die Aufnahme jugendlicher Arbeiter unter 13 Jahren ganz zu untersagen und ferner anzuordnen, daß die Arbeiter im Alter von 13 bis 16 Jahren nur zu „geringeren" Arbeiten verwendet werden dürfen, daß für weitere Altersklassen — ohne Angabe für welche — eine gesetzliche Arbeitszeit eingeführt und für diese die Nacht- und Sonntagarbeit ganz verboten oder doch eingeschränkt werde. In Mittelfranken (Stadt Fürth) wird beantragt, Arbeiter unter 14 Jahren überhaupt, und solche unter 20 Jahren von der Sonntag- und Nachtarbeit, sowie von der Beschäftigung in Quecksilber-, Bronzefabriken und in anderen gleichgefährlichen Werken auszuschließen.

Ein Fabrikant der Pfalz spricht sich dahin aus, daß der Ausschluß der Kinder unter 14 Jahren im Interesse einer gründlicheren Schulbildung derselben anzurathen sei, sofern dann auch die allgemeine und volle Schulpflicht bis zu dieser Altersgrenze ausgedehnt und eine frühere Konfirmation als unzulässig erklärt werde: dagegen werde durch weitergehende Beschränkungen der

Arbeitszeit der Bestand vieler Industriezweige und darunter in erster Linie der ganzen so wichtigen Textilindustrie in Frage gestellt.

In Oberbayern wird ebenfalls von mehreren Seiten das Bedürfniß einer Verschärfung des Gesetzes nach dieser Richtung nicht anerkannt, und lediglich das Verbot der Sonntag- und Nachtarbeit für weitere Altersklassen empfohlen. Es wird darauf hingewiesen, daß auch bei dem Handwerk und in der Landwirthschaft die jugendliche Arbeitskraft schon frühzeitig und ausgiebig benutzt zu werden pflege, und daß es fraglich sei, ob die vermehrte freie Zeit von dem jugendlichen Arbeiter, der außerhalb der Fabrik meist eine entsprechende Aufsicht nicht genieße, auch zu seinem Vortheile werde angewendet werden. Auf der anderen Seite wird nicht bestritten, daß verschärfte Bestimmungen immerhin einen wohlthuenden Einfluß auf die einschlagenden Arbeiterverhältnisse ausüben würden.

Dagegen wird in Niederbayern dem völligen Ausschlusse der Arbeiter unter 16 Jahren von der Beschäftigung in gewissen Industriezweigen oder doch mit gewissen der Körperentwickelung nachtheiligen Arbeiten das Wort geredet, oder aber wenigstens empfohlen, die fraglichen Beschäftigungsarten von einer besonderen Erlaubniß und diese wiederum von einem amtsärztlichen Gutachten abhängig zu machen. Personen im Alter von 16 bis 20 Jahren sollen zu Nachtarbeit gleichfalls nur mit amtsärztlicher Zustimmung verwendet werden dürfen. In Fabriken für Zündwaaren aber sollen Kinder unter 14 Jahren überhaupt nicht, die übrigen jugendlichen Arbeiter wenigstens nicht in den sogenannten Tunkstuben beschäftigt werden. Bei dieser Gelegenheit wird auf die höchst ungünstigen Gesundheitsverhältnisse der jugendlichen Arbeiter in den allerdings nur handwerksmäßig betriebenen Glasschleifereien aufmerksam gemacht: in Folge der Inhalation des mit der atmosphärischen Luft auf das feinste vermengten Glasstaubes sollen mindestens 25 Prozent der Arbeiter an Lungentuberkulose mehr oder minder frühzeitig sterben.

In Schwaben gehen die bezüglichen Ansichten weit auseinander: an einigen Orten wird das Verbot der Beschäftigung von Kindern von 13 oder von 14 Jahren befürwortet, an anderen empfohlen, jugendlichen Personen unter 15 oder unter 16 Jahren die Beschäftigung in Fabriken, in denen giftige Stoffe verarbeitet werden, sowie die Sonntag- und Nachtarbeit zu untersagen. Ein Vorschlag geht dahin, das Maximum der täglichen Arbeitszeit der Arbeiter zwischen 13 und 14 Jahren auf sechs, und deren zwischen 14 und 16 Jahren auf 11 Stunden zu fixiren, während anderwärts die Beschränkung der Arbeitszeit aller noch nicht 16jährigen Arbeiter auf täglich 8 Stunden und aller noch nicht 18jährigen Arbeiter auf 10 Stunden angerathen wird; von einer Seite ist sogar für alle Arbeiter unter 21 Jahren eine Beschränkung der täglichen Arbeitszeit bis zu 12 Stunden und das Verbot der Sonntag- und Nachtarbeit empfohlen.

Was den Einfluß der vorgeschlagenen Maßregeln auf den Nahrungsstand der Arbeiterfamilien und die Betriebsverhältnisse der betreffenden Industriezweige angeht, so befürchtet man mit wenigen Ausnahmen eine Beeinträchtigung des Nahrungsstandes der Arbeiterfamilien nicht, da es den jugendlichen Arbeitern anderweit zu Arbeit und Verdienst an Gelegenheit nicht mangeln werde. Andererseits wird in Oberbayern, zum Theil auch in Niederbayern hervorgehoben, daß in Baumwollspinnereien, Papier-, Glasfabriken und Ziegeleien diese Arbeitskräfte nicht wohl entbehrt werden können. Die besten Arbeiter seien immer die, welche schon während der Jugendzeit in den Fabriken beschäftigt und gewissermaßen dort aufgezogen seien: diese seien ungleich mehr an gleichmäßige Arbeit und Thätigkeit gewöhnt, der Ordnungssinn und die Arbeitslust sei bei ihnen mehr entwickelt, als bei den erst in späteren Lebensjahren in Arbeit Getretenen. Sollten alle jugendlichen Arbeiter durch Erwachsene ersetzt werden müssen, so würde eine für die Industrie fühlbare Steigerung der Löhne der letzteren, und gleichzeitig eine Steigerung der Preise der Fabrikate eintreten, die der Industrie eine gefährliche auswärtige Konkurrenz schaffen würde.

Auch in der Pfalz wird betont, daß bereits das Verbot der Beschäftigung jugendlicher Arbeiter bei der Nachtarbeit in den wichtigsten Industriezweigen die Einstellung der Nachtarbeit und damit die Verringerung der Produktion um 50 Prozent im Gefolge gehabt habe: bei weitergehenden Beschränkungen werde eine Vertheuerung der Produkte unausbleiblich sein, dadurch aber die inländische Industrie der in dieser Beziehung günstiger gestellten ausländischen gegenüber, wo sie mit derselben auf neutralem Boden zusammentreffe, konkurrenzunfähig gemacht werden.

Von einem Tabackfabrikanten in Niederbayern ist bemerkt, daß, wenn die Arbeitszeit in Fabriken gegenüber dem Handwerkergewerbe unverhältnißmäßig kurz bemessen werde, die weniger einsichtigen jungen Leute zu den Fabriken sich drängen würden; auf diese Weise würde nicht nur das Handwerk in Folge des Mangels an Arbeitern geschädigt, sondern auch mittelst der sicher zu erwartenden Ausbeutung des vermehrten Zubranges von Arbeitern ein Druck auf die Arbeitslöhne in den Fabriken ausgeübt werden.

In Schwaben glaubt man, daß die von jüngeren Arbeitern versehenen Arbeiten auch von älteren Arbeitern, wenngleich nicht so leicht und vielfach nur mit größerer Gefahr besorgt werden können. Werde die Heranziehung älterer Leute zum Ersatze der jugendlichen Arbeiter auch eine Steigerung des Preises der Fabrikate nach sich ziehen, so werde doch, wie von anderer Seite eingehalten wird, der allenfallsige Mehraufwand für ältere Leute durch deren größere Geschicklichkeit und dadurch (Fürth in Mittelfranken) aufgewogen, daß dann die körperlichen und geistigen Kräfte der jugendlichen Arbeiter nicht so früh abgestumpft werden und somit ein besserer und kräftigerer Arbeiterstamm sich heranbilde.

3. Sachsen.

Eine städtische Behörde des Dresdener Bezirks spricht sich im Allgemeinen für eine weitere Verschärfung der gesetzlichen Bestimmungen aus und will davon lediglich diejenigen Industriezweige ausgenommen wissen, welche entweder nur durch den Beginn der Beschäftigung in früher Jugend geschickte Arbeiter erlangen und sich erhalten können oder der Kinderarbeit um deswillen nicht entbehren können, weil der Ersatz derselben durch die Arbeit Erwachsener unmöglich ist. Einige Aerzte und Geistliche befürworten den Ausschluß der schulpflichtigen Kinder von der Fabrikarbeit oder doch die Herabsetzung der täglichen Arbeitszeit derselben auf 4 oder 5 Stunden; von einer Seite wird mit Rücksicht darauf, daß gerade für weibliche Personen die Zeit der Entwickelung bis zur Pubertät das ganze spätere Wohlbefinden bedinge, empfohlen, Mädchen bis zum 16. Lebensjahre in Zündwaaren-, Papier- und ähnlichen Fabriken, in denen sich in Folge des Betriebes mehr oder weniger irrespirable Gase und Dünste ansammeln, nicht zuzulassen, wenn nicht zuvor durch ärztliche Untersuchung im einzelnen Falle die Aufnahme für unbedenklich erklärt worden sei, im Uebrigen aber deren tägliche Arbeitszeit im Allgemeinen auf

8 Stunden zu beschränken. Ein Arzt schlägt vor, die Annahme jugendlicher Arbeiter zur regelmäßigen Beschäftigung in einer Fabrik von dem Ergebnisse einer vorherigen ärztlichen Untersuchung abhängig zu machen, denn das Alter allein sei durchaus nicht maßgebend für die Tüchtigkeit zu der einen oder anderen Arbeit: es gebe Knaben im Alter von 12 Jahren, die es an körperlicher Entwickelung und Kraft mit 14 jährigen und noch älteren aufnehmen und umgekehrt 14 jährige, welche in dieser Beziehung den 12 jährigen nachstehen. Ganz vereinzelt ist der Vorschlag gemacht worden, für jugendliche Arbeiter unter 18 Jahren eine gesetzliche Arbeitszeit einzuführen. Von mehreren Seiten wird im Allgemeinen befürwortet, „den jugendlichen Arbeitern" die Nachtarbeit zu verbieten, ohne daß angegeben worden wäre, auf welche weitere Altersklasse dieses für Arbeiter bis zu 16 Jahren nach den jetzigen Bestimmungen der Gewerbeordnung bereits bestehende Verbot ausgedehnt werden soll. Ein Fabrikinspektor, der sich im Uebrigen für das Verbot oder doch die Einschränkung der Beschäftigung der unter 14 Jahre alten Kinder in Berg- und Hüttenwerken, sowie in Zündwaarenfabriken ausspricht, weist darauf hin, daß die Vertreter der Glasindustrie sich beharrlich sträuben, die für die kleinen Handreichungen bei der Glasfabrikation allerdings ganz besonders tauglichen Knaben von 12 bis 14 Jahren während der Nachtzeit von der Arbeit zu entlassen. Es geschehe dies lediglich aus pekuniären Rücksichten. Er sei aber der Ueberzeugung, daß für den Beginn des Anlernens der Glasmacherei das 14. Lebensjahr geeigneter sei, als das 12. Jahr, da ein etwas älterer Knabe die Arbeit mit mehr Verständniß angreifen und leichter erlernen werde, als ein jüngerer. Allerdings werde dann, zum mindesten vorübergehend, eine Steigerung der Produktionskosten eintreten, doch werden die in der Regel mit hohem Gewinne arbeitenden Glasfabrikanten immer noch im Stande sein, die früheren Verkaufspreise beizubehalten. Im Uebrigen hat man sich bei den verschiedenen Vorschlägen wegen Verschärfung des Gesetzes entweder des Urtheiles darüber ganz enthalten, ob ihre Durchführung die Verhältnisse der davon betroffenen Industriezweige erschüttern würde oder im Allgemeinen diese Frage verneint und erklärt, daß auch der Nahrungszustand der Familien dadurch in keiner Weise beeinträchtigt werde.

Der pädagogische Verein zu Chemnitz hat nach Angabe eines Schuldirektors vor einiger Zeit ebenfalls die Frage der Kinderarbeit in den Kreis seiner Berathungen gezogen und sich schließlich fast einstimmig dahin ausgesprochen, daß die geltenden gesetzlichen Bestimmungen eine Wohlthat für die körperliche, geistige und sittliche Bildung der Kinder bilden; im Interesse der Jugendbildung müsse man wünschen, daß die Wohlthat dieser Bestimmungen auch denjenigen Kindern zugänglich gemacht werde, welche in der Hausindustrie oder in anderen Geschäftszweigen Arbeit finden.

Für die Wünsche nach einer Verschärfung des Gesetzes ist zum Theil auch der sehr verbreitete Mißstand entscheidend gewesen, daß die jugendlichen Arbeiter ihren Eltern einen Theil ihres Verdienstes als Kostgeld zu überlassen, den Rest aber nach Gutdünken für sich zu verwenden pflegen. Die Folge ist, daß in den meisten Familien die elterliche Gewalt sich vollständig lahm gelegt sieht; Burschen von 13 bis 14 Jahren betrachten sich als ihre eigene Herren und erkennen keinerlei Botmäßigkeit an. Es ist deshalb vorgeschlagen, diese jungen Leute bis zu ihrem 17. Lebensjahre geradezu als Lehrlinge zu behandeln, sie auch sonst unter besondere Zucht zu stellen, namentlich den Besuch der Tanzböden und Gastwirthschaften ihnen zu untersagen.

Auf einem ganz entgegengesetzten Standpunkte steht indessen eine große

Anzahl anderer Sachverständigen, darunter fast sämmtliche zur Sache vernommenen Arbeitgeber und viele Arbeitnehmer, die sich mit Entschiedenheit gegen eine weitere Verschärfung des Gesetzes erklären. Nach ihrer Meinung seien bereits die derzeitigen Bestimmungen der Gewerbeordnung für gewisse Industriezweige undurchführbar gewesen, indem ihre Durchführung einem Verbote der Beschäftigung jugendlicher Arbeiter gleichkomme. In Folge dieser gesetzlichen Bestimmungen seien bereits jetzt viele jugendlichen Arbeiter zur Hausindustrie übergegangen. So werde z. B. neuerdings in die Stickindustrie das Gesetz dadurch umgangen, daß die jugendlichen Arbeiter, um nicht an die gesetzlichen Arbeitsbeschränkungen gebunden zu sein, das sog. „Fädeln" zu Hause besorgen, freilich zur großen Unzufriedenheit ihrer in der Regel in den Stickfälen beschäftigten Väter, denen viel daran liege, ihre Kinder unter steter Aufsicht zu haben und neben sich mit der leichten Arbeit des Fädelns zu beschäftigen oder zu kleinen Botengängen zu verwenden. Es sei die größte Unbilligkeit, gerade die Fabrikindustrie in dieser Weise zu bevormunden, während nicht nur in der Hausindustrie eine unbeschränkte und vielfach gesundheitswidrige Beschäftigung der jugendlichen Arbeiter stattfinde, sondern auch in den meisten Schulen und öffentlichen Anstalten so hohe Anforderungen an die Schüler und zwar ohne Rücksicht auf deren körperliche Entwickelung gestellt werden, daß dieselben genöthigt seien, viel länger täglich zu arbeiten, als die jugendlichen Fabrikarbeiter. Im Uebrigen gebe die Beschäftigung in den meisten Industriezweigen gar keine Veranlassung zu weiteren gesetzlichen Beschränkungen, da dieselbe meist leicht und ohne alle gesundheitsschädliche Einwirkungen sei. Bei der seit 200 Jahren in der Oberlausitz als Hausindustrie betriebenen Weberei sei es vielleicht von Anfang an üblich gewesen, Kinder schon frühzeitig zu beschäftigen, früher im elterlichen Hause, jetzt in den Fabriken, ohne daß sich daraus besondere Mißstände ergeben hätten. Der Bürgermeister einer Fabrikstadt erkennt zwar an, daß es recht heilsam sein werde, wenn die aus der Schule entlassenen Mädchen statt das Schullokal sofort mit dem Fabriklokal zu vertauschen, einige Jahre im Dienstverhältnisse sich einen Begriff von dem zu erwerben suchen, was zur Führung einer Hauswirthschaft erforderlich sei. Dies aber dadurch erzwingen zu wollen, daß man den Mädchen bis zum 16. Lebensjahre die Fabrik vollständig verschließe, hält derselbe für höchst bedenklich. Es werde genügen, wenn im letzten Schuljahre von dem Lehrer Gelegenheit genommen würde, in geeigneter Weise die Schülerinnen über die Vortheile der Beschäftigung mit häuslichen Arbeiten zu belehren. In einer Stadt des Dresdener Bezirks ist von einigen Fabrikanten in Abwehr aller weiteren auf die Kinderarbeit gerichteten, den Schutz der Arbeiter in ihrer Jugendzeit bezweckenden Beschränkungen darauf hingewiesen, daß der Gesetzgeber nach ihrer Meinung wohl Anlaß habe, nunmehr auch die Frage in den Kreis seiner Erwägungen zu ziehen, welche Veranstaltungen zum Schutze der Arbeitgeber getroffen werden könnten.

Die Vertreter der Spinnereien gehen noch weiter. Sie behaupten übereinstimmend, daß die Beschäftigung der Kinder in der Art und Ausdehnung, wie sie in den Spinnereien stattfinde, das leibliche und geistige Wohl derselben nicht nur nicht beeinträchtige oder gefährde, sondern demselben jedenfalls förderlicher sei, als die Arbeit in denjenigen Zweigen der Hausindustrie, denen die Kinder zugewiesen werden würden, wenn die Gesetzgebung sie von ihrer Verwendung in den Spinnereien ausschlösse. Es wird darauf hingewiesen, daß in England das Erziehungssystem, bei welchem die Kinder die eine Hälfte des Tages in den Werkstätten arbeiten, die andere die Schule besuchen, über das

System, nach welchem der ganze Tag für die Schule verwendet werde, entschieden gesiegt habe. Ueberall da, wo gute Fabrikschulen errichtet worden seien, habe es sich gezeigt, daß die Halbzeitler in drei Stunden soviel lernten, als Kinder, welche in denselben Schulen fünf bis sechs Stunden zurückbehalten wurden, und daß die gehörig unterrichteten Halbzeitler geistig geweckter waren, als die Vollzeitler, wenn sie von denselben Lehrern nach demselben System unterrichtet wurden. Es dürfte ferner bei einer unbefangenen Erwägung der Frage nicht übersehen werden, daß das materielle Wohlbefinden der Eltern der jugendlichen Arbeiter und damit das der letzteren selbst unmittelbar betheiligt sei. Durch weitere gesetzliche Beschränkungen würden die Familien, denen die Kinder angehören, in ihren Einnahmen einen ganz empfindlichen Ausfall erleiden, da in keinem Falle ein Familienvater später allein soviel verdienen werde, als er jetzt mit seinen Familiengliedern zusammen verdient. Geradezu unberechenbar würden endlich die Gefahren sein, die durch allzu große Beschränkung der Arbeitszeit jugendlicher Arbeiter in den Spinnereien nicht nur den einzelnen Fabrikanten, sondern auch der ganzen Spinnereiindustrie drohen. Der Bezirk der Plauener Handelskammer allein liefere zur Zeit jährlich über 8½ Millionen Pfund Vigognegarn, deren Absatz sich nicht auf den Kontinent beschränke, sondern über die ganze Welt erstrecke und zur Hälfte nach England und Schottland gehe. Bei weiterer Verschärfung des Gesetzes würde die Produktion dergestalt vertheuert werden, daß sie der fremdländischen Konkurrenz erliegen müßte, da die deutsche Gesetzgebung bereits jetzt durchweg strenger sei, als diejenige der übrigen Staaten. Es werde im Interesse der Industrie dringend wünschenswerth und im Interesse der Kinder nicht nur unbedenklich, sondern sogar heilsam sein, wenn die Minimalgrenze für die Beschäftigung von Kindern von dem 12. auf das 10. Lebensjahr herabgesetzt und die Beschränkung der täglichen Arbeitszeit betreffs der Altersklasse vom 14. bis 16. Lebensjahre, die zwar bereits in der preußischen Gewerbeordnung enthalten, aber in Preußen vollständig unausgeführt geblieben sei, einfach beseitigt werde.

Auch noch von anderer Seite wird eine weitere Verschärfung des Gesetzes mit derselben Entschiedenheit bekämpft und nur ganz vereinzelt dabei angedeutet, daß man füglich wohl die Beschäftigung schulpflichtiger Kinder (also bis zum 14. Altersjahre) gänzlich verbieten, dagegen die älteren Kinder mit den erwachsenen Arbeitern gleichstellen könne. Man macht darauf aufmerksam, daß die Verwendung der mehr als 14jährigen Kinder in vielen Industriezweigen, besonders in denjenigen mit Maschinenbetrieb, schon bei dem jetzigen Stande der Gesetzgebung nicht möglich sei. Sie haben zumeist mit der Beaufsichtigung einer Maschine zu thun oder den an denselben beschäftigten Arbeitern Handreichungen zu leisten, und es vertrage sich nicht mit dem Fabrikbetriebe, daß in einem Theile der gewöhnlichen Arbeitszeit ihre Hülfe in Wegfall komme.

Es lehre ferner die Erfahrung, daß sich nur diejenigen Arbeiter bewähren, die von Jugend auf in den einzelnen Industriezweigen gearbeitet haben. So sei es z. B. nöthig, daß Knaben, welche die Glasmacherei erlernen wollen, sobald als möglich mit der Erlernung beginnen, da in späteren Jahren der Anfänger oft vor den Mühen des Berufes zurückschrecke. Es sei Thatsache, daß im benachbarten Böhmen in vielen Glas- und Thonwaarenfabriken Arbeiter fast jeden Alters, bis zu 7 Jahren herab, beschäftigt werden; wenn nun außerdem dieses Land mit vorzüglichem und billigem Rohmaterial und Brennmaterial für diese Industriezweige gesegnet sei, so lasse sich bei weiterer gesetzlicher Beschränkung der Kinderarbeit an eine erfolgreiche Konkurrenz nicht mehr denken. Nach Ansicht eines Arbeitgebers werde es zwar möglich sein, nach und nach die Kinderarbeit in den Glasfabriken zu beseitigen, doch sei dazu ein längerer Zeitraum nöthig, während dessen die durch eine solche Maßregel bedingten Vorkehrungen getroffen werden müßten, eine plötzliche Aenderung schneide zu tief in die Betriebsverhältnisse ein. Bei der Serpentinsteinindustrie pflegen die Arbeiter nach überstandener Lehrzeit sofort in Akkordlohn zu treten, während der Arbeitgeber bei den Lehrlingen erhebliche Opfer bringen müsse, um tüchtige Arbeiter sich heranzubilden. Denselben werde unentgeltlich Zeichen- und Modellirunterricht ertheilt und sofort vom Beginn der Lehrzeit ab Wochenlohn gewährt, wenngleich sie das Entsprechende zu leisten noch nicht im Stande seien. Eine weitere Verschärfung des Gesetzes werde auch auf die Verhältnisse dieses Industriezweiges den ungünstigsten Einfluß ausüben. In den Druckereien ferner sei die Mitwirkung jugendlicher Arbeiter, die eine Menge kleiner nur für sie geeignete Verrichtungen besorgen müßten, ganz unentbehrlich, ebenso in der Stickindustrie und in noch anderen Industriezweigen. Die Heranziehung älterer Arbeiter zu den bisher von den Kindern verrichteten Arbeiten würde nicht nur auf großen Widerstand bei den Arbeitern selbst stoßen, sondern auch eine Preissteigerung der Produkte veranlassen, und dadurch das Bestehen der Mehrzahl der Fabriken in Frage stellen, welche mit gefährlicher ausländischer Konkurrenz zu kämpfen haben; diese Fabriken seien auf billige Massenproduktion angewiesen und können sich der außerdeutschen Industrie gegenüber nur durch sparsame Einrichtungen in dem Fabrikbetriebe lebensfähig erhalten. Erst unter einem internationalen Arbeitsgesetze werde es möglich werden, ohne Schädigung der inländischen Industrie weitgehende Arbeitsbeschränkungen durchzuführen.

4. Württemberg.

Im allgemeinen wird eine Verschärfung der einschlagenden Bestimmungen widerrathen, und zwar ebensowohl von der Mehrzahl der Handelskammern, als der Behörden und vernommenen Sachverständigen. Es wird u. A. betont, daß eine solche Verschärfung inkonsequent erscheine, wenn man in Erwägung ziehe, daß die Lehrlinge der Schlosser, Schmiede, Schneider, Schuhmacher u. s. w., sowie die jugendlichen Arbeiter in fast allen Zweigen der Landwirthschaft und die Dienstboten eine viel anstrengendere Arbeit zu verrichten haben, meist sogar 14 bis 15 Stunden lang täglich beschäftigt seien, während die jugendlichen Fabrikarbeiter in der Regel lediglich als Handlanger der älteren Arbeiter leichtere Arbeiten auszuführen haben (Schwarzwaldkreis). Darin liege allerdings ein Mißstand, daß häufig die jugendlichen Arbeiter fast ebensoviel verdienen, als die im heirathsfähigen Alter befindlichen: es sei die Gefahr nahe, daß erstere den letzteren im Verbrauche es zuvorthun wollen und daß sie an Bedürfnisse aller Art sich gewöhnen, welche ihre Mittel schmälern und später den Unterhalt der Familie erschweren. Dem könne aber der Gesetzgeber nicht abhelfen (Donaukreis).

Dagegen werden von einzelnen Seiten auch Vorschläge zur Verschärfung des Gesetzes gemacht:

Kinder unter 14 Jahren sollen in Fabriken gar nicht beschäftigt werden dürfen (Jaxtkreis, Handelskammer Calw); schwächliche oder offenbar leidende Personen unter 16 Jahren nur bei verkürzter Arbeitszeit (Neckarkreis), jedenfalls aber nicht in gewissen Industriezweigen oder mit gewissen Arbeiten, die der Gesundheit absolut schädlich sind: ob diese Voraussetzung zutreffe, soll die Polizeibehörde nach Anhörung des Fabrikinspektors zu entscheiden haben (Handelskammer Heidenheim). Speziell wird von einer Seite (Neckarkreis) das Verbot der Beschäftigung von Kindern in Cigarrenfabriken angerathen. Einer der Arbeitervereine empfiehlt eine Normalarbeitszeit von täglich 8 bis 9 Stunden für jugendliche Arbeiter, ein anderer die Beschränkung ihrer Beschäftigung auf 6 bis 8 Stunden bis zum 20. Lebensjahre. Von einem Geistlichen im Jaxtkreise wird beantragt, jugendlichen Arbeitern den Aufenthalt in allen mit Schwefeldünsten angefüllten Räumen zu untersagen, für Arbeiter bis zum vollendeten 18. Jahre eine Arbeitszeit von höchstens 12 Stunden festzusetzen, und die Sonntagarbeit allgemein und absolut zu verbieten, da die Arbeiter den Sonntag zur leiblichen und geistigen Erholung so nothwendig brauchen, wie das tägliche Brot. Dem Vorschlage, die Sonntagarbeit allgemein oder doch für Arbeiter unter 18 Jahren (Schwarzwaldkreis, Handelskammer Calw) zu untersagen, und das Verbot der Nachtarbeit auf alle nicht erwachsenen jugendlichen Arbeiter (Donaukreis), sowie ferner auf die Arbeiter von 16 bis 20 Jahren (Neckarkreis) auszudehnen, wird von mehreren Seiten beigestimmt. Unter Hinweis darauf, daß bei der jetzigen Einrichtung die 14 bis 16jährigen Arbeiter entweder auf ein meist sehr unregelmäßiges Essen in einem nahe gelegenen Wirthshause angewiesen seien, oder zu dem Mittagstische in einer Familie oder öffentlichen Anstalt einen so weiten Weg zurückzulegen haben, daß von einer Erholung während der einstündigen Mittagspause nicht die Rede sein könne, wird von einem der Sachverständigen aus dem Neckarkreise die gesetzliche Einführung einer 1½stündigen Mittagspause warm empfohlen.

Hinsichtlich des Einflusses, den die in Vorschlag gebrachten Maßregeln auf den Nahrungszustand der Arbeiterfamilien und auf die Betriebsverhältnisse der Industriezweige ausüben würden, sind die Meinungen getheilt.

Der Ausschluß der Kinder unter 14 Jahren würde, wie im Schwarzwaldkreise bemerkt wird, den Verdienst mancher Familien zwar schmälern, aber das Einkommen würde deshalb noch nicht unter das Bedürfniß herabgedrückt werden: Gelegenheit zu anderweitem Verdienste werde den jugendlichen Arbeitern wohl nur in den eigentlichen Fabrikdistrikten fehlen (Neckarkreis); auch hier würden aber wenigstens die über 14 Jahre alten Mädchen jederzeit ein Unterkommen als Dienstboten finden (Handelskammer Ulm). Die Betriebsverhältnisse der Fabriken würden insofern allerdings berührt werden, als eine Preissteigerung der Fabrikate dann unvermeidlich sei; allein dies werde zu Erschütterungen nicht führen. Der bereits erwähnte Geistliche aus dem Jaxtkreise meint, daß die von ihm gemachten Vorschläge ohne nachtheilige Wirkungen auszuführen seien, da körperliche Kraft und Gesundheit das Kapital bilde, mit welchem der Arbeiter wuchere, und körperlich kräftige Arbeiter in kürzerer Zeit mehr leisten, als körperlich herabgekommene in längerer. Ebenso betont ein Arbeiterverein, daß bei einer Herabsetzung der Arbeitszeit in den meisten Industrieen nicht weniger geleistet werden würde, als seither; während von einem zweiten derartigen Vereine bemerkt wird, daß dem guten Zwecke gegenüber es gleichgültig sei, inwieweit eine größere Pflege und Schonung der jugendlichen Arbeiter die Lage einzelner Industriezweige etwa schädigen werde.

Die entgegengesetzte Meinung, daß weitere Beschränkungen nicht nur das Einkommen vieler Familien unter das Bedürfniß hinabdrücken, sondern auch die Betriebsverhältnisse der meisten Industriezweige auf das empfindlichste erschüttern würden, ist von einer annähernd gleichen Anzahl von Stimmen vertreten. Entweder würde den jugendlichen Arbeitern Gelegenheit zu anderweiter Arbeit mangeln, oder sie würden dieselbe zwar finden, aber dann, um denselben Lohn zu erzielen, länger arbeiten müssen, als in der Fabrik (Schwarzwaldkreis).

In Spinnereien erfordere das Spinnen feine Finger und behende Bewegungen und könne nur von jugendlichen Arbeitern verrichtet werden (Neckarkreis); ebenso würden sich bei der Glasfabrikation die von jüngeren Arbeitern versehenen Arbeiten zur Wahrnehmung durch ältere Leute nicht eignen, bei allen Industriezweigen würde außerdem die Heranziehung und Erhaltung eines tüchtigen Arbeiterstammes erschwert, es würde schlechter und theurer produzirt werden, während die Konkurrenzverhältnisse gerade das Gegentheil erfordern.

5. Baden, Hessen.

Die überwiegende Mehrzahl der vernommenen Sachverständigen hält eine weitere Verschärfung des Gesetzes für unthunlich; eine solche Maßregel würde vielfach zur gänzlichen Ausschließung der jugendlichen Arbeiter aus den Fabriken führen; dies könnte im Interesse derselben nur beklagt werden, da ihre Beschäftigung nützlich und wohlthätig, und die Gefahren des aufsichtslosen Umhertreibens und der häuslichen Ueberanstrengung, denen sie dann entgegengehen würden, jedenfalls die größeren sein. Nur hier und da wird in Baden der Ausschluß der schulpflichtigen Kinder von der Fabrikarbeit, freilich unter dem Wegfalle jeder weiteren Arbeitsbeschränkung, befürwortet; in Hessen wird von einer Seite ein allgemeines Verbot der Beschäftigung jugendlicher Arbeiter unter 16 Jahren angerathen, von einer anderen Seite dem Verbote der Beschäftigung der Kinder bis zu 14 Jahren vor beendetem Nachmittagsunterricht mit dem Bemerken das Wort geredet, daß dadurch und durch die in Aussicht stehende Einführung der Fortbildungsschulen die Arbeitszeit der jugendlichen Arbeiter von selbst eingeschränkt werden würde.

Gegen ein zu erlassendes Verbot der Sonntag- und Nachtarbeit hat man in Baden, wo solche nur ausnahmsweise vorkommen soll, nichts einzuwenden, und auch in Hessen spricht man sich von verschiedenen Seiten hierfür aus. Ein Eisenhüttenbesitzer ist der Ansicht, daß in seiner Industrie die Nachtarbeit zwar nicht ganz abzuschaffen sei, aber doch beschränkt werden könne, während das gänzliche Verbot der Sonntagarbeit dringend nöthig erscheine. Dieselbe sei zu einem wahren Unfuge ausgeartet, indem vielfach regelmäßig an den Vormittagen der Sonntage gearbeitet werde, um an den zum Arbeiten bestimmten Montag-Nachmittagen zu feiern. Ein Arzt betont auf Grund seiner vieljährigen Erfahrung, daß besonders jugendliche Arbeiter die leibliche und geistige Erholung und Erfrischung, welche der vernünftig angewendete Sonntag gewähren könne, recht nöthig bedürfen, daß eine derartige Sonntagsfeier vorzugsweise geeignet sei, ein Versinken in gedankenloses maschinenartiges Wirken zu verhindern und jene düstere feindselige Stimmung hintanzuhalten, welche in dem den Sonntag feiernden, von der Arbeit rastenden Mitmenschen einen Bevorrechteten, Beneidenswerthen erblicke. Nach Ansicht eines dritten Sachverständigen verbietet sich die Sonntag- und Nachtarbeit zwar von selbst, weil sie weniger werth ist, wie die sonstige Arbeit, doch dürfe immerhin wenigstens das Verbot der Nachtarbeit nach vorheriger Tagearbeit ausdrücklich auszusprechen sein.

Befürchtungen für den Nahrungsstand der Familien oder für die Betriebsverhältnisse der Industrie knüpfen sich an die gemachten Vorschläge nicht, während allerdings die Mehrzahl derjenigen, welche die Eventualität einer noch weiter gehenden Beschränkung oder gar des gänzlichen Ausschlusses der Kinderarbeit in das Auge fassen, behauptet, daß damit empfindlich auf die Nahrungsverhältnisse der Arbeiter und auf die Verhältnisse der Fabrikation eingewirkt werden würde. Ohne Aenderung der maschinellen Einrichtungen seien eben gewisse Arbeiten von älteren Personen gar nicht auszuführen, für andere Arbeiten sei frühzeitiges Erlernen nöthig oder doch werthvoll, auch würde durch die empfindliche Einbuße an Arbeitskräften eine Erhöhung der Arbeitskosten herbeigeführt werden, welche in manchen Industriezweigen kaum ertragen werden könnte.

6. Mitteldeutsche Staatengruppe.

Während in Sachsen-Meiningen im allgemeinen als wünschenswerth hingestellt wird, die schulpflichtigen Kinder gänzlich von der Fabrikarbeit, aber dann auch von der regelmäßigen Beschäftigung in der Hausindustrie und im Handwerke auszuschließen, und in gleicher Weise die Nachtarbeit (im Sommer vor 5 Uhr Morgens) für alle Arbeiter unter 18 Jahren zu verbieten, wird in Sachsen-Weimar nur in einem Verwaltungsbezirke die Beschäftigung von Schulkindern für unstatthaft und eine Herabsetzung der gesetzlichen Arbeitszeit für Personen zwischen 14 bis 16 Jahren auf 6 Stunden für geboten erachtet. In Anhalt wünscht man eine gesetzliche Bestimmung, nach welcher unter besonderen Verhältnissen durch Orts- oder Bezirksstatute Beschränkungen der Arbeitszeit für Kinder unter 14 Jahren vorgeschrieben werden können. In Reuß ä. L. wird von einer Seite im allgemeinen die Verkürzung der gesetzlichen Arbeitszeit für jugendliche Arbeiter unter 16 Jahren und eine Einschränkung oder selbst das Verbot der Sonntag- und Nachtarbeit für weitere Altersklassen empfohlen. In Koburg-Gotha wird eine Verschärfung des Gesetzes nur in Ansehung der Thonwaaren- und Glasfabriken für nöthig erachtet. In den Thonwaarenfabriken sollen dann Lehrlinge vor zurückgelegtem 15. oder 16. Lebensjahre überhaupt nicht und auch dann immer nur, wenn genügende Nachweise für deren körperliche Tauglichkeit beigebracht sind, beschäftigt, in Thonwaaren-, wie auch in Glasfabriken aber für Arbeiter von 16 bis 18 Jahren eine gesetzliche Arbeitszeit eingeführt werden. Die Sonntag- und Nachtarbeit, mit deren Ertrage Dreher und Former in einzelnen Fabriken den Ausfall decken wollen, den sie durch sogenanntes „Blaumachen" an Wochentagen erlitten haben, soll für diese weitere Altersklasse ebenfalls untersagt werden. Von anderer Seite wird dagegen eingewendet, daß ein Verbot der Sonntagarbeit erfahrungsgemäß nicht gut durchführbar erscheine, da eine große Anzahl von Industriellen nach der Natur ihres Gewerbes gar nicht im Stande sei, dieselbe ohne große Belästigung auch für das Publikum einzustellen: es sei daher wohl nicht geradezu angezeigt, jenes Verbot zurückzunehmen, gewiß aber auch kein Anlaß vorhanden, dasselbe zu verschärfen, vielmehr werde es der Behörde zu überlassen sein, da einzuschreiten, wo die Sonntagarbeit ihrer Natur nach sich mit der Sonntagsfeier absolut nicht vertrage.

In Schwarzburg-Rudolstadt endlich wird ebenfalls das Verbot der Beschäftigung von Porzellandrehern unter 16 Jahren und eine Verkürzung der Arbeitszeit jugendlicher Arbeiter im Alter von 14 bis 16 Jahren von 10 auf 9 Stunden befürwortet.

Zu weiteren Beschränkungen ist ein Anlaß nicht gefunden.

Daß die vorgeschlagenen Maßregeln den Nahrungsstand der Arbeiterfamilien zwar beeinträchtigen, aber doch das Einkommen nicht unter das Bedürfniß hinabdrücken werden, wird fast übereinstimmend angenommen. Von einer Seite wird freilich bemerkt, daß die Kinder selbst durch die Verschärfung der einschlagenden Bestimmungen am meisten betroffen werden dürften, da ihr Verdienst ihnen bisher in besserer Nahrung und Kleidung meist unmittelbar zu Gute gekommen sei. Eine Schädigung der Arbeitgeber und der Industrie wird dagegen vielfach befürchtet, insbesondere in denjenigen Industriezweigen, in denen die Arbeiter, wenn sie mit Erfolg thätig sein sollen, gewisse Vorkenntnisse und die nöthige Fertigkeit erst durch langjährige Uebung sich aneignen müssen (Sachsen-Altenburg). Hier sei die Beschäftigung jugendlicher Arbeiter eine Art Lehrzeit, die zur Ausbildung ganz nothwendig erscheine, und ohne welche tüchtige Arbeiter nicht herangezogen werden können (Sachsen-Weimar). Sollte nun ein Theil der von jugendlichen Arbeitern bisher besorgten Arbeiten durch Männerhände ausgeführt werden, für die sich dieselben vielfach übrigens gar nicht eignen, so werde darin eine Verschwendung der Arbeitskraft liegen, ein ungünstiges Verhältniß zwischen Zeitaufwand und Leistung herbeigeführt werden, und viele Fabrikartikel müßten eine Preissteigerung erfahren, welche die Konkurrenz mit der Industrie des Auslandes, die ohnehin zum Theil schon über billigere Arbeitskräfte verfüge, nicht zulasse.

Von einer Seite (Sachsen-Meiningen) wird noch ausdrücklich widerrathen, Maßregeln zu ergreifen, welche die jugendlichen Arbeiter aus den Fabriken in das Handwerk oder in die Hausindustrie drängen würden, da hierdurch das Uebel nicht gemindert, sondern nur dessen Sitz verlegt werden würde.

7. Norddeutsche Staatengruppe.

Der Ausschluß der noch schulpflichtigen Kinder unter 14 Jahren von der Beschäftigung in Fabriken wird empfohlen in Oldenburg, Braunschweig, und zum Theil in Lippe. In Oldenburg wird in einem Verwaltungsbezirke der entsprechende Wunsch damit begründet, daß die in den Fabriken beschäftigten Kinder ebensowenig Zeit hätten, als Neigung zeigten, den häuslichen Anforderungen der Schule zu genügen, daß ihre Aufmerksamkeit in den Lehrstunden selbst erschlaffe, und daß der Umgang mit Erwachsenen und deren Unterhaltungsweise sehr oft für sie bedenklich und verderblich wirke. Auch in anderen Verwaltungsbezirken wird eine solche Maßregel wenigstens für zweckmäßig erklärt und betont, daß es zum mindesten in den Cigarrenfabriken geboten sei, das Verbot durchzuführen, außerdem aber dort auch für Arbeiter im Alter von 14 bis 16 Jahren die gesetzliche Arbeitszeit zu verkürzen.

Weitergehende Beschränkungen werden dagegen auch in den genannten Staaten nicht befürwortet, in den übrigen wird überhaupt jeder Verschärfung des Gesetzes nach dieser Richtung widersprochen. Bei sorgfältiger Handhabung der bestehenden Vorschriften bedürfe es derselben nicht, insbesondere dürfte die Einführung einer gesetzlichen Arbeitszeit für weitere Altersklassen kaum zu rechtfertigen (Waldeck) und wegen ungerechtfertigter Anforderungen der Arbeiter zu widerrathen sein (Lippe-Detmold). Die Verkürzung der Arbeitszeit für Personen unter 16 Jahren werde dieselben der wünschenswerthen Aufsicht entbehren lassen und sie verleiten, die Freistunden zu Ausschweifungen und Zügellosigkeiten zu verwenden. Das Gefühl der Freiheit vom Arbeitszwange während der Zeit, wo andere sich ihm nicht zu entziehen vermögen, berge manche Gefahr in sich; die zum Vortheile der Arbeiter von einigen Seiten in Aussicht genommene, zur Erholung von einförmiger Fabrikarbeit bestimmte Verkürzung der ortsüblichen Arbeitszeit schlage dann in Wirklichkeit zum Nachtheile derselben aus (Lübeck). Der überhaupt nicht häufigen Beschäftigung schulpflichtiger Kinder könne durch noch strengere Durchführung des Schulzwanges ein Damm entgegengesetzt werden, und auch in Arbeiterkreisen sei übereinstimmend die Heranziehung zur Hausindustrie, in deren Verhältnisse durch die Gesetzgebung sich schwer eingreifen lasse, für schädlicher als die Fabrikthätigkeit bezeichnet worden (Hamburg).

Daß der theilweise befürwortete Ausschluß der Beschäftigung von Kindern unter 14 Jahren auf den Nahrungsstand der Arbeiterfamilien ungünstig einwirken werde, befürchtet man nicht: die Kinder werden außerhalb der Fabriken entsprechende lohnende Thätigkeit finden (Oldenburg, Braunschweig, Lippe), es werde ja überhaupt deren Fabrikverdienst im Durchschnitte nur als eine willkommene Erhöhung des Einkommens der Familie, nicht als ein nothwendiger Bestandtheil desselben betrachtet (Lübeck); wenn auch der Verdienst der Arbeiterfamilien verringert würde, so werde doch der Ausfall reichlich ersetzt werden durch die Rückkehr zu einem einfacheren Leben (Waldeck). Dagegen wird fast übereinstimmend angenommen, daß eine jede derartige Verschärfung des Gesetzes die industriellen Betriebsverhältnisse erschüttern würde. Nicht nur, daß sie die Ausbildung der Arbeiter und die Erhaltung eines Stammes tüchtiger Arbeiter erschwere, und daß in einzelnen Industriezweigen, namentlich in Flachs- und Jutespinnereien, in Zündholzfabriken, die zur Zeit von den Kindern versehenen Arbeiten für ältere Arbeiter sich nicht eignen, (Braunschweig), so würde auch die Heranziehung älterer Leute eine Vertheuerung der Fabrikate nach sich ziehen und in Folge dessen eine Konkurrenz mit anderen Gegenden, in denen billigere Arbeitskräfte zur Verfügung stehen, völlig ausgeschlossen sein.

D. Kontrole des Gesetzes.

Für die Beurtheilung eines etwaigen legislativen Bedürfnisses kommt die Frage in Betracht, ob überhaupt' die auf die jugendlichen Arbeiter sich beziehenden Bestimmungen der Gewerbeordnung allenthalben zur Durchführung gelangt sind, inwieweit etwa für die Kontrole dieser Vorschriften besondere Vorsorge getroffen ist, sowie ob die Anstellung besonderer Kontrolbeamten, vielleicht mit Rücksicht darauf, daß die ordentlichen Aufsichtsbehörden zur Führung einer schärferen Kontrole ungeeignet oder außer Stande seien, als Bedürfniß erscheint, und, wenn dies der Fall, unter welchen Voraussetzungen dieselbe gesetzlich vorzuschreiben sein würde.

1. Preußen.

Für die Bezirke Königsberg, Gumbinnen, Danzig, Marienwerder, Potsdam, Stralsund, Bromberg, Liegnitz, Magdeburg, Schleswig, Osnabrück, Lüneburg, Hannover, Wiesbaden, Cassel, Cöln, Düsseldorf, Aachen ist nach dem Inhalte den Erhebungen anzunehmen, daß die Bestimmungen des Gesetzes im allgemeinen zur Durchführung gelangt sind, das Gleiche wird, von der Ziegelfabrikation abgesehen, für den Auricher Bezirk behauptet. Dagegen sind in den übrigen Bezirken mehr oder weniger ungünstige Erfahrungen gemacht worden. Auch da, wo formell die Durchführung der bezüglichen Vorschriften erfolgt ist, soll es den ordentlichen Aufsichtsbehörden in vielen Fällen an Interesse, Sachkenntniß und Energie gefehlt haben, um dem Gesetze thatsächlich Anerkennung zu verschaffen (Bezirke Frankfurt a. O., Posen), zum Theil haben sich dieselben damit begnügt, nur das Ausstellen der Arbeitsbücher zu kontroliren und die schulpflichtigen Kinder möglichst von den Fabriken fern zu halten (Trier). Von dem im Bezirke Arnsberg fungirenden Fabrikinspektor sind in der Zeit vom 1. Juni 1872 bis Mitte November 1874 bei 2034 Fabriken in 526 derselben 2780 Uebertretungen festgestellt worden, und zwar: Annahme und Beschäftigung von Kindern unter 12 Jahren in 87 Fällen, Beschäftigung von Kindern zwischen 12 bis 14 Jahren über 6 Stunden täglich in 248, Beschäftigung junger Leute von 14 bis 16 Jahren über 10 Stunden täglich in 338 Fällen; ferner Nichtgewährung der vorgeschriebenen Pausen in 130, Beschäftigung zur Nachtzeit in 454, Beschäftigung am Sonntage in 46 Fällen; endlich unterlassene Listenführung in 347, Annahme jugendlicher Arbeiter ohne Arbeitsbuch in 1130 Fällen.

In den Bezirken Königsberg, Gumbinnen: „für kleinere Orte, wo es wenig Fabriken giebt", Danzig, Berlin, Potsdam, Stralsund, Bromberg, Schleswig, Stade, Lüneburg: „so lange nicht die Beschäftigung einer größeren Anzahl jugendlicher Arbeiter stattfindet", Hannover, Minden, Wiesbaden, Cassel, Cöln, Coblenz hält man die ordentlichen Aufsichtsbehörden geeignet und in der Lage, eine schärfere Kontrole über die Einhaltung der bezüglichen Bestimmungen mit Erfolg zu führen und demgemäß die Anstellung besonderer Aufsichtsbeamten an ihrer Statt nicht für erforderlich. Es gebiete, wird hier bemerkt, die Vorsicht, mit der Einführung eines neuen jedenfalls kostspieligen Instituts nur an der Hand begründeter Erfahrungen vorzugehen, da man in England über die gleiche Einrichtung zu einem keineswegs durchschlagend günstigen Urtheil gelangt zu sein scheine; überdies sei Werth darauf zu legen, daß der persönliche Verkehr der ordentlichen Aufsichtsbeamten, insbesondere auch der Kreis-Bau- und Medizinalbeamten mit den betreffenden Fabriken und deren Besitzern nicht ohne dringende Veranlassung verringert werde. In den übrigen Bezirken ist man gegentheiliger Meinung; man weist darauf hin, daß die Lokalbehörden entweder Mangels der erforderlichen technischen Kenntnisse und mit Rücksicht auf ihre vielen anderen dienstlichen Obliegenheiten, oder weil sie die Bedeutung der Sache nicht genügend würdigen, hier und da auch wegen der Beziehungen, in welchen die Fabrikbesitzer, oft gerade die einflußreichsten und angesehensten Personen, zu der Gemeindeverwaltung stehen, nach dieser Richtung eine gedeihliche Wirksamkeit zu entfalten verhindert sind (Frankfurt, Stettin, Posen, Breslau, Oppeln, Magdeburg, Aachen). In einigen Bezirken halten zwar die meisten Sachverständigen die bisher durch die Behörden geführte Kontrole für vollständig ausreichend, in Trier ist sogar die Befürchtung ausgesprochen worden, die Anstellung besonderer Aufsichtsbeamten (Fabrikinspektoren) werde eine Lockerung des Bandes zwischen Arbeitgeber und Arbeitnehmer herbeiführen und die Stellung der Aufseher in den Fabriken überaus erschweren: doch sind von den Regierungsbehörden diese Ansichten nicht getheilt und die Anstellung von Fabrikinspektoren für ein Bedürfniß erklärt worden. Die Handelskammer zu Göttingen (Hildesheim) spricht sich dahin aus, daß die derzeitigen Aufsichtsbehörden sich zwar zur Kontrole geeignet gezeigt haben, daß man aber trotzdem die Schaffung besonderer Beamten für die Kontrole über die Ausführung der gesammten Fabrikgesetzgebung befürworten müsse, da diese Aufsicht nur durch besondere technisch vorgebildete Beamte allseitig und erfolgreich ausgeführt werden könne: diese Ansicht verbreite sich auch immermehr und sei eine solche Maßregel im wohlverstandenen Interesse der Industrie. Auch von anderer Seite wird die Zweckmäßigkeit der Anstellung solcher Beamten anerkannt; sie seien mit dem Fabrikwesen vertraut oder doch in der Lage, darin Erfahrungen sich zu sammeln, sie würden daher die Beaufsichtigung der Fabriken lebendiger erhalten, durch Vergleichung der Einrichtungen einer großen Anzahl von Etablissements vorhandene Uebelstände leichter erkennen und den Fabrikherren geeignete Vorschläge zu deren Abstellung unterbreiten können (Bezirke Erfurt, Osnabrück). Die Wahl müsse womöglich so getroffen werden, daß diese Beamten als Berather und Sachverständige der Aufsichtsbehörden in Fragen der Fabrikgesetzgebung und des Fabrikbetriebes fungiren (Bezirk Posen). Von einer Seite wird vorgeschlagen, die Kontrolirung zwar der Ortsverwaltung zu belassen, aber besondere sachverständige Beamte anzustellen, welche häufiger die Fabriken revidiren und bemerkte Lässigkeit der Ortsbehörden an höherer Stelle zur Anzeige bringen (Bezirk Cöslin); von einer andern Seite ist gewünscht, nur für den Theil des Bezirks, in welchem eine größere Anzahl bedeutender Fabriken sich befindet, dergleichen Beamte als sachverständige Rathgeber der Verwaltungsbehörden, jedoch ohne selbstständige Anordnungsbefugniß, angestellt zu sehen (Bezirk Hannover).

Die Frage, unter welchen Voraussetzungen die Anstellung solcher Beamten gesetzlich vorzuschreiben sein würde, ist je nach den industriellen Verhältnissen der einzelnen Bezirke verschieden beantwortet; theils ist die Anstellung eines Fabrikinspektors für je eine Provinz für ausreichend befunden, theils ist behauptet, daß schon für kleinere, besonders industrielle Bezirke die Anstellung derselben zu erfolgen habe. Darüber herrscht aber allseitiges Einverständniß, daß diesen Beamten nicht nur die Kontrole der Bestimmungen über die jugendlichen Arbeiter zu übertragen sei, sondern vielmehr die der gesammten Fabrikgesetzgebung, namentlich auch die Kontrole darüber, inwieweit die Gewerbeunternehmer die Bedingungen ihrer Konzessionen einhalten und der Bestimmung des §. 107. der Gewerbeordnung nachkommen, welche sie auf die Herstellung der zum Schutze der Arbeiter nöthigen Einrichtungen hinweist. Zur bloßen Kontrole der die jugendlichen Arbeiter betreffenden Bestimmungen bedürfe es der Anstellung von Fabrikinspektoren nicht, da diese, wenn und soweit die Kräfte der Ortsbehörde nicht ausreichen, von den Kreis-, Bau- und Medizinalbeamten erfolgen könne: dagegen erscheine ihre Anstellung wünschenswerth, wenn ihnen gleichzeitig die Aufsicht über die konzessionsmäßige Ausführung und Betreibung der konzessionspflichtigen Fabriken übertragen werde, da in dieser Beziehung, abgesehen von den Dampfkesselanlagen, keine Kontrole bestehe, und die Ortsbehörde nicht im Stande sei, eine derartige Kontrole zu führen (Bezirk

12 bis 14 Jahren			14 bis 16 Jahren		
im niedrigsten Satz. Mark.	im Mittelsatz. Mark.	im höchsten Satz. Mark.	im niedrigsten Satz. Mark.	im Mittelsatz. Mark.	im höchsten Satz. Mark.
1,50 IV.	3,40	4,75 VI.	1,50 IV.	4,10	6,25 VI.
3,00 IV.	3,20	3,50 VII.	3,00 II, IV.	3,60	4,25 IX.
2,30 IV.	4,00	5,00 III.	2,60 IV.	4,80	6,65 III.
—	2,90 IV.	—	3,00 IV.	3,60	4,50 VIII.
2,40 XIV.	3,80	4,60 XVI.	4,80 XVI.	6,40	8,80 IX.
3,00 V, XV.	5,30	6,80 XII.	6,00 X.	7,20	8,00 IV, V.
2,25 XIV.	3,20	4,50 IX.	3,50 VI.	4,90	7,00 I.
3,00 XIV.	4,50	6,00 III.	4,50 V.	6,40	8,60 IV.
1,75 V.	2,60	3,15 IV.	3,27 XIV.	3,90	4,50 IV.
0,75 XI.	2,00	3,00 III, XII.	3,00 V.	4,70	7,50 III.
1,40 VII.	2,10	2,75 V.	2,20 III.	3,50	5,00 XII.
—	3,40 IV.	—	—	3,40 IV.	—
1,50 VI.	2,50	4,50 V.	3,90 XVI.	4,90	7,10 I.
1,25 VI.	2,30	4,00 IV.	2,75 VI.	4,40	7,50 I.
2,50 XIV.	2,80	3,00 II, X.	3,00 VII, X.	4,20	5,00 VI, XII.
2,90 XIV.	2,90	4,05 III.	4,90 V.	6,20	8,40 III.
1,65 XI.	3,10	5,25 VII.	5,00 V.	6,40	9,75 IV.
1,70 XIV.	2,40	3,00 V, VII.	3,00 IX.	5,40	8,65 I.
2,00	2,60	3,05	2,40	3,90	7,20

State, District, Ci

Staat, Bezirk, Kreis

Wochen

Königreich Preuß

1. Bezirk Königsberg . . . .
2. „ Gumbinnen . . . .
3. „ Danzig . . . . .
4. „ Marienwerder . . .
5. „ Potsdam . . . . .
6. Stadt Berlin . . . . .
7. Bezirk Frankfurt a. O. .
8. „ Stettin . . . . .
9. „ Cöslin . . . . .
10. „ Stralsund . . .
11. „ Posen . . . . . .
12. „ Bromberg . . .
13. „ Breslau . . . .
14. „ Liegnitz . . . .
15. „ Oppeln . . . .
16. „ Magdeburg . . .
17. „ Merseburg . . .
18. „ Erfurt . . . . .
19. „ Schleswig . . .

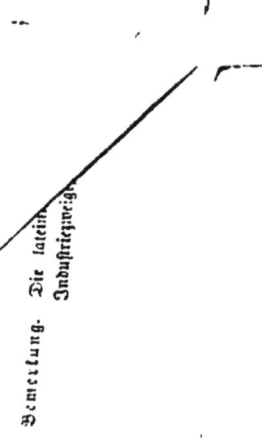

Bemerkung. Die latein

Industriezweig

Staat, Bezirk

District of
Bezirk Arnsberg . .

„ Cassel . . .

„ Wiesbaden .

„ Cöln Cologne

„ Düsseldorf

„ Coblenz .

„ Aachen Aix

„ Trier Treves

„ Sigmaringen

Kingdom of
Königr

Upper Bavaria
Oberbayern . .

Staat, Bezirk, Kreis rc.

Grand Duchy of
53. Großherzogthum Baden . . . .

54. „ Hessen . . . .

55. „ Mecklenburg-Schwerin . .

56. „ Sachsen-Weimar . . .

57. „ Mecklenburg-Strelitz . . .

58. „ Oldenburg . . . . . .

Duchy of
59. Herzogthum Braunschweig . . . . . .

60. „ Sachsen-Meiningen . . . .

61. „ Sachsen-Altenburg . . . .

62. „ Sachsen-Koburg-Gotha . .

63. „ Anhalt . . . .

Principality of
64. Fürstenthum Schwarzburg-Sondershausen

65. „ Schwarzburg-Rudolstadt . .

66. „ Waldeck . . . .

67. „ Reuß ältere Linie . . . .

68. „ Reuß jüngere Linie . . . .

69. „ Schaumburg-Lippe . . . .

70. „ Lippe . . . .

71. „ Freie und Hansestadt Lübeck .

72. „ Freie Hansestadt Bremen . .

73. Freie und Hansestadt Hamburg . .

Free City & Hanse Town

Weekly Wages of Youthful Hands

Wochenlohn der jugendlichen Arbeiter von					
12 bis (to) 14 Jahren			14 bis 16 Jahren		
im niedrigsten Satz. (at lowest rate) Mark.	im Mittelsatz. (at median rate) Mark.	im höchsten Satz. (at highest rate) Mark.	im niedrigsten Satz. Mark.	im Mittelsatz. Mark.	höchsten
2,60 XIII.	3,50	4,35 VIII.	3,05 XIII.	6,00	7,[illegible] VI
2,08 VII.	4,10	6,45 XIII.	4,90 XII.	6,10	7,[illegible] III
1,90 XIV.	3,80	5,65 III.	3,00 V.	5,70	9,[illegible] III
1,85 XIV.	2,70	3,50 IV.	1,50 XVI.	4,20	8,1[illegible] III
—	—	—	—	—	—
1,15 XIV.	4,60	6,60 VII.	4,00 IX.	6,80	9,[illegible] VII
1,40 XIV.	3,30	6,00 II.	5,00 V.	7,10	8,[illegible] XV
2,25 XIV.	3,90	5,25 IV.	4,50 VI. XIV.	6,20	9,[illegible] III.
1,35 VI.	2,90	4,20 XII.	4,40 XIV.	6,40	10,[illegible] III.
1,35 XIV.	2,90	4,80 IV.	3,50 XIV.	5,00	6,[illegible] VII
2,00 VII.	3,60	5,10 XVI.	5,00 XII.	6,00	7,15 V.
—	—	—	3,50 VIII.	5,00	6,[illegible] IV.
2,00 VI.	3,10	4,00 VII.	3,75 VI.	5,10	7,[illegible] III
—	1,80 XIV.	—	4,50 XI.	5,40	6,00 I, VI, X[illegible]
3,00 VI.	3,50	4,00 VIII.	4,75 IV.	5,30	6,0[illegible] IX
1,65 VI.	2,10	2,50 II.	5,00 XIV.	6,60	8,0[illegible] IV.
—	4,50 IV.	—	8,40 I.	8,70	9,00 IV.
2,25 V.	3,10	4,50 VI.	3,25 XII.	5,00	6,2[illegible] VI.
—	3,00 VI. XIV.	—	2,40 V.	3,70	5,15 XIV.
—	—	—	—	6,70 XIV.	—
2,30 XIV.	4,60	7,00 IV.	6,80 XIV.	8,90	13,50 III.